Les politiques industrielles du Cameroun depuis 1945

Espoir, désillusion et utopie

Samuel BIROKI

Les politiques industrielles du Cameroun depuis 1945

Espoir, désillusion et utopie

L'Harmattan
Cameroun

Du même auteur

Cameroon's industrial policies since 1945. Hope, disillusion and utopia, L'Harmattan, 2021.

5-7, rue de l'Ecole-Polytechnique, 75005 Paris

http://www.editions-harmattan.fr

ISBN : 978-2-343-24061-9
EAN : 9782343240619

Qui est-ce qui racontera aux étudiants de nos Business Schools les exemples d'échec ou de réussite de notre aventure industrielle, afin qu'ils en tirent des enseignements pour l'avenir ? Car, on constate qu'aujourd'hui encore, ils travaillent exclusivement sur des cas étrangers à leur vécu.

Christian PENDA EKOKA.

ABRÉVIATIONS

ALUCAM : Aluminium du Cameroun
ANOR : Agence des normes et de la qualité
APD : Aide publique au développement
BAD : Banque africaine de développement
BCD : Banque camerounaise de développement
BEAC : Banque des États de l'Afrique centrale
BM : Banque mondiale
BTP : Bâtiments et travaux publics
CAMAIR : Cameroon Airlines
CAMPOST : Cameroon Postal Service
CAPME : Centre d'assistance aux petites et moyennes entreprises
CCC : Complexe chimique du Cameroun
CCCE : Caisse centrale de coopération économique
CCNUCC : Convention-cadre des Nations Unies pour les changements climatiques
CELLUCAM : Cellulose du Cameroun
CDC : Cameroon Development Corporation
CEMAC : Communauté économique et monétaire d'Afrique centrale
CFC : Crédit foncier du Cameroun
CHOCOCAM : Chocolaterie confiserie du Cameroun
CICAM : Cotonneries industrielles du Cameroun
CIMENCAM : Cimenteries du Cameroun
CNCE : Centre national du commerce extérieur
CNUCED : Conférence des Nations Unies pour le commerce et le développement
COCAM: Contreplaqués du Cameroun
CPPC: Cameroon Pulp and Paper Company
DIT : Division internationale du travail
DSCE : Document de stratégie pour la croissance et l'Emploi

DSRP : Document de stratégie de réduction de la pauvreté

DSX : Douala Stock-Exchanges

EI : Économie industrielle

FAO : Food and Agriculture Administration

FMI : Fonds monétaire international

FOGAPE : Fonds d'aide et de garantie pour les petites et moyennes entreprises

FRPC : Facilité pour la réduction de la pauvreté et de la croissance

GICAM: Groupement interpatronal du Cameroun

HIPC: High Indepted Poor Countries

IDE : Investissement Direct Etranger

IMP : Industrial Master Plan

IPE : Industrialisation par promotion des exportations

ISI : Industrialisation par substitution des importations

MAETUR : Mission d'aménagement des terrains urbains et ruraux

MAGZI : Mission d'aménagement et de gestion des zones industrielles

MIPROMALO : Mission de promotion des matériaux locaux

NEG : Nouvelle économie géographique

NPI : nouveaux pays industriels

ONUDI : Organisation des Nations Unies pour le développement industriel

PAJER-U : Programme d'appui à la jeunesse rurale et urbaine

PAS : Programme d'ajustement structurel

PDI : Plan directeur d'industrialisation

PED : Pays en développement

PIASI : Projet intégré d'appui aux activités du secteur informel

PLASTICAM : Plastiques du Cameroun

PNUD : Programme des Nations Unies pour le développement

PPTE : Pays pauvres très endettés

Pq : Plan quadriennal

PQ: Plan quinquennal

PRSP: Poverty Reduction Strategic Paper

R&D : Recherche & développement

RDC : République démocratique du Congo
SABC : Société anonyme des brasseries du Cameroun
SAP : Structural Adjustment Plan
SEDES : Société d'études pour le développement économique et social
SNI : Société nationale d'investissement
SNU : Système des Nations Unies
SOCAME : Société camerounaise des engrais
SOCAPALM : Société camerounaise des palmeraies
SODEBLE : Société de développement du blé
SODECOTON : Société de développement du coton
SONARA : Société nationale de raffinage
SOSUCAM : Société sucrière du Cameroun
SYNDUSTRICAM : Syndicat des industriels du Cameroun
TICAD: Tokyo International Conference on Africa Development
UDEAC : Union douanière et économique des États d'Afrique centrale
UEMOA : Union économique et monétaire ouest-africaine
UNALOR : Union allumettière équatoriale
UNC : Union nationale camerounaise

LISTE DES TABLEAUX

SOMMAIRE

AVANT-PROPOS

La compétitivité[1] est un concept communément utilisé en économie, mais dont le sens n'est pas assez précis. Il dérive étymologiquement du latin classique *petere* qui signifie *'chercher, attaquer, viser, ambitionner, désirer'*, et du préfixe *con :* ensemble. L'expression allemande désignant la compétitivité est wettbewerbsfähigkeit c'est-à-dire la capacité à rivaliser ou à concurrencer. Historiquement, le terme compétitivité a été employé pour attirer l'attention sur le coût que des firmes paient à s'établir ou à se positionner dans des pays. Habituellement, des analystes de la compétitivité considèrent le Produit intérieur brut (PIB) par tête, mais aussi l'emploi et le taux d'emploi des facteurs de production (Aiginger, 2006). L'approche classique place la compétitivité au niveau macro (international, national, régional), alors que l'approche néo-classique la situe au niveau micro (entreprises et firmes). L'expression compétitivité est utilisée pour la première fois au XXe siècle, dans les années '70. Des économistes américains observant l'épreuve d'une guerre commerciale féroce entre l'Amérique et le Japon entreprirent les premières tentatives pour déterminer le degré de concurrence entre ces économies rivales [Wziątek-Kubiak 2003].

Il y a une longue série de définitions pour clarifier le terme compétitivité. Pour Barker, Köhler [1998] : la compétitivité-pays est le degré selon lequel ce pays peut, dans des conditions de marché libre et équitable, produire des biens et services pour tester le marché international pendant que simultanément, il assure le maintien et l'expansion du revenu réel de sa population sur le très long terme. Selon Ajitabh et Momaya [2004], la compétitivité d'une firme représente sa part dans un marché concurrentiel ou contestable. Pour Bobba et al. [1971], la compétitivité est la capacité des nations, régions et entreprises à générer la richesse, avec la précondition d'assurer des salaires élevés. Du point de vue de Buckley et al. [1988], la compétitivité d'une firme signifie sa capacité à produire et vendre des biens et services de qualité supérieure et à moindre coût que ses concurrents au niveau domestique ou international. Altomonte et al.

[1] Liens internet : www.vie-publique.fr; www.universalis.fr; www.lcl.fr; www.cairn.info.

[2012] pensent que la compétitivité externe ou internationale représente la capacité d'échanger des biens et services abondants dans un pays, contre des biens et services rares dans le même marché. Selon Flejterski [1984], la compétitivité est la capacité d'un secteur, d'une industrie ou d'une branche, à créer et vendre des biens à des prix, qualité et autres caractéristiques qui soient plus attractives que les offres parallèles des biens de concurrents.

Krugman [1990, 1994] pense que si la compétitivité peut signifier quelque chose, c'est tout simplement un autre moyen d'exprimer la productivité. Selon Michael Porter [1990], la seule définition significative du concept de compétitivité au niveau national, c'est la productivité. Scott Lodge [1985] voit en la compétitivité nationale la capacité d'un pays à créer, produire, distribuer des biens et/ou services dans le commerce international pendant qu'il reçoit des bénéfices croissants sur ses ressources.

La compétitivité est aussi "un ensemble d'institutions, de politiques, et de facteurs qui déterminent le niveau de productivité d'un pays ''Forum économique mondial'' [1996]. La compétitivité-coût prend davantage en compte les salaires en tant que principale composante de coût, mais aussi les prix de l'énergie et des taxes, et les capacités générées par l'innovation (*Aiginger,* 2006). La compétitivité qualité ou compétitivité technologique est utilisée pour décrire deux aspects spécifiques tels que la qualité de la technologie, de l'innovation, des infrastructures, l'organisation du travail, la stratégie de montée en gamme des produits, la réglementation.

L'appréciation de la compétitivité basée sur la productivité vise à éclairer les leviers cachés du niveau de vie dans une localité précise. Or, mesurer le niveau de vie semble aller au-delà d'une question technique ; c'est un sujet qui a des implications politiques, sociologiques et stratégiques. L'analyse traditionnelle s'est servie de quelques variations du PIB par tête comme variable dépendante-clé pour capter le niveau de prospérité ou de productivité qu'une localité peut atteindre.

De ces définitions dont se servent indifféremment les politiques, les institutionnels et les managers pour l'éloquence publique, la compétitivité fait référence à différents niveaux d'agrégation : supranational, national, local, industriel, sectoriel, entrepreneurial et même individuel. Partant de la remarque de Porter et Rivkin selon laquelle : « la large incompréhension du concept de compétitivité a des conséquences dangereuses pour le discours tout autant que les choix de politique et d'entreprise », une mise en parallèle des approches référencées devient une nécessité. En effet, deux points de vue majeurs, sans être totalement contradictoires, se dégagent parmi les experts cités. Pour certains (Barker, Köhler, Ajitabh et Momaya, Buckley et al.), la compétitivité s'exprime par la capacité à exporter, à conquérir des parts de marché international de biens et services. Selon Krugman, Porter, Flejterski, Buckley et al, 'Forum économique mondial'', la compétitivité s'explique par la productivité ; d'où l'intérêt de savoir ce qu'est la productivité.

Théoriquement, la productivité mesure l'efficacité avec laquelle une économie transforme des inputs en outputs (des entrées en produits). On distingue la productivité partielle ou factorielle en tenant compte d'un seul facteur de production, terre, travail ou capital par exemple, et la productivité multifactorielle ou globale, qui englobe plusieurs facteurs. La productivité du travail correspond au Produit intérieur brut (PIB) par heure de travail. Elle se mesure aussi dans le rapport entre une quantité de biens ou de services produite (valeur ajoutée) et la quantité de travail qu'il a fallu utiliser pour atteindre ce résultat. La productivité du capital correspond au PIB obtenu par unité de capital investi, tandis que la productivité multifactorielle représente le PIB dégagé par unité consommée d'une combinaison de facteurs : terre, travail, capital, progrès technique...

La croissance de la productivité du travail peut résulter de l'utilisation intense du capital (machines et matériel, structures) par travailleur au cours du processus de production, de l'accroissement du niveau de compétence (le changement de composition de la main-d'œuvre), d'une mutation technologique, ou de toutes les autres sources de productivité multifactorielle (PMF). Elle est inductrice de la variation du niveau de vie de la population dans la mesure où elle influence la quantité de ressources consacrées à la production ou l'efficacité avec laquelle ces ressources sont combinées. La rémunération horaire réelle du travail est une incitation de la main-d'œuvre à la productivité. Autrement dit, des salaires élevés stimulent les travailleurs à produire davantage (Bobba et al). Pour cela, il faudrait perfectionner les compétences des travailleurs au moyen de l'éducation ou d'une expérience professionnelle accrue. La scolarisation, la spécialisation sur des tâches, le recyclage, la formation continue et le renforcement des capacités, l'efficacité dans l'organisation du travail et le management qui stimulent l'innovation sont à l'origine des gains de productivité.

La perception de la productivité du capital est plus nuancée dès lors que le capital se présente sous plusieurs formes :

1. Le **capital technique** ou le **capital fixe,** est un ensemble d'équipements : stock de biens durables, bâtiments, installations industrielles, réseaux de communication et de transport, énergies, logiciels, utilisables pendant plus d'un an dans le processus de production.
2. Le **capital circulant** ou **consommation intermédiaire** se compose de matières premières et de demi-produits qui disparaissent ou se transforment dans le procès de production.

La productivité du capital s'obtient donc en faisant le rapport entre la valeur ajoutée et la valeur du capital fixe mobilisé dans le processus de production. Cette précision laisse entendre que les deux types de capitaux ne rentrent pas dans le calcul de la productivité du capital ; d'où l'importance du processus d'accumulation du capital fixe pour l'amélioration de la productivité. L'investissement productif se mesure principalement par la formation brute de capital fixe (FBCF), tandis que l'investissement net tient compte de la variation du stock de capital qui peut se produire par l'usure physique, le déclassement, ou la perte de valeur constatée par l'amortissement en raison de son vieillissement. Ce qui complexifie davantage le calcul de la productivité du capital est que les investissements productifs peuvent être décomposés en trois grands types qui sont difficiles à distinguer au plan pratique. Concrètement,

1. Les investissements de capacités qui améliorent le potentiel n'influencent pas la productivité. Ils permettent l'acquisition de biens d'équipement visant à accroître la production de l'entreprise ou le stock de capital fixe.
2. Les investissements de productivité ou investissements de rationalisation ou de modernisation permettent de réduire les coûts unitaires de production et notamment les coûts de main-d'œuvre par substitution du capital au travail. Ces investissements génèrent une accumulation de capital à l'origine d'un gain de productivité.

3. Les investissements de remplacement correspondent aux achats de biens d'équipement destinés à renouveler le capital fixe usé ou devenu obsolète.

C'est dire qu'il est important de tenir compte de toutes ces nuances pour calculer la productivité du capital d'une entreprise ou d'un pays ; et cela rend plus délicates les déductions et les comparaisons internationales.

La productivité globale, multifactorielle ou totale des facteurs se calcule lorsque les inputs de production ne sont pas considérés isolément. Elle détermine l'efficacité d'une combinaison productive des facteurs qui s'obtient en rapportant à la valeur ajoutée, le coût de tous les facteurs qui y ont contribué. Cette approche est rendue nécessaire, du fait que la productivité du travail ne varie pas sous la seule influence du facteur travail, mais aussi du fait de l'emploi croissant des machines et du progrès technique incorporé, c'est-à-dire, sous l'effet de la substitution du capital au travail. Or en utilisant moins de travail, mais beaucoup plus de capital fixe pour réaliser la production, on fait diminuer la productivité du capital. Ce phénomène permit à Karl Marx d'analyser l'utilisation de plus en plus intense du capital au détriment du travail, et de conclure à une baisse tendancielle du taux de profit, principale contradiction qui condamne le système capitaliste à une mort inévitable.

Ainsi comprise, la compétitivité se révèle comme un concept multidimensionnel et souvent interchangeable avec d'autres concepts tels que l'inventivité (capacité d'invention, faculté de concevoir quelque chose de nouveau), la créativité (capacité ou pouvoir qu'a un individu de créer, d'imaginer, et de réaliser quelque chose de nouveau) et l'innovation qui est cette capacité à apporter de nouveaux concepts, de nouvelles caractéristiques, qualités ou performances à un produit existant pour accroître sa durée de vie physique ou commerciale et élargir ses utilisations. Ces éclairages permettent à un pays comme le Cameroun qui n'a pas encore fait son entrée au marché mondial des produits transformés de s'émanciper de l'atavisme de la division internationale du travail, comme vendeur/exportateur de ressources naturelles à l'état brut.

Pour affronter la concurrence internationale qui se durcit en devenant de plus en plus féroce et prédatrice, il lui faut révolutionner ses programmes scolaires et académiques, la spécialisation dans divers métiers d'ingénierie et dans des disciplines de pointe ; il lui faut également développer les mécanismes de financement de son industrie et de son commerce transfrontalier, et ses capacités sociales (le système de protection sociale, la participation des salariés à la prise de décision, le choix démocratique des dirigeants politiques et d'entreprises, le respect des libertés et de l'État de droits, la redevabilité, un climat des affaires incitatif). C'est ainsi qu'il pourra passer d'une économie qui fonctionne en deçà de son potentiel, parce que largement dominée par le secteur primaire et de services non échangeables, au stade de producteur de produits sophistiqués.

En tout état de cause, la compétitivité ou son substitut, la productivité, est un instrument pertinent du suivi des performances d'une économie qui a l'ambition de passer de la position de défenseur à celle d'attaquant, ou mieux encore, de la place de gibier, à celle de prédateur. Ces symboles ne sont pas assez forts pour illustrer le comportement impitoyable des firmes multinationales et des nations industrialisées qui partagent les stratégies de croissance externe.

Une lecture afrocamérale des leviers de la compétitivité pour relever les défis de l'émergence économique du Cameroun

PROPOS THÉORICO-PRATIQUES POUR UNE ÉCONOMIE POLITIQUE HÉTÉRODOXE

Cet ouvrage de Samuel BIROKI **dont** la rédaction est achevée en décembre 2019 est une véritable source de connaissances en économie industrielle appliquée. L'auteur y mobilise ses compétences intellectuelles, professionnelles et fonctionnelles pour livrer un regard à la fois raisonné, documenté et situé de la configuration et de l'évolution aussi bien temporelles que structurelles des politiques industrielles du Cameroun depuis 1945 (moment de l'éveil de la conscience politique autonomiste et indépendantiste), jusqu'au moment projeté de l'autonomisation et de l'indépendance politique objectivée par la réussite de l'émergence économique.

Le Dr Samuel BIROKI se présente en honnête homme, usant de son expérience et de sa culture des choses de l'économie, pour procéder à une mise en perspective rationnelle des politiques industrielles au Cameroun. Il se pose surtout en praticien expérimenté et en technicien situé plutôt qu'en maître-penseur et en théoricien savant, n'ayant pas pour ambition de proposer une synthèse de facture universitaire. Pourtant, la logique du propos qui gouverne cet ouvrage relève d'une finalité théoricienne particulière, finalité correspondant au registre kantien de la théorie pratique. Cela signifie que Samuel BIROKI met en œuvre une visée techniquement régulée de théorisation normative et pragmatique de la trajectoire sociohistorique des politiques industrielles du Cameroun comme politiques économiques clés.

Samuel BIROKI développe dans son essai, un regard aiguisé d'expert et de praticien sur le cours de l'histoire industrielle du Cameroun. Ce faisant, l'auteur entreprend de revisiter dans une optique de chronique historique critique, le cheminement politico- et économico-industriel du Cameroun, à partir d'un examen pratique et technique du parcours de ce domaine clé de l'activité économique. Le pragmatisme sceptique qu'il affiche et revendique l'incite à une approche historico- éclectique qui se met à distance de toute orientation dogmatique dans l'examen de la problématique développée. Son engagement le conduit à adopter un positionnement hétérodoxe porté vers une minimisation des jeux et des enjeux doctrinaux ou doctrinaires dans l'écriture de cet essai sur la genèse et la dynamique des politiques industrielles du Cameroun. Son écrit se pose alors en une entreprise simultanément praticienne et citoyenne d'évaluation des politiques publiques en matière de création, de développement, de renforcement ou de sélection des créneaux industriels comme chemins situés et contextualisés du développement économique. Samuel BIROKI recourt à une boîte à outils analytique et intellectuelle dont la construction s'est faite dans une logique prioritairement soucieuse de l'ajustement de sa vision aux données empiriques et historiques caractéristiques du parcours des politiques industrielles. C'est en s'appuyant sur l'affichage d'un instrumentalisme intelligent et utile que l'auteur a conçu, pensé et écrit son texte en vue de présenter une analyse originale et propre, capable de contextualiser et de tropicaliser la réflexion et l'investigation documentées sur le process organique, technique, stratégique et pratique de la compétitivité industrielle au Cameroun. En procédant de la sorte, il a présenté une étude attentive à la structuration et à la transformation des politiques industrielles, de leurs références conceptuelles et doctrinales, autant que leurs référents pratiques réels.

Ce parti pris pour un regard informé, mais aussi engagé sur la trajectoire industrielle camerounaise n'empêche pas à l'auteur d'esquisser un cadrage normatif et programmatique en vue de réorienter et de redéployer l'ingénierie des politiques industrielles camerounaises. Il ne se contente pas de refaire un examen historique et descriptif de ce cheminement ni ne se limite à une revue critique des politiques industrielles camerounaises. Il se charge aussi de reformuler sur le mode d'un optimisme réformiste, de construire une imagination normative, corrective et prospective, en usant de manière didactique d'une utopie reconstructive. Il s'agit de formuler et de structurer les axes souhaitables d'action et de décision qui participent d'une prospective stratégique avisée et appropriée, laquelle serait à même d'assurer avec intelligence et pertinence la définition des scénarios décisionnels et actionnels pouvant contribuer utilement au relèvement, au redressement, au repositionnement et au redéploiement de l'économie camerounaise au moyen de la construction d'une croissance et d'une puissance industrielles propulsives. L'affichage effectué par l'auteur renvoie à une présentation de soi dans laquelle il entend faire montre et preuve d'un neutralisme pragmatique et d'un scepticisme agnostique, toutes dispositions devant lui assurer l'autonomie et l'indépendance intellectuelles nécessaires pour procéder de manière décapante à une revue critique de la compétitivité industrielle au Cameroun. Pourtant, à l'analyse, une lecture exigeante de cet essai ne saurait se contenter d'un tel affichage.

En réalité, l'auteur a bien des inclinations quant aux choix paradigmatiques de politiques industrielles au Cameroun, comme le montre sa prédilection pour une économie politique du néomercantilisme rationalisé. C'est cela même qui justifie son choix de l'éminent théoricien John Maynard Keynes comme figure inspiratrice. Au fond, même s'il ne le manifeste pas bruyamment, John Maynard Keynes est une figure importante pour lui et dont la référence influence sa conception propre de l'économie politique, de l'industrialisation et de la consolidation industrielle au Cameroun. Samuel BIROKI souligne aussi sa prédilection pour une gouvernance industrielle structurée, assurée par l'appel à un capitalisme décentralisé, popularisé et coordonné. Il préconise son engagement en faveur d'une politique industrielle fondée sur une régulation étatique patriotique, qui construit le pilotage des politiques industrielles en tant que politiques publiques orientées vers l'institutionnalisation et l'organisation d'un capitalisme rationnel et relationnel. Il est ainsi question pour lui de plaider en faveur d'un capitalisme de compétence et de consistance, et de militer pour le déclassement d'un capitalisme de complaisance et de fausse connivence. Ainsi, apparaît-il une fois que le lecteur attentif dissèque le voile de son neutralisme doctrinal, comme un humaniste persistant. C'est un anticonformiste tempéré, parce qu'il n'utilise pas son appréhension critique des politiques industrielles au Cameroun pour s'autoriser une dérive vers le radicalisme désespéré. C'est pourquoi cet hétérodoxe modéré use didactiquement de l'utopie reconstructive pour proposer un cheminement d'espoir permettant d'envisager la réussite d'un nouveau pari sur la compétitivité industrielle du Cameroun. Son travail, malgré sa stature massive, procède à une archéologie historico-culturelle et structurelle des politiques et stratégies industrielles au Cameroun. Il réussit à combiner examen topique, analyse critique, formulation canonique, sens pragmatique et constructivisme utopique.

Cela dit, on pourra indiquer comme une faiblesse de cet essai le découpage souvent inégal des parties et des chapitres, et une construction quelquefois rhapsodique du propos. On peut aussi regretter que par souci d'éviter les travers liés à l'esprit de système, l'auteur se soit privé de construire selon une logique canonique, un package politico-décisionnel, proposer des mesures élaborées, informées et outillées. Un tel package systémico stratégique et stratégico-prospectif de mesures aurait donné de la consistance politico-bureaucratique et managériale à son utopisme régulateur, en proposant concrètement un nouvel horizon d'intelligence et de pertinence aux politiques industrielles du Cameroun. Malgré ces limites, il ne fait aucun doute que cet ouvrage contribuera à l'approfondissement du débat technique et citoyen sur les choix institutionnels, organisationnels, conventionnels, opérationnels, actionnels et décisionnels à partir desquels les politiques industrielles au Cameroun sont énoncées, formulées, et formalisées ; puis appliquées, matérialisées et exécutées.

Cet opuscule, bien qu'il se situe dans le cadre d'une théorie pratique des politiques industrielles au Cameroun depuis 1945, peut donner à penser aux spécialistes universitaires (économistes, politologues, juristes, sociologues, psychologues, anthropologues, géographes ou historiens) versés dans la théorie pure. La réflexion de Samuel BIROKI révèle et exprime l'émergence d'une rationalité relevant des arts du gouvernement, laquelle rationalité est modelée par le souci de contextualisation et de tropicalisation de l'examen des politiques industrielles du pays, compte tenu d'un regard à la fois historique et historiciste qui est attentif aux singularités nationales. En opérant de la sorte, il ouvre la voie à une théorisation pratique des politiques industrielles camerounaises, contribuant alors à faire émerger les formes praticiennes et techniciennes de rationalisation analytique des politiques économiques et de l'économie politique au Cameroun. De cette manière, il met en lumière la construction montante et émergente d'une rationalité camérale de pouvoir et de gouvernement inscrite et transcrite dans un contexte africain.

Auteur engagé et iconoclaste, Samuel BIROKI passe pour un archéologue fasciné de la complexité des sédiments industriels qui lui auront permis de construire son utopie sur l'industrialisation du Cameroun ainsi que les conditions de sa réalisation. Son essai franchit les limites du registre pragmatique des sciences instrumentales que sont les sciences auxiliaires de gouvernement pour se situer sur des anticipations rationnelles de l'émergence abritées de toute spéculation dogmatique.

Professeur Mathias Éric OWONA NGUINI
Sociopolitiste (Université de Yaoundé II-Soa)
Géopolitiste (Fondation Paul ANGO ELA)

INTRODUCTION

La révolution industrielle remonte au XVIIIe siècle pour l'Angleterre et au XIXe pour le reste de l'Europe. Au Cameroun, l'aventure industrielle démarre véritablement au milieu du XXe siècle avec pour défis la consolidation de la souveraineté politique par l'indépendance économique et l'amélioration des conditions de vie des populations. La politique mise en place traduit la volonté des autorités de s'affranchir des symboles de la domination extérieure ; mais ce glissement sera jalonné de nombreux obstacles.

De la découverte de la Rivière des crevettes (Rio dos camaroes) par le Carthaginois ANNON à la fin du Moyen Âge en 1475, à l'arrivée des Allemands en 1883, très peu de choses sont connues de cette grosse parenthèse de 408 ans. De fait de ce manque de profondeur historique et la méconnaissance de son passé moyenâgeux, le travail d'archéologie économique sera limité sur la durée pour laquelle il existe des données analysables. Des galeries ont donc été creusées dans des alluvions au risque des coups de grisou. En effet, des archives dignes de référencement existent à partir de l'occupation allemande, bien que celle-ci n'ait pas eu un temps assez long pour poser les bases de l'industrialisation du Kamerun[2]. La Première Guerre mondiale qui éclate en 1914 a remis en cause l'organisation de l'activité économique réduite alors pour l'essentiel à l'échange de marchandises et à la création d'infrastructures de transport (routes, rails et aérodromes). L'une des conséquences de cette Guerre fut la partition du pays : un mandat international est respectivement confié à la France sur le Cameroun Oriental et à l'Angleterre sur le Cameroun occidental pour exercer leur tutelle sur le pays. Le Cameroun devient un État souverain le 1er janvier 1960 alors que les relations internationales sont profondément marquées par la Guerre froide.

L'élite politique qui remplace les tutelles française et britannique va gérer une souveraineté politique acquise dans le sang. Au premier rang des enjeux, la construction de l'unité nationale et d'un État-nation par agrégation de la diversité politique, sociologique et culturelle. Devenu

---

[2] Appellation du Cameroun en langue allemande

une République fédérale le 1er octobre 1961, le Cameroun noue des liens de coopération avec l'Occident dont il adopte les modes d'organisation politique, administrative et de gestion économique. Toutefois, quelques décideurs de l'époque sont fascinés par l'idéologie révolutionnaire d'inspiration marxiste ou socialo-communiste, basée sur le centralisme, la lutte des classes et l'égalitarisme. Ce temps fut aussi celui de la montée des rébellions armées et des guérillas qui se battront pendant une douzaine d'années encore, avant de connaître leur anéantissement total en 1971. Le régime fort qui s'installa à Yaoundé dès 1959 réussit à écraser la contestation et se servit d'une main de fer pour faire régner l'ordre public (au détriment de l'ordre social), et canaliser les énergies populaires vers une certaine émancipation économique.

Phénomène à la mode, l'économie libérale en construction s'est accommodé des plans de développement dont la conception et l'exécution rigoureusement instrumentalisées par un pouvoir politique autoritariste a offert des résultats globalement positifs dans certains secteurs, en comparaison des performances réalisées dès 1983. Ainsi, la politique industrielle du Cameroun des années soixante est-elle fortement imprégnée du sentiment patriotique traduit par un soutien résolu de l'État à l'appareil productif en gestation. Cette détermination ne fut pourtant pas sans risque parce que l'industrialisation n'est pas une affaire de paternalisme. Le Gouvernement de l'époque devait faire face non seulement au choix des priorités sectorielles et à l'orthodoxie du modèle économique à expérimenter, mais surtout, à celui des technologies, des ressources humaines et financières à mettre en œuvre.

L'appropriation volontariste des politiques copiées de l'extérieur a dû affronter des chocs exogènes et endogènes. Les crises économiques, énergétiques, alimentaires et financières qui vont jalonner l'histoire du pays n'ont pas provoqué un sursaut assez puissant pour déclencher une révolution industrielle ou agricole à la camerounaise. Une des tentatives remarquables aura été la *Révolution verte* lancée à coups de slogans dans les années '70, qui aura mobilisé, grâce à la propagande du parti unique l'UNC (Union Nationale camerounaise), des masses paysannes et urbaines pour conduire à son terme cette expérience hautement budgétivore. Celle-ci ne réussira pas à provoquer les nécessaires bouleversements des choix productifs pour impacter durablement la chaîne de valeur des filières agricoles.

Depuis la fin des années '70, le pays s'est fatalement installé dans une économie de rente, paupérisant les paysans ainsi que l'État rentier qui subventionne le secteur public en s'endettant lourdement. Dès le milieu des années '80, la dette extérieure du pays explose et devient insoutenable. Malgré tout, le procès en industrialisation n'a pas eu lieu à l'échelle de la nation pour rechercher un modèle pertinent. Au contraire, le mimétisme aura continué de guider le travail des administrations chargées de concevoir et de piloter les politiques économiques. C'est ainsi qu'après plus de 50 ans de tentative d'accumulation de richesses et d'expérience, la moisson s'avère maigre et les écarts de développement entre le Cameroun et les pays de niveau comparable au démarrage de son processus industriel n'ont eu de cesse de s'amplifier. Ce constat d'échec met en doute la justesse des choix stratégiques opérés, mais surtout, les institutions et les acteurs chargés de leur implémentation.

Toutefois, des volontés de changement des politiques ont souvent émergé, mais elles ont été siphonnées par le conservatisme des caciques radicaux et profiteurs du statu quo, et les erreurs vont s'accumuler. Or, les *erreurs économiques sont parfois comme les erreurs médicales, fatales !* Une question difficile à contourner est donc celle-ci : comment en est-on arrivé à la dévalorisation des dotations factorielles ? Alors que la volonté politique et la détermination affichées des acteurs stratégiques ne semblaient pas trahir l'envie de réussite. À l'analyse, les opportunités d'industrialisation identifiées et séquencées ont été mal gérées, et les évaluations successives n'ont pas provoqué un sursaut nationaliste pour changer de cap. Aussi, bien que le Cameroun se soit engagé à imiter des modèles méso- économiques éprouvés dans d'autres continents, il ne déroge pas au fatalisme de la spécialisation ruineuse dans l'exploitation du sol, du sous-sol et de la forêt. Une radioscopie des politiques mises en œuvre depuis six décennies a permis d'observer des résultats souvent en fort décalage avec les anticipations.

Cet ouvrage se propose donc de diagnostiquer les visions industrielles et l'efficacité des instruments de gouvernance économique pratiqués depuis 1960 sous l'inspiration de deux courants : le libéralisme planifié d'Amadou AHIDJO, et le libéralisme communautaire de Paul BIYA (successeur d'AHIDJO). Les deux modèles de société fondés sur le capitalisme ont subi un aplatissement stratégique à travers une mise en scène marquée par l'incompétence, l'impréparation et l'inadaptation d'une bureaucratie parasitaire, voire ombrageuse, à l'expertise et au patriotisme questionnables.

La ritualisation des plans quinquennaux de développement instaurés dès 1961 est devenue la voie incontournable de priorisation de l'investissement public et privé, de programmation industrielle et de l'anticipation financière. La crise économique qui éclate dès la deuxième moitié des années '80 entraîne un tâtonnement stratégique et un glissement irrésistible vers des programmes d'ajustement aux issues incertaines. Comme résultat à l'interventionnisme étatique des vingt premières années post-indépendance, un secteur public hypertrophié et prodigue ; un secteur privé extraverti, davantage informel et peu compétitif. L'entreprise camerounaise sera donc mise à rude épreuve quand éclate la sévère crise économique en 1986. Au bilan, des décennies d'une économie industrielle mal menée, ou tout simplement malmenée, l'on constate une révolution agraire non aboutie et l'impossible modernisation des structures physiocratiques et féodales héritées.

Somme toute, les faibles résultats obtenus après une cinquantaine d'années de manœuvres économiques peu fructueuses créent le prétexte d'interroger les trajectoires et les étapes, de revisiter les espoirs créés et entretenus, mais très souvent déçus. Place a été largement faite à l'utopie dont la Vision de l'Émergence à l'Horizon 2035 en est l'émanation. C'est de ce constat que naîtront des propositions nouvelles ou d'autres utopies. Frantz FANON l'avait prédit :

> *L'indépendance a, certes, apporté aux hommes colonisés la réparation morale et consacré leur dignité. Mais ils n'ont pas encore eu le temps de construire une société, de construire et d'affirmer des valeurs. Le foyer incandescent où le citoyen et l'homme se développent et s'enrichissent dans les domaines de plus en plus larges n'existent pas encore »[3]. La crainte exprimée alors par ce penseur est que l'apothéose de l'indépendance ne devienne pas la malédiction de l'indépendance[4].*

L'explication de cette angoissante prophétie est donnée par Mathieu EKANI ONAMBELE :

---

[3] Frantz Fanon cité par Ekani-Onambélé, Journaliste spécialisé dans les questions économiques africaines ; auteur d'une étude : *Les matières premières africaines et le marché* mondial.
[4] *Idem.*

Les tensions de toutes sortes qui secouent actuellement l'Afrique ne doivent pas dissimuler qu'une lutte plus décisive se produit en profondeur, en comparaison de laquelle ces conflits ne sont que des secousses épidermiques : la lutte pour la rénovation de la société, pour la transformation des structures économiques et sociales héritées de la période coloniale, pour la prolongation de l'émancipation politique par l'indépendance économique[5].

EKANI ONAMBELE considère avec un brin de scepticisme que les pays africains sont à la recherche de modèles de développement inspirés des expériences historiques offertes par l'Europe, les États-Unis et l'Union soviétique, et se demande si ces modèles sont directement utilisables. Le regard de Gunnar Myrdal va dans la même direction : « l'idée que ces pays pourraient se développer selon un processus de transformation parallèle à celui des pays aujourd'hui avancés est radicalement fausse »[6]. D'après EKANI ONAMBELE, « c'est pourquoi les pays sous-développés doivent, sous peine de courir à une catastrophe collective ou à l'anéantissement de leurs civilisations, rechercher des politiques de développement tenant compte de leurs particularités et capables de les sortir du cercle vicieux de la misère »[7]. Cet avertissement a été compris par certains pays, lesquels se sont actuellement tirés d'affaire, à la différence des imitateurs et suiveurs incorrigibles.

Notre obligation d'auteur n'est pas de nous livrer à une critique dévastatrice des politiques antérieures ou en cours, mais d'interroger la réalité industrielle du pays, de disséquer les principales logiques qui la structurent, de jauger l'efficacité des politiques successives et tenter de construire une alternative pour le futur. De façon plus savante, J.M. Keynes affirmait : *« la difficulté n'est pas de comprendre les idées nouvelles, elle est d'échapper aux idées anciennes qui ont poussé leurs ramifications dans les recoins de l'esprit »*[8].

---

[5] Ekani-Onambélé, Mathieu, dans la préface de : *Les fondations et le dynamisme d'une économie libre, essai historique*, de Stuart BRUCHEY, Professeur d'histoire à l'Université du Michigan, Nouveaux Horizons, Christen- lipograffa, Roma, 1966.

[6] G. Myrdal (1972), *Le Défi du monde pauvre*, Gallimard, Paris.

[7] M. Ekani-Onambele, *op.cit.*

[8] J. M. Keynes, cité par R. Di Ruzza *in* « Éléments d'épistémologie pour économistes », *La dernière histoire et son ombre*. Presses Universitaires de Grenoble, Paris, 1988.

Pour bâtir notre propos, trois moments majeurs sont retenus pour l'analyse des processus industriels au Cameroun :

1945 à 1985 : l'espoir (les plans de développement).
1986 à 2009 : la désillusion (les politiques d'ajustement structurel).
2010 à 2035 : l'utopie (la vision de l'Émergence en 2035).

Ce sujet sera donc abordé avec l'honnêteté d'un consultant, analyste et critique des politiques publiques à l'élaboration desquelles il a souvent participé et avec l'historicité de quelqu'un qui aura travaillé au cœur des administrations économiques et financières. Il le fera aussi avec des instruments de diagnostic des organisations dont il s'est nourri dans son parcours académique, et l'expérience d'un acteur institutionnel, témoin vivant des stratégies des États et des firmes dans la sphère industrielle. Puissent ces acquis redonner de l'épaisseur et de l'intérêt à une problématique menacée de banalisation par la gesticulation apparemment savante des politiciens, faute de travaux scientifiques approfondis. En tout état de cause, il n'y aura aucune prétention à donner des leçons aux générations passées de gourous, conseillers, planificateurs, stratèges, acteurs économiques et sociaux. L'objectif serait atteint si les lumières projetées sur les mouvements industriels du pays permettaient de tirer des leçons et d'ouvrir de meilleures perspectives.

Ainsi, avant de s'engouffrer dans ce sujet vaste et sensible à la fois, il est nécessaire de justifier sa délimitation historique, et tenter d'en évacuer les obstacles épistémologiques pour éviter aux concepts et aux doctrines, la signification qu'ils n'ont pas. En effet, l'an 1945 en tant que point de départ de notre recherche, est certes la fin de la plus immense des tragédies humaines, la deuxième Guerre mondiale, qui coïncide avec le début de grands changements au niveau politique et stratégique. L'affrontement idéologique entre le capitalisme et le communisme a souvent tourné en conflits armés en Asie, Amérique latine, Afrique, Europe de l'Est et dans le Pacifique. Un monde binaire ou dual naissait. 1945 est la date de naissance du franc CFA (colonies françaises d'Afrique), cet avatar de la colonisation, de parité fixe avec le franc français, garanti par le Trésor français, et récemment par la Banque centrale européenne, va rythmer les échanges financiers et commerciaux entre l'immense majorité des pays francophones d'Afrique noire et le reste du monde.

Pour le Cameroun, l'année 1945 marque le début de l'éveil de la conscience politique aidé par la comparaison des situations vécues avant, pendant et après-guerre, notamment sur le plan de l'organisation de la production et des échanges. Un traitement salarial et social inégalitaire entre Européens vivant au Cameroun et travailleurs indigènes servira de levain aux revendications. De cette époque, une déclaration faite du bout des lèvres par René Pleven relève bien sûr d'une grosse démagogie : « le but de notre politique économique coloniale doit être le développement du potentiel de production et l'enrichissement des territoires d'outre-mer, en vue d'assurer aux Africains une vie meilleure, pour l'augmentation de leur pouvoir d'achat et l'élévation de leur standard »[9]. Néanmoins, c'est en 1945 que l'administration camerounaise assistée par la France élabore son premier Plan quadriennal de développement pour la période 1946-1950. Le second, 1956-1960, sera interrompu en 1959, en raison des bouleversements sociopolitiques qui ont précédé l'indépendance du pays. À la suite de la reconnaissance de son autonomie par la communauté internationale en 1960, le Cameroun fera un laborieux apprentissage de sa souveraineté, avec l'alternance des périodes de prospérité et de crise. La Vision de l'Émergence projetée en 2035 relève sans nul doute d'une certaine fuite en avant, puisque la prospérité plusieurs fois promise tarde à venir, autant la repousser dans le long terme, le temps selon Keynes, que « *tous soient morts* ».

---

[9] R. Pleven (Commissaire français aux Colonies), à la Conférence de Brazzaville de Janvier-Février 1944 ; cité par D. Oyono (1992), *in* : *Colonie ou Mandat international ? La Politique française au Cameroun de 1919 à 1946*, L'Harmattan, Paris, septembre.

ABSTRACT

Competitiveness Levers to take up the Challenge of Cameroon Economic Emergence

This essay is an historical, analytical and a prospective work. Thanks to a glance in the past and the appraisal of the policies in progress, the author aims at proving the failures in industrial process during the years before and after the independence, and the potential to miss or reach the announced rendezvous. It also reveals the reasons why Cameroon did not become a performing industrial country despite the strategies experienced. Featuring challenges after digging the mine of industrial sediments, it shows how to bridge the gaps and face the stakes to reach or not the Middle-income country step.

Starting from the year 1945, the end of World War II, Cameroon's Industrial planners drew their way by trial and error, but a way of strategic imitation. Before the political freedom, public authorities with the support of the French technical assistance implemented two 4-years development plans (1946-1950 and 1956-1960). Liberalism was the rule of trans-border business in Cameroon, mapped by the "Open Doors Policy". During the years following the independence of the country, the 5-years Plans were implemented to structure an inclusive and participative development process. The first Plan started in 1961 and ended in 1966 with a hopeful report. Since then, things started to move differently with the Planned Liberalism, an ideology conceived by President Amadou AHIDJO to frame the social and economic emancipation. The Industrialization by Imports/Substitution Strategy was endowed with financial and operational means to take off. During the second 5-years Plan, this strategy was coupled with the Industrialization by Promotion of the Exports.

Arguably, changes in strategy might appear since 1982 when President Paul BIYA arrived at the Supreme Magistracy. The newly appointed Head of State started putting his prints in leadership by introducing the Community Liberalism Policy. The 6th Plan started in 1986, the main economic indicators being to the green. That optimistic situation did not evolve a cause of an economic crisis that exploded in 1987. Since then, international economic doctors came to the bed head of Cameroon to prescribe some therapies without deepened diagnosis.

An Industrial Master Plan (IMP) formulated and adopted in 1988, was anything but a catalogue of needs in infrastructures and economic actions. Prefacing that paper, President Paul BIYA said: *"Thus, the Industrial Master Plan is harmoniously integrated in our liberalism policy anchored in community, rooted in freedom to start business, the regulation function due to a democratic state, and the duty of solidarity"*. To succeed, that Plan needed the participation of all the:

- National economic actors ;
- Foreign investors ;
- National and regional financial institutions ;
- Bilateral and multilateral partners.

In that prospect, the President of the Republic counted on the Cameroonians' creative genius and on the natural resources. That was the period of hope.

In 1989, the Structural Adjustment Plan was written within a Public Finance Stabilization Policy context. After Cameroon was declared as a High Indebted Poor Country (HIPC) in 1997, a Poverty Reduction Strategic Paper (PRSP) was prepared since 1999 by the government and approved by the international financial community in 2003. But, things did not work as well as expected, the handicaps being slowness, bureaucracy and corruption in public administration and other institutions. Given a weak competitive framework, measures taken for the social and economic improvement did not bring any significant progress.

Consequently, Disillusion appeared. That's why in 2009, the government imagined the Vision to make Cameroon an Emerging and Democratic Country, United in Diversity by 2035 horizon. Four global goals frame that will of emergence:

1. Reducing poverty to a socially acceptable level ;
2. Becoming a middle-income country ;
3. Acquiring the status of Newly Industrialized Country ; and,
4. Reinforcing national unity and consolidating the democratic process.

So, hardly the process put in place, the economic growth is breathless. Considering the risks and threats to miss the governmental targeted objective, this essay proposes an Alternative Utopia based on new comparative advantages calling for massive investments in

Buildings and Public Works sector. To collect sufficient resources to finance that utopia, emerging financial sources must be sought-after.

Methodologically, this book is dedicated to the theoretical and conceptual settings, in the goal to reference industrial policies, industrialization processes and experiences issued from some states or group of states.

Three periods are sequencing the State of Cameroon's walk on the industrial path:

- 1945-1985 : hope (development plans) ;
- 1986-2009 : disillusion (structural adjustment policies) ;
- 2010-2035 : utopia (anticipating and implementing the emerging process).

An alternative utopia is framed in another investment field, with key success conditions and new resources to fund growth and industrial development. The real challenge is to change mindsets and give place to patriotism. That means, doing business not as usual. Out of that, the vision of emergence will remain a dream that will never come true.

This essay also tries to revisit the macroeconomic fundamentals that guided the Cameroon's industry process throughout the international division of labour and production for export. Because too many strategies had unsuccessfully been implemented, we are tempting to resort the neglected or marginalized professions and partners to assign them a central place in the ambition of emergence of Cameroon before or after the predicted horizon.

Is it too late to refocus this issue? Absolutely not! But it's really challenging to finalize the economic diagnosis and find ways to improve creativity, productivity and competitiveness, leaning on technological dynamics to boost industrial development.

One of the paths of success certainly depends on breaking the structures that maintain the socioeconomic duality. Another one is to make a middle-class emerge from that radical transformation. More particularly, to push Cameroon to the orbit of emerging countries is an appeal to change gear and procedures, through leadership, reforms and management mastery.

PREMIÈRE PARTIE

LE CADRE CONCEPTUEL

Dans tout voyage, le premier pas est le plus difficile
Mais, ce qui compte, ce n'est pas le point d'arrivée, mais le voyage
parce que les voyages les plus extraordinaires se font parfois dans l'imagination.

CHAPITRE I

CE QU'EST LA POLITIQUE INDUSTRIELLE

« La politique industrielle est comprise comme l'ensemble des interventions des pouvoirs publics sur les structures productives et les comportements des entreprises en vue de renforcer ou d'améliorer les performances globales et sectorielles de l'industrie » (D. Carlton et J. Perloff, 1998). C'est aussi selon ces deux auteurs, « l'étude de la structure des entreprises et des marchés, ainsi que leurs interactions ». Une politique industrielle « doit tout à la fois favoriser le renouvellement du tissu industriel, soutenir les entreprises de manière ciblée et assurer la défense des intérêts nationaux dans la mondialisation »[10]. De façon conventionnelle, l'on distingue quatre niveaux d'application de la politique industrielle :

1° - l'environnement de l'industrie caractérisé par les politiques monétaires et de revenus, la fiscalité, le crédit, la législation commerciale, les infrastructures ;

2° – l'action et les comportements des investisseurs publics et privés qui déterminent la production, l'offre et la demande des biens et services ; et fondent des stratégies de localisation, d'emploi et de commerce international **;**

3° – les politiques sectorielles visant à soutenir et à restructurer les industries existantes, mais en difficulté, soit à promouvoir des industries nouvelles plus prometteuses de profitabilité, ou alors les deux à la fois ;

4° – les programmes et projets industriels d'envergure pour lesquels le secteur public et le capital privé s'arrangent à croiser leur mode de gouvernance, leurs complémentarités stratégiques et opérationnelles ainsi que leurs ressources, pour atteindre de meilleurs résultats.

Yves Morvan se demande donc si l'on « peut saisir les contours de la politique industrielle de la même façon qu'on peut cerner les contours

---

[10] G. Thibault (2008), *Quelle stratégie industrielle pour la France face à la mondialisation ?* Éditions Technip.

des autres politiques de l'État : sociale, fiscale, monétaire ? Les actions de l'État dans le domaine industriel sont-elles dotées d'un système de cohérence sans faille qui en fait une véritable politique ? »[11]

Il évoque pour cela deux séries de problèmes pour justifier sa crainte :

- Le décalage entre les anticipations et les réalisations à l'épreuve de la conjoncture et du jeu des acteurs ;
- Les ambigüités qui entourent la formulation et la mise en œuvre à la fois de la politique industrielle et des autres politiques.

L'auteur reconnaît ainsi que la politique industrielle se développe sans un cadre théorique bien précis, sans un schéma de référence bien défini et parfois même dans la plus grande discrétion (sous-entendu des gouvernants), comme le font notamment les leaders des pays asiatiques réputés pour la culture du secret. Il se résout donc à définir la politique industrielle comme : « un ensemble d'orientations coordonnées par les pouvoirs publics visant à agir sur les conditions de détermination des attitudes des agents économiques, de façon à atteindre des objectifs considérés comme importants »[12].

Cette définition soulève bien entendu des interrogations notamment sur :

1. Les objectifs que la politique industrielle doit viser ;
2. La place de l'État dans la définition et la coordination industrielle ;
3. Les niveaux sur lesquels doit porter la politique industrielle ;
4. Les rapports de gouvernance entre le secteur public et le secteur privé.

Cette recherche de clarification est abordée tant par les libéraux que par les keynésiens :

Sous l'angle de l'analyse libérale, l'État ne devrait pas a priori, intervenir dans la sphère économique, au risque d'introduire des distorsions dans le régime de concurrence parfaite (qui n'a d'ailleurs d'existence qu'au plan doctrinal) ; il risque également de compromettre

---

[11] Y. Morvan (1991), *Fondements de l'économie industrielle.* Collection Gestion, 2e édition, Économica.

[12] Y. Morvan, *op cit.*

les ajustements automatiques des relations entre agents économiques. Son rôle se justifie tout de même dans cette approche comme celui d'un chien de garde des règles de la concurrence, ou d'empêcheur aux situations de monopole de s'établir durablement. Du point de vue de la théorie interventionniste d'inspiration keynésienne ou colbertiste, l'État est une institution autonome, disposant de moyens privilégiés à même de créer un secteur productif pour réduire les déséquilibres macroéconomiques.

Quant à l'opportunité d'une politique industrielle, Y. Morvan propose trois attitudes. Les opposants pensent que le sort de l'industrie se joue au niveau des décisions des entreprises et des options de macro-économie ; les partisans du laisser-faire, et ceux qui croient aux mécanismes régulateurs de marché et à la bienveillante main invisible. Les plus pragmatiques réfutent une définition claire de la politique industrielle trop autoritaire, dogmatique parfois, mais appellent l'intervention des pouvoirs publics pour fixer avec précision des objectifs à atteindre. Ils préconisent des interventions vigoureuses, mais ponctuelles et ciblées de l'État. En clair, le meilleur choix de politique industrielle serait de ne pas en avoir une. Cette logique est plutôt idyllique, car la résolution des conflits qui se déroulent dans le monde industriel entre concurrents de taille comparable ou non, entre fournisseurs et clients, entre employeurs et travailleurs, entre producteurs émetteurs d'externalités négatives et les victimes de celles-ci, a besoin *d'une main visible* dont l'État détient la légitimité idéologique.

Ce positionnement est celui que le gouvernement du Cameroun a parfois adopté pour mener une politique sans la citer, comme « Monsieur Jourdain faisait de la prose, sans le savoir »[13], sans doute en raison des difficultés à maîtriser la complexité du corpus auquel cette discipline fait référence. Les autorités de ce pays préfèrent donc parler de plans d'industrialisation, ou de stratégies sectorielles, qui recouvrent l'industrie éclatée en plusieurs domaines : minier, textile, métallurgique, agricole, forestier, infrastructurel, etc.

Une autre attitude est celle des partisans déclarés d'une politique industrielle explicite comme moyen privilégié d'organisation du système productif. C'est à ce niveau qu'interviennent des arguments à fort contenu idéologique, tels que la démocratie industrielle, la

[13] Molière, *Le Bourgeois Gentilhomme*,

soumission de l'activité économique à l'intérêt général, le règlement à la source de toutes sortes de conflits provenant des antagonismes des acteurs socio-industriels. Suivant cette logique, les structuralistes pensent qu'il s'agit de mettre en place des politiques susceptibles d'agir sur les processus industriels et sur les comportements des agents pour le pilotage général de l'appareil productif. « Les analyses marxistes des années 70 étaient classées parmi les théories structuralistes, qui démontrent un retard irréversible des pays non développés » (Jean Coussy, 2005).

Les échecs de décollage industriel ont donc été imputés aux défaillances de l'État postcolonial, incapable de domestiquer un capitalisme conquérant, et de contrecarrer des courants doctrinaires défendant des idéologies ou des visions manichéennes du monde. Analysant les « dilemmes de la politique industrielle », Olivier Passet constate que :

> *L'État (français) a toujours oscillé entre deux objectifs : d'un côté, favoriser l'éclosion de nouvelles entreprises en répartissant des aides sur l'ensemble des secteurs d'activité et des territoires, ou de l'autre, organiser une force de frappe industrielle en concentrant son soutien sur quelques champions capables d'impulser de grands programmes technologiques et d'affronter la concurrence internationale.*

De son point de vue, deux politiques s'opposent ; il s'agit selon Passet, soit : de promouvoir des pôles de compétitivité avec l'octroi d'un rôle de premier plan aux décideurs régionaux ; soit, de s'appuyer sur l'innovation industrielle, centrée sur des programmes de recherche & développement des champions européens. Pour accompagner ce débat, Charles Salé (2006) déclarait : « aujourd'hui et plus que jamais, la formulation de la politique industrielle, la définition des stratégies industrielles, la conception des programmes et projets, sont effectués après des processus d'analyses rigoureuses de compétitivité industrielle associées à des actions d'intelligence économique[14] ». Cette réflexion d'un membre du gouvernement camerounais se trouve en net décalage de la réalité nationale ; une autre illustration de l'hypocrisie des politiques relativement aux questions pour lesquelles ils n'ont pas de réponse appropriée.

---

[14] C. Sale, ancien ministre camerounais de l'Industrie, des Mines et du Développement technologique.

La politique industrielle varie donc d'un pays à un autre, mais elle s'appuie sur des fondamentaux que sont : la compétitivité coût et hors coût- la recherche de position dominante et davantage concurrentielle- l'utilisation optimale des dotations factorielles- le cycle de vie des produits- la spécialisation internationale et -la division internationale du travail. Ces objectifs évoluent dans le temps en fonction des défis et de la conjoncture. Pour structurer ce champ du débat qu'il considère comme un fourre-tout, Henrik Uterwedde se fond en interrogations :

> *S'agit-il d'une politique de développement général cherchant à combler le retard industriel ? De protection des producteurs nationaux contre la concurrence étrangère ? De ''lobby industriel'' protégeant les consommateurs ? D'une politique industrielle sectorielle ? D'une politique horizontale d'émergence des conditions-cadres favorables à l'industrie ? De Champions nationaux ? De compétitivité du système productif, d'attractivité du territoire*[15] *?*

La réponse à chacune de ces questions renvoie à une batterie de moyens à mettre en œuvre.

Les moyens de la politique industrielle portent sur :

1. La planification stratégique et opérationnelle ;
2. Les incitations à exécuter la commande publique ;
3. Les actions sur les secteurs : nationalisations, créneaux (positionnement sur les secteurs à forte rentabilité, niches), filières (intégration verticale) ;
4. La réglementation : la concurrence ou les concentrations.

LA DIVERSITÉ DES POLITIQUES INDUSTRIELLES

Au lendemain de la Deuxième Guerre mondiale, la politique industrielle en Europe occidentale s'est bâtie sur le charbon et l'acier qui donneront lieu à une organisation qui verra le jour en 1957 : la Communauté économique du charbon et de l'acier (CECA). Cependant, chaque pays a pu se distinguer par une expérience singulière basée sur ses traditions et son génie. Selon Yves Morvan, « Les politiques

---

[15]. Utterwedde H. : « Politique industrielle ou politique de compétitivité ? Discours et approches en Allemagne. Comité d'études des relations franco-allemandes (CERFA) ; publié par l'IFRI, principal centre indépendant de recherche, d'information et de débats en France sur les grandes questions internationales.

industrielles appartiennent dans certains pays à une longue tradition d'intervention de l'État dans les choix économiques des firmes. Elles sont associées à l'usage par les pouvoirs publics d'un certain nombre d'outils d'intervention sur les entreprises ou 'tactiques[16]' ». Une radioscopie sommaire de quelques politiques industrielles donne une idée des modèles expérimentés dans certains pays ou groupes de pays.

LA FRANCE

De tradition colbertiste, la politique industrielle française a, suivant les gouvernements et leur idéologie, été relativement directive, très sélective parfois, mais aussi, une politique d'accompagnement et d'action sur l'environnement des entreprises. Elle est tout aussi influencée par son voisinage germanique au nord et par son ancrage méditerranéen au sud. Sa position d'ancienne puissance coloniale joue également un rôle dans sa stratégie industrielle. Son industrie militaire exportatrice, créatrice de valeur et d'emplois, est au service de son influence diplomatique et commerciale. Des politiques planifiées alternent avec celles conjoncturelles et le volontarisme axé sur les filières, l'ajustement des structures aux opportunités et contraintes nées des mutations technologiques ou de la globalisation financière. L'interventionnisme à la française vise à améliorer la flexibilité des entreprises, diffuser les innovations technologiques, produire dans le respect de l'écologie et encourager la création d'emplois. La fiscalité, l'assainissement du climat des affaires, la simplification de l'environnement juridique encadrent ce dispositif.

La politique industrielle française de l'après-Deuxième Guerre mondiale s'est appuyée sur de grands projets : téléphone, mercure (1968) ; Airbus (1969) ; nucléaire (1970) ; Ariane (1973) ; surgénérateurs (1974). L'État soutient également les champions nationaux (entreprises à fort potentiel de rentabilité qui se distinguent dans des branches particulières de l'industrie). La France a également mis en route d'importants programmes de restructuration industrielle dans la sidérurgie, les chantiers navals, le papier-carton, les machines-outils et les industries textiles. Elle procède souvent à des nationalisations – dénationalisations ciblées. En outre, les budgets de la recherche militaire ou publique ont une influence structurante sur le

[16] Olfa Kammoun Hammami (ESSEC Tunis) et Sami Hammami (FSEG Sfax), in : « Mondialisation et nouvelle politique industrielle en Tunisie » ; olfakammoumi@yahoo.fr; sami_hammami@yahoo.fr

secteur productif. La France s'illustre aussi par des aides régionalisées et des politiques proactives en faveur des petites et moyennes entreprises (PME), dont le faisceau constitue un puissant levier économique. La politique industrielle de la France, c'est aussi

> *Le soutien aux industries compétitives, la réduction des déséquilibres sectoriels ou régionaux à l'origine des mesures de protection des secteurs les plus fragiles et d'utilisation d'instruments plus directifs pour corriger les effets sociaux négatifs des mutations. La tendance est ainsi à l'unification des politiques nationales, notamment dans le cadre de l'Union européenne*[17].

LA RÉPUBLIQUE FÉDÉRALE D'ALLEMAGNE

Sa plus grande particularité repose sur une relation triangulaire État– Banques– Entreprises, qui est des plus structurées au monde. L'Allemagne a également mis en évidence des politiques de normalisation offensives et défensives. Des interventions décentralisées, systématiques et multiformes des Länder aux entreprises sont également très formalisées. La culture de partenariat entre acteurs économiques publics et privés associant les grandes organisations, les confédérations patronales, industrielles et syndicales, crée un système dit néo-corporatiste qui favorise la spécialisation et l'adaptation des capacités à la compétition internationale.

Ce système développe plusieurs instruments d'appui institutionnel, financier et en transfert de technologie de type vertical, du gouvernement fédéral vers les Länder et au niveau horizontal entre PME/PMI, organisations professionnelles, de formation, et les collectivités territoriales. « L'État joue un rôle d'impulsion et de coordination souple des initiatives selon une logique de réseau mise au service des priorités préalablement définies par consensus tant sous l'angle sectoriel que géographique. La cohérence et la continuité caractérisent la mobilisation des moyens des administrations et des entreprises[18] ».

Les mécanismes de création des richesses sont en mutations permanentes, se servant des niches comme locomotives et

---

[17] Politique industrielle, Microsoft Corporation, 2008.

[18] Jean-Daniel Gardère : « Les Leçons de l'étranger », *Problèmes Économiques* du 8 décembre 2004.

opérationnalisées par une classe moyenne qualifiée dans de grandes écoles proches des PME. L'efficacité de gestion des synergies de ce système complexe et sa capacité à produire du consensus et à s'autoréguler méritent également d'être soulignées.

L'ITALIE

L'Italie se démarque par le rôle majeur des grandes entreprises nationales, mais elle s'illustre aussi par :

1. Des opérations lourdes d'aménagement du territoire ;
2. La politique socio-industrielle ;
3. Une forte politique de développement régional ; et
4. Des incitations flexibles et des facilités diverses en faveur des PME.

L'Italie soutient en outre des centres de services, une politique technologique, et renouvelle fréquemment sa politique régionale.

LA GRANDE BRETAGNE

Fidèle à son option libérale, la Grande-Bretagne en principe n'a pas de politique industrielle. Elle laisse libre champ à l'intervention de la main invisible si chère aux « classiques », pour la régulation de son économie. Mais à contrario, elle promeut une politique technologique forte, des mesures en direction des PME et une politique de R&D portée par l'industrie militaire. Aussi, la Grande-Bretagne renouvelle-t-elle sa stratégie antitrust, veille sur la diminution des aides régionales et diverses aides directes à la production ou aux échanges. En cas de nécessité, elle dénationalise de façon plus radicale que ses partenaires.

L'EUROPE

Une mutualisation des savoirs européens a donné lieu à des programmes d'innovation dans les secteurs de pointe. C'est le cas en matière de recherche :

- EUREKA (Innovations technologiques) ;
- ESPRIT (Technologie de l'information) ;
- RACE (Télécommunications) ;
- BRITE (Biotechnologies).
- LE PLAN CALCUL.

En termes de programmes industriels :

- CECA (Charbon et Acier)
- AIRBUS (Aéronautique) ;
- ARIANE (Exploration spatiale) ;
- HERMÈS (Navette spatiale)
- EURATOM (nucléaire)
- JET (Installation pilote pour la fusion nucléaire)

Des efforts au niveau européen portent aussi sur des programmes de restructuration des secteurs traditionnels tels que la sidérurgie, la construction navale, le textile. Les défis écologiques ou environnementaux sont au cœur des politiques industrielles européennes qui engendrent des contraintes qui deviennent des opportunités. C'est ainsi qu'un travail communautaire se fait pour la réduction de la part du pétrole dans l'économie, la transition énergétique et la réduction des émissions des gaz à effet de serre.

LES ÉTATS-UNIS

Les États-Unis s'identifient par leur énorme budget d'armement, ainsi que par des interventions modulables et multiples des États dans le processus industriel. Le rôle **des Universités comme promotrices des centres d'excellence** constitue un levier essentiel. Le poids des aides indirectes (fiscales et réglementaires) est également très élevé. Un partenariat entre institutions à but lucratif ou non est très développé.

De temps en temps, les Américains débattent de leur politique industrielle, de l'utilisation plus explicite des dépenses publiques et de la déréglementation. Mais l'Amérique brille par son interventionnisme exacerbé au gré de la conjoncture, dans le subventionnement de l'industrie automobile, de l'agriculture, de l'habitat, et par l'inflation des dépenses militaires.

LE JAPON

Au Japon, il y a un débat permanent, souvent partisan et sans concession sur les politiques industrielles. L'instabilité et la longévité des gouvernements sont à ce prix. Aussi, le tout puissant MITI (ministère de l'Économie, des Finances, de l'Industrie et de la Technologie), veille sur la compétitivité générale. Par contre, son marché est très protégé de l'extérieur et extrêmement concurrentiel à l'intérieur entre entreprises japonaises.

LA RUSSIE

L'industrie russe a évolué presque constamment dans un contexte « volontariste » selon la stratégie de centralisation intégrale de la prise de décision et du contrôle, la verticalité de l'organisation appuyée par les ministères sectoriels et leurs multiples relais territoriaux. En plus, l'accent est mis sur la production des matières premières et de l'énergie, et sur le transfert de technologies des pays occidentaux. Un grand effort est déployé pour réaliser une alliance entre progrès technique et industrie. On y observe également la division asymétrique bien qu'en rééquilibrage depuis la pérestroïka, de la sphère industrielle en deux secteurs, la défense, grande consommatrice de capital, et le civil. Extensif au cours des années de guerre froide, le développement industriel russe devient de plus en plus intensif, avec une forte présence de l'entreprise privée qui fait reculer l'exubérance des monopoles étatiques.

LES NOUVEAUX PAYS INDUSTRIELS D'ASIE (NPIA[19])

Ils ont eu de nombreuses étiquettes : Bande des quatre (Singapour, Hong-kong, Corée du Sud et Taïwan), Dragons, Tigres, nouveaux Japon, pour qualifier leur réussite et notamment, leur rôle dans la reconfiguration de la division internationale du travail (DIT). Ce sont des pays en rattrapage économique et en pleine industrialisation, à niveau de vie et de développement intermédiaire ou élevé. « Leur insertion dans les échanges internationaux n'est pas fondée sur une logique de complémentarité intersectorielle par rapport aux pôles dominants. Ils ont créé une nouvelle répartition des échanges entre le Nord et le Sud au sein de laquelle internationalisation et industrialisation s'intensifient en même temps[20] ». La Corée du Sud et Taïwan par exemple avaient en 1950, un PIB par habitant comparable à celui du Cameroun.

Ces quatre pays se sont concentrés sur le textile et la confection, la construction navale, la sidérurgie, l'électronique, la chimie. Partis des politiques de substitution aux importations, ils ont donné la priorité aux

[19] Jean Raphaël Chaponnière (1989) ; IREDP-Grenoble/CNRS : in La Documentation française.

[20] Alain Samuelson : « Économie internationale contemporaine ; aspects réels et monétaires » in *L'économie en plus*. Presses Universitaires de Grenoble (PUG), p. 22.

exportations en faisant jouer à l'État un rôle important. Découvrant la forte corrélation entre salaire et productivité, ils se sont servis de cette vertu pour la conquête des marchés à l'exportation, en s'appuyant sur tous les instruments de politique macroéconomique et d'incitation des travailleurs. Leur politique industrielle est discrétionnaire dans la mesure où les États « choisissent les vainqueurs, secteurs et entrepreneurs », pour les porter vers une plus grande performance. D'autres pays tels que la Thaïlande et même la Malaisie les ont rejoints pour constituer les Nouvelles Puissances industrielles d'Asie, à côté de la Chine, première puissance économique mondiale. Ils ont également bâti des économies ouvertes qui n'élèvent pas de barrières aux importations. Ce fut le cas du Cameroun d'avant l'indépendance et sa stratégie dite de portes ouvertes qui s'est inversée en raison des crispations nées de la promotion du développement endogène dont la conséquence sera l'isolement du pays sur le plan des échanges internationaux.

LA CHINE

Le capitalisme chinois est de type étatique, et le secteur industriel relève à 80 % du capital public. La stratégie chinoise est basée sur l'accumulation intensive des facteurs de production, capital et travail, au risque parfois de la baisse de leurs productivités relatives ou des rendements factoriels. S'agissant de la ressource humaine, des millions de jeunes Chinois obtiennent annuellement un diplôme d'ingénieurs. La qualification de la main-d'œuvre, y compris des techniciens et ouvriers, est renforcée par une formation de type paramilitaire pour les besoins de discipline et d'endurance au travail.

Le taux d'investissement est réputé très élevé, avoisinant les 50 % du PIB, dont 40 % pour le seul secteur public ; c'est grâce à cela que la Chine a pu atteindre des taux de croissance à deux chiffres. L'industrie lourde, grande consommatrice de capital fixe, s'accroît plus rapidement que l'industrie légère, mais avec des risques de sous-optimisation des capacités installées, et souvent, de surproduction dans certains secteurs. L'industrie chinoise est énergivore et le pays investit sans compter dans le domaine énergétique. Eyraud (1999), note que *80 % de la production énergétique chinoise est assurée par les entreprises d'État.*

Spécifiquement, ce pays est très agressif en matière de conquête des débouchés pour ses produits à travers le monde, une conquête soutenue par une présence physique sur les marchés de gros et de détail des cinq continents. Ses échanges avec l'Afrique ont été multipliés par 20 en douze ans (2002- 2014). La diplomatie chinoise est aussi très agressive du point de vue économique. Ainsi, les IDE (Investissements directs étrangers) chinois relèvent-ils de la géostratégie et sont marqués par une quête effrénée des ressources minérales pour l'industrie. À défaut d'acheter, la Chine a très souvent recours au troc (matières premières contre investissements en infrastructures/équipements) dans les pays propriétaires de richesses naturelles.

LES DIVERS PAYS EN DÉVELOPPEMENT (PED)

Les PED se caractérisent par une structure économique déséquilibrée reposant sur un secteur primaire peu productif et une très faible industrialisation. Leur structure sociale très inégalitaire est souvent gérée par un État faible. Trois situations différencient les Pays en Développement dans leurs perspectives d'industrialisation. Cette classification est proposée par Thomas COUTROT et Michel HUSSON (1993) :

1°) **Les économies de traite à régime préindustriel** selon la terminologie de OMINAMI[21] se démarquent par une faible valorisation du capital financier et technique, la surexploitation de la main-d'œuvre indigène et des ressources naturelles. Le pillage des ressources s'y opère avec la complicité d'une bureaucratie corrompue et incompétente de l'État postcolonial. Une croissance économique endogène ne peut être possible dans ces conditions de fiscalité rudimentaire et d'échanges faiblement monétisés et peu structurés. Les circuits économiques se forment sans une véritable cohérence et il n'y a pas d'interaction au sein de l'appareil de production.

Cette description caractérise la majeure partie des pays d'Afrique au sud du Sahara.

2°) **Les économies primaires d'exportation** (parmi lesquels les pays pétroliers) sont encore appelées économies primaires extraverties. Elles sont marquées par une base économique fragile, construite par une élite des affaires industrielles et commerciales assistée par la puissance publique. Les catégories sociales se différencient à travers un niveau salarial très inégalitaire entre le public et le privé, et une désarticulation des rapports de production intra et intersectoriels. Ces économies importent la majorité des biens de consommation courante, des produits

---

[21] . Ominami, C, *Le Tiers monde dans la crise*, Éditions La Découverte, 1986.

intermédiaires, des inputs et des équipements industriels. L'hypertrophie du secteur des services et notamment des activités informelles en est un des traits majeurs. L'administration ne parvient pas encore à maîtriser le pilotage de l'appareil économique dans une perspective de croissance enrichissante dans la durée ; d'où la fréquente apparition des pénuries, des chocs contra-cycliques, des crises sectorielles ou à l'échelle nationale en ce qui concerne l'approvisionnement en produits de première nécessité.

Cette configuration est celle de nombreux pays africains au sud du Sahara, dont le Cameroun à l'aube du XXIe siècle, qui développent des tendances et contre-tendances au décollage économique.

3°) Les économies semi-industrialisées : bien qu'ayant des trajectoires industrielles singulières, leur modèle de gouvernance économique repose sur l'effort soutenu dans la promotion des exportations des produits transformés ou à fort contenu technologique. Entrent dans cette catégorie, les pays dits émergents : la Chine, les Dragons d'Asie, le Brésil, le Mexique, la République sud-africaine, la Russie, l'Inde, la Turquie. D'autres économies telles que la Malaisie, l'Indonésie, le Nigéria et l'Argentine ont des standards qui se rapprochent de ces derniers.

Il y a donc un grand arsenal de systèmes analytiques de référence utile dans l'élaboration d'une politique industrielle pour notre pays ; mais un adage dit qu'il est *plus facile de créer que d'adapter.* Ainsi, excepté la Grande-Bretagne, l'industrialisation des pays aujourd'hui développés et ceux dits émergents a été impulsée par la puissance publique. Les gouvernements des PED se servent de ce volontarisme comme levier pour justifier le soutien tous azimuts, mais inefficace à leur industrie.

Tableau 1 : la typologie des politiques industrielles[22]

NATURE DES POLITIQUES		OBJECTIFS		INSTRUMENTS	CARACTERES
		Exogènes	Endogènes		
	Macroéconomiques	Investir dans la macroéconomie -monnaie, emploi -Energie -Exportation, emploi →	Investir dans l'environnement de l'entreprise -Infrastructures -Formation -Législation -Réglementation -Concurrence -R&D	Déductions fiscales Réglementation anti trust Bonifications d'intérêts	De plus en plus ↓ Ciblés
	Microéconomiques	Investir dans des projets nationaux : -Plans sectoriels -Nationalisations -Grands projets -Champions nationaux -Restructurations -Aides à l'exportation →	Investir dans l'entreprise : Création d'entreprises Ides aux PME Développement régional Aides à l'investissement Prises de participation	Commandes publiques Subventions Barrières douanières et monopoles légaux	Visibles ↓ Explicites
	Les flèches indiquent le sens des modifications des priorités à un moment donné				

Source : Bertrand Bellon les Cahiers de La Documentation française n° 243 (1989), page 45.

Ce tableau proposé par Bertrand Bellon distingue deux types de politiques industrielles : macroéconomique et microéconomique. Les objectifs assignés à celles-ci sont de nature endogène ou exogène, et s'appuient sur divers instruments, dont la fiscalité, la réglementation.

Ces politiques peuvent cibler des secteurs, des programmes ou des projets. Elles sont visibles, explicites c'est-à-dire connues de tous, et font l'objet de débats et de critiques comme aux États-Unis, au Japon et en France. Elles peuvent aussi être conçues et appliquées de façon discrète à l'instar des puissances industrielles d'Asie. Il s'agit dans ce dernier cas de cacher son jeu, de peur de se voir doubler par des concurrents par le biais de l'espionnage industriel ou de l'intelligence économique. Comparativement à ce qui précède, le Cameroun des décennies '60 et '70 faisait l'apologie du développement endogène en s'appuyant davantage sur des mesures de nature microéconomique. Au niveau instrumental, les monopoles du service public de l'eau, de l'électricité, de la poste, des communications bénéficiaient de subventions et des exemptions fiscales, tarifaires ou non tarifaires. Le

[22] Bertrand Bellon, op. cit.

développement exogène a sombré sous l'effet des dégâts sociaux causés par la crise. Au niveau mésoéconomique, la crise a forcé les décideurs à se doter de stratégies sectorielles, investir dans l'efficacité énergétique, la lutte contre la pauvreté, le chômage et le sous-emploi, et dans les capacités exportatrices. Les résultats obtenus sont certes maigres, mais, les objectifs formulés étant très souvent en dépit de leur pertinence, inefficacement réalisés par un leadership et un management pauvres. Parler de politique industrielle sans faire allusion à sa déclinaison instrumentale que constitue l'industrialisation serait une symphonie inachevée.

CHAPITRE II

DE L'INDUSTRIALISATION

L'industrialisation peut être appréhendée comme une situation marquée par un accroissement de l'importance du secteur manufacturier dans l'économie. Le processus d'industrialisation constitue une étape de la transition entre la société agricole et la société des services marquée par une tendance à la hausse du revenu par habitant et du niveau de productivité. À l'opposé, la désindustrialisation peut être définie comme une étape de la croissance économique au cours de laquelle la part relative de l'industrie dans l'emploi et la production décline. Bien que l'on considère aujourd'hui que la révolution industrielle a été précédée d'une proto-industrialisation, à savoir la révolution artisanale, on fait généralement remonter les origines de l'industrialisation moderne au XVIIIe siècle en Grande-Bretagne. Des mouvements d'industrialisation se sont ensuite succédé au cours du XIXe siècle dans certains pays d'Europe et d'Amérique du Nord, puis de l'Europe méridionale et du Japon. Plusieurs pays d'Extrême-Orient les ont rejoints après la Seconde Guerre mondiale.

Pour W. Rostow analysant le cas de la Grande-Bretagne et d'autres pays occidentaux, certaines conditions préalables ont été nécessaires pour réussir l'industrialisation : « haute productivité dans le secteur agricole, marchés organisés, stabilité du gouvernement[23] ». Il a fixé à cinq le nombre de marches sur l'échelle de développement économique : « La société traditionnelle, les conditions préalables au décollage, le décollage, le progrès vers la maturité, et l'ère de consommation de masse[24] ». Selon cette approche, l'industrialisation se produisit dans la phase de décollage, brève période d'une durée de vingt à trente ans. Le schéma de Rostow présume que les pays candidats à l'industrialisation suivent des étapes de développement similaires. La Grande-Bretagne est le premier pays où un décollage s'est produit en vingt ans (entre 1780 et 1800) ; elle fut suivie au XIXe siècle par la France, l'Allemagne et les États-Unis.

---

[23] W. Walt Rostow (1953) : *Les Étapes de la croissance économique.*

[24] Idem.

Incontestablement, l'historicisme du modèle de Rostow postule une certaine linéarité des progrès vers l'industrialisation, caractérisée par un agenda devant rythmer les étapes obligatoires à franchir. Pourtant, le phénomène industriel se caractérise par son arythmie et s'inscrit dans les complexités politique, stratégique et managériale propres à chaque pays. Il dépend donc du système de gouvernance, des ressources naturelles et humaines, de l'environnement juridique et de l'ancrage culturel.

Quelques partisans de la théorie des étapes de la croissance ont tenté d'appliquer le processus d'industrialisation sur un modèle de rattrapage, qui pourrait être qualifié de prise de raccourci. Celui-ci explique que certains pays s'engageant dans le processus d'industrialisation peuvent s'approprier des technologies déjà existantes, et accéder à une échelle de développement économique leur permettant de rattraper les niveaux de productivité par habitant des pays les plus développés. L'exemple des pays émergents est suffisamment instructif à cet effet. C'est sur cette ligne que s'inscrit Alexander Gershenkron[25] (1992), pour reconnaître que le temps ne saurait être une variable aléatoire dans la perception et l'analyse comparée des dynamiques industrielles. Cependant, la difficulté consiste à configurer les interactions et le jeu des acteurs qui aura permis d'accélérer ou de retarder l'atteinte de cet objectif.

Pour tenter de comprendre pourquoi le rattrapage ne fonctionne pas dans les pays du Sud, Moses Abramovitz a introduit l'idée selon laquelle, une condition nécessaire repose sur un « degré suffisant de capacité sociale ». Plus concrètement, les pays retardés doivent développer des capacités sur le plan des politiques et équipements sociaux pour pouvoir adopter la technologie supérieure des pays industrialisés ; c'est-à-dire investir dans l'éducation et la formation du capital humain, et mettre en valeur leur potentiel culturel et relationnel. Le célèbre théorème de Hecksher, Ohlin et Samuelson (HOS) indique que la voie du développement passe par la spécialisation des exportations, basée sur la ou les productions où un pays dispose d'un avantage comparatif par rapport aux autres pays. Le théorème HOS

---

[25] Alexander Gerschenkron, économiste d'origine russe, montre qu'il est possible de suivre d'autres voies de développement que les seules étapes de Rostow. Il indique que ces étapes peuvent être sautées par l'introduction et l'appropriation maîtrisée de nouvelles technologies dans le développement ; ceci accélère le processus de rattrapage des pays développés

précise alors que l'avantage comparatif dépend de la dotation en facteurs de production : main-d'œuvre, ressources naturelles, capital technique.

La voie de l'industrialisation passe donc par la participation au commerce international par l'intermédiaire de la spécialisation. Toutefois, c'est en interrogeant le rôle de l'État et du partenariat État-marché qu'il soit possible de mieux expliquer les accélérations, les réversibilités ou les irrégularités dans le processus d'industrialisation des nations.

Encadré N° 1 : les étapes de la croissance, idée centrale de la thèse de Rostow dans les années 50.

1°) **La société traditionnelle** se caractérise par un faible développement des sciences et des techniques, des gains de productivité limités et une prépondérance de l'agriculture.
2°) **Les conditions préalables au décollage** dépendent essentiellement des transformations dans le secteur agricole : le progrès technique qui permet l'obtention d'un surplus transférable dans l'industrie, développant ainsi les échanges entre les deux secteurs.
3°) **Le Take off** se traduit par le décollage ou démarrage. Il est produit par la réunion de deux conditions économiques : élévation du taux d'investissement productif, et prédominance de l'industrie, et d'une condition politique : mise en place d'institutions démocratiques permettant aux entrepreneurs de s'exprimer pleinement.
4°) **La maturité** est l'étape de généralisation de l'industrialisation et d'amélioration des conditions de vie ; les managers succèdent aux capitalistes dans la gestion des affaires économiques ; l'État se voit conférer un rôle économique et social de plus en plus important.
5°) **L'ère** de **l'opulence** (de la **consommation de masse**) est la phase ultime, caractérisée par l'émergence d'interrogations sociales sur *les usages que les hommes peuvent faire de leur économie.*
Ces cinq étapes offrent un processus historiciste du développement industriel. Il suffit donc d'être patient, la maturité et l'ère de l'opulence finiront par arriver[26].

[26] . Renato Di Ruzza, op cit.

LES MODÈLES D'INDUSTRIALISATION[27]

L'analyse économique distingue trois grands modèles d'industrialisation :

1. Les industries industrialisantes ;
2. L'industrialisation par substitution des importations (ISI)
3. L'industrialisation par promotion des exportations (IPE).

Cette typologie n'est pas exclusive et connaît souvent des combinaisons ou un mix stratégique en fonction des pays et des conjonctures. L'on constate tout de même que les pays tard venus à l'industrialisation d'Asie, d'Amérique latine et d'Afrique ont expérimenté l'industrialisation par substitution aux importations, mais avec des résultats totalement divergents. Ainsi, alors que les pays asiatiques s'en sont tiré avec panache, les Africains y ont désespérément échoué. La position des latinos est intermédiaire à ces deux extrêmes. Les pays d'Asie ont aussi excellé sur le modèle d'industrialisation par promotion des exportations dont la Corée du Sud s'est faite la championne d'où l'expression modèle coréen. La politique industrielle et l'industrialisation étant inscrites dans le champ de l'économie industrielle, il convient méthodologiquement de l'explorer.

---

[27] Thomas Coutrot & Michel Husson (1993) : *Les Destins du tiers monde ; analyse, bilan et perspectives* ; sous la direction de C-D Echaudemaison. Éditions Nathan.

CHAPITRE III

DE L'ÉCONOMIE INDUSTRIELLE

Selon Christian GENTHON, « l'économie industrielle (EI) se donne pour objet l'étude des comportements de production et de vente des entreprises et analyse leur interaction concurrentielle[28] ». Pour Yves Morvan, l'EI n'est ni de la microéconomie ni de la gestion, même si des affinités sont grandes avec ces disciplines. Pour ce dernier, l'objet général de l'EI est l'analyse de l'activité économique sous l'angle de la production et des modalités de mise en valeur du capital. Cela signifie que l'EI a pour objet d'étudier principalement :

- Les stratégies des agents du système productif, leurs déterminants, ainsi que les rapports qui les lient ;
- Le fonctionnement du système productif qui se structure en permanence et ses modalités de transformation ;
- Le contenu et la portée de ce système et ses performances.

Le champ d'analyse de l'EI couvre à la fois les industries des biens d'équipement, intermédiaires, de consommation, l'énergie, les industries agroalimentaires, les activités concourant à la production des biens et services (conseils directs aux entreprises, financement), les activités concourant indirectement à la compétition du système productif, notamment la recherche, la formation initiale et continue. J.M. Chevalier (Economica, 1990) pense que « c'est toujours le problème de l'efficacité des firmes et des marchés qui est au centre des débats ».

Comme pour faire la synthèse de la posture d'Y. Morvan, C. Genthon trouve que le cœur de cette discipline est l'analyse concrète des structures sectorielles et des comportements des acteurs. Il rappelle les deux écoles de pensée qui incarnent cette démarche sur le plan doctrinal. La première approche présentée par E. S. MASON (1957)[29]

---

[28] . Christian Genthon : *Économie industrielle internationale*,

[29] . Mason, E. S. (1957): « Economic Concentration and the Monopoly Problem »; Harvard University Press.

et J. S. BAIN (1956)[30] de l'École de Harvard, cherche à articuler *structures industrielles-comportement* des entreprises et p*erformances*, non de façon mécanique comme le souligne Jean Pierre Angelier (1991), *mais de manière systémique*.

La problématique de l'économie industrielle se résume dans le trinôme SCP :

Elle souligne les interactions entre le comportement des firmes et la dynamique des marchés qui produit les performances d'un côté, et de l'autre côté, le mouvement économique général déterminé par le trinôme S-C-P. Cette relation systémique est réversible, parce qu'elle s'inscrit dans une dynamique stratégique ; ainsi, les performances remettent-elles en question les comportements, qui provoquent des réformes structurelles.

La seconde école, celle d'A. Chandler (1962), montre l'importance de l'analyse *historique* des entreprises, soulignant le rôle des *innovations managériales* pour en comprendre le comportement concurrentiel. L'on pourrait transposer ce trinôme au niveau macro social pour dire que c'est le comportement de la technostructure gouvernementale qui conçoit les politiques, les stratégies et les met en œuvre, donne de la cohérence aux institutions et détermine les résultats et les impacts industriels atteints. Suivant ces points de vue, les choix de gouvernance sont reflétés dans l'architecture institutionnelle en même temps qu'ils prédéterminent les performances politiques, économiques et sociales. Plus particulièrement, l'analyse industrielle accorde une place de choix aux conditions de base dans une économie, lesquelles dépendent de l'histoire, de la culture, des options idéologiques sur lesquelles sont adossées les structures et l'organisation de l'appareil productif. Le régime de concurrence fait donc la synthèse du jeu des relations entre conditions de base, structure, comportement et performance.

---

30 . Bain, J. S. (1956) : « The Barriers of New Competition »; Harvard University Press; Cambridge (Mass.).

SOUS L'ANGLE SECTORIEL

De façon opératoire, un secteur se compose d'un groupe d'entreprises qui fabriquent des produits (ou des services) substituables. Dans un secteur, la concurrence va bien au-delà des entreprises qui y sont installées. Les clients, fournisseurs, producteurs de produits de remplacement (substitution) et entrants potentiels sont tous des concurrents et peuvent, selon les situations, jouer un rôle majeur et s'influencer mutuellement. On qualifie de rivalité élargie la concurrence qui se généralise à plusieurs acteurs. Le poids combiné de ces cinq forces conditionne l'attractivité sectorielle et influe sur les prix et le coût des investissements des entreprises installées, c'est-à-dire les éléments de rentabilité économique et financière.

L'économie industrielle indique comment l'État peut intervenir pour améliorer le fonctionnement des marchés et opérer les meilleures régulations. Elle consiste également à étudier *systématiquement et successivement* un secteur (ou une industrie) dans ses quatre champs : les conditions de base, la concurrence, les stratégies et les performances, qui interagissent pour former une configuration organisationnelle appelée régime de concurrence. L'analyse sectorielle porte une grande attention aux conditions de base en tant que déterminants et fondements des spécificités organisationnelles.

Les conditions de base caractérisent l'offre (produit, technologie, processus de production), et la demande (acheteurs, marché, évolution du marché). La concurrence décrit le jeu des acteurs, les barrières à l'entrée ou à la sortie du secteur et la structure du marché. Les stratégies décrivent la combinaison de solutions des acteurs industriels et des États, tandis que les performances présentent l'efficience, la profitabilité des firmes et du secteur.

Ainsi, chaque industrie est-elle considérée comme un cas particulier, et il n'y a aucune détermination causale entre une ou plusieurs forces identifiées. Dans certains cas, ce seront les stratégies qui vont déterminer la concurrence, dans d'autres, la concurrence va inspirer les stratégies ; très souvent, ce sont les conditions de base qui vont donner du profil à d'autres forces.

Le but de l'analyse sectorielle est aussi d'identifier et d'expliquer les contenus et la nature des liens des quatre champs (conditions de base, concurrence, stratégies, performances) et de comprendre l'organisation du secteur qui est en perpétuel mouvement. La nature systémique et dynamique de son fonctionnement est un véritable atout analytique. Chaque entreprise est prise dans une double chaîne de relations : horizontales qui définissent quel service produire ; et verticales qui configurent les modes de production. On définit donc le secteur comme l'ensemble produits/producteurs associés dans un régime de concurrence spécifique.

L'ANALYSE STRUCTURELLE DES SECTEURS

Tout secteur, qu'il soit d'envergure nationale ou internationale, qu'il produise un bien ou un service, le jeu concurrentiel résulte de cinq forces selon Michael Porter :

1. L'entrée de nouveaux concurrents (entrants potentiels) ;
2. Le pouvoir de négociation des clients ;
3. Le pouvoir de négociation des fournisseurs ;
4. La menace des produits de substitution (remplacement) ;
5. la rivalité entre les concurrents existants[31].

Le schéma qui suit donne un aperçu des déterminants structurels de l'intensité de la concurrence.

[31]. Michaël E. Porter (1990) : ''Choix stratégiques et concurrence ; techniques d'analyse des secteurs et de la concurrence dans l'industrie. Édition française ; Gestion – Economica.

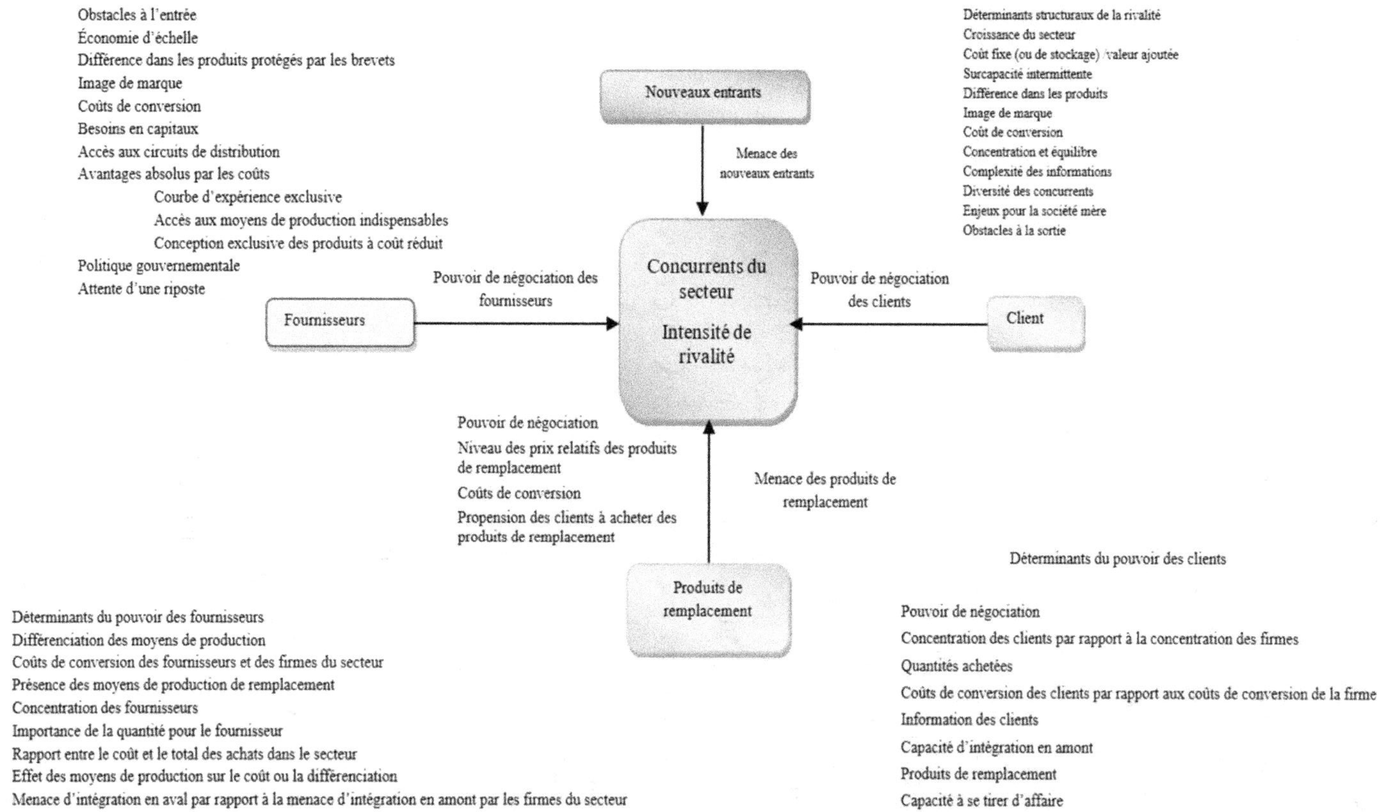
Obstacles à l'entrée
Économie d'échelle
Différence dans les produits protégés par les brevets
Image de marque
Coûts de conversion
Besoins en capitaux
Accès aux circuits de distribution
Avantages absolus par les coûts
Courbe d'expérience exclusive
Accès aux moyens de production indispensables
Conception exclusive des produits à coût réduit
Politique gouvernementale
Attente d'une riposte
Nouveaux entrants
Menace des nouveaux entrants
Déterminants structuraux de la rivalité
Croissance du secteur
Coût fixe (ou de stockage) /valeur ajoutée
Surcapacité intermittente
Différence dans les produits
Image de marque
Coût de conversion
Concentration et équilibre
Complexité des informations
Diversité des concurrents
Enjeux pour la société mère
Obstacles à la sortie
Fournisseurs
Pouvoir de négociation des fournisseurs
Concurrents du secteur
Intensité de rivalité
Pouvoir de négociation des clients
Client
Pouvoir de négociation
Niveau des prix relatifs des produits de remplacement
Coûts de conversion
Propension des clients à acheter des produits de remplacement
Menace des produits de remplacement
Produits de remplacement
Déterminants du pouvoir des clients
Pouvoir de négociation
Concentration des clients par rapport à la concentration des firmes
Quantités achetées
Coûts de conversion des clients par rapport aux coûts de conversion de la firme
Information des clients
Capacité d'intégration en amont
Produits de remplacement
Capacité à se tirer d'affaire
Déterminants du pouvoir des fournisseurs
Différenciation des moyens de production
Coûts de conversion des fournisseurs et des firmes du secteur
Présence des moyens de production de remplacement
Concentration des fournisseurs
Importance de la quantité pour le fournisseur
Rapport entre le coût et le total des achats dans le secteur
Effet des moyens de production sur le coût ou la différenciation
Menace d'intégration en aval par rapport à la menace d'intégration en amont par les firmes du secteur

CLASSIFICATION DES INDUSTRIES

Jean Pierre ANGELIER définit l'industrie comme « un regroupement de firmes en concurrence pour la production et la commercialisation d'un bien ou d'un service donné[32] ». Pour des besoins de l'analyse économique, l'on distingue :

- **L'industrie lourde** : sidérurgie, métallurgie, chimie, chantiers navals ; et
- **L'industrie légère** : manufacture, agroalimentaire, bâtiments et travaux publics.

Il demeure que cette typologie n'est pas figée en raison du croisement des modes de production et de la nature des inputs utilisés dans des sites industriels. Par extension cependant, le mot industrie s'associe à presque tous les secteurs ou branches d'activités. C'est ainsi que dans le langage courant, l'on parle de l'industrie informatique, pharmaceutique, pétrolière, chimique, automobile, aéronautique, du livre, du papier, du cuir, du bois, du tourisme, du bâtiment, des boissons, du loisir… toutes choses qui brouillent la rigidité de ce classement.

LES MODÈLES DE GOUVERNANCE INDUSTRIELLE

Quatre modèles[33] théoriques émergent du champ de la gouvernance industrielle :

1. Le modèle boursier ;
2. Le modèle partenarial ;
3. Le modèle administré, et
4. Le modèle réticulaire.

Le modèle dit « boursier » est décrit dans la théorie de l'agence répandue dans les économies développées. Il caractérise la position principale de l'actionnaire (le principal) dans le processus de création des firmes par rapport à l'équipe de management (l'agent). Les ressources d'investissement sont souvent obtenues de la bourse. Le comportement des actionnaires et des dirigeants est marqué par une influence réciproque qui vise à préserver la primauté du détenteur du capital, donc de l'actionnaire.

---

[32] Jean Pierre Angelier (1991), *Économie industrielle ; élément de méthode*, PUG, p.46.

[33] Roland Pérez (2004) : « Diversité des modèles de gouvernance des entreprises en Europe : situation, évolution et perspectives ». Article publié dans le bimensuel ''Problèmes économiques'' n° 2 854, de juin 2004.

L'objectif partagé étant la création de valeur, actionnaires et dirigeants mettent en place des dispositifs transparents d'incitation, de contrôle et d'évaluation pour déceler les dysfonctionnements éventuels en vue de les corriger ou de les sanctionner. Ce modèle est régulé par les marchés financiers et en cas de litige, c'est le juge et non l'État qui est saisi pour constater les défaillances, établir des responsabilités et prononcer des sanctions. Ce modèle est encore à l'état embryonnaire au Cameroun.

Le modèle partenarial situe le management de la firme dans un environnement qui va au-delà des actionnaires. Cet environnement implique tout d'abord les représentants des salariés, mais aussi les collectivités territoriales ou locales, les syndicats, les administrations publiques, la société civile, les clients, les fournisseurs et les chercheurs, qui subissent les effets externes de la firme, ou tirent un quelconque avantage des externalités. Il y a donc plusieurs principaux dans ce modèle qui est régulé par les partenaires économiques. Sa particularité réside dans la difficulté d'arbitrage et de résolution des inévitables différends entre parties prenantes. Le Cameroun se sent un tout petit peu concerné par ce modèle partenarial.

Le modèle administré repose sur une hypothèse selon laquelle seule la puissance publique représentée par l'État ou ses démembrements est garante de l'intérêt général, parce que les individus et les organisations privées ne peuvent représenter que des intérêts particuliers. L'État tentaculaire et même ombrageux occupe l'espace industriel avec ses entreprises de grande taille et de statuts différents. Il réglemente tout, régule tout, dicte les règles du jeu, procède aux arbitrages, encadre le dispositif institutionnel et juridique. Ce modèle influence la gouvernance des entreprises, crée des distorsions à la concurrence et à l'efficacité productive. Ses modes de financement et de management sont parasités par la bureaucratie et le trafic d'influence. Ceci décrit le contexte entrepreneurial d'avant les restructurations et privatisations au Cameroun.

Le modèle réticulaire est l'illustration d'un système de gouvernance où le recrutement, sans être familial ou ethnique, passe souvent par le canal des *relations* du chef d'entreprise ou de ses employés. Les entrepreneurs ont davantage confiance aux personnes qu'ils connaissent, ou qui leur sont recommandées. L'accent est alors porté sur la personnalité, la compatibilité d'humeur avec le chef d'entreprise, l'enracinement sociologique du candidat au recrutement, mais aussi sur sa formation et sa compétence.

DEUXIÈME PARTIE

L'ESPOIR (1945-1985)

L'espoir fait vivre ; tout le monde le sait et le dit, même sans trop y croire.

Cependant,

« L'espoir est une connaissance sympathique, mais un ami sans solidité. L'espoir n'est pas l'homme qu'il faut à un banquier, mais c'est un bon compagnon ».

Thomas Chandler Haliburton

CHAPITRE IV :

LE CAMEROUN PROTO-INDUSTRIEL ET LE LIBRE-ÉCHANGE

Le régime de libre-échange est systématiquement pratiqué depuis la fin du XIXe siècle au Cameroun allemand sous l'appellation de régime de la porte ouverte. Le pays avait ainsi opté pour un libéralisme économique tous azimuts, une orientation considérée comme le premier paradigme dans la construction de son industrie et de son commerce. Le Cameroun exportait intensément vers l'Allemagne jusqu'en 1933 des productions d'amandes de palme et du bois, et l'Allemagne lui vendait du ciment, des machines et de la bière. Les Pays-Bas lui achetaient du cacao et des oléagineux. La France en VRP (voyageur-résident-placier) se chargeait de négocier de nouveaux débouchés à l'export pour les produits camerounais. De la France, il importait des vins, liqueurs, papeteries, métaux et vêtements. Il achetait prioritairement de la Grande-Bretagne, du charbon, du ciment, des fers, de l'acier et du coton, tandis qu'il dépendait des États-Unis en farine de froment, tabac en feuilles, essence et pétrole. Dès 1935, les États-Unis achetaient du bois, de l'huile de palme et du sésame camerounais, tandis que du Japon arrivaient des porcelaines, faïences, verres en cristal, bicyclettes, pneumatiques et conserves alimentaires.

La plus ancienne des chambres consulaires, la Chambre de Commerce, d'Industrie, des Mines et de l'Artisanat du Cameroun (CCIMA), est mise en place dès 1911. C'est un organisme public consultatif et représentatif des intérêts des milieux d'affaires privés y compris ceux des prestataires de services. Au niveau corporatif, le Syndicat des Industriels du Cameroun (SYDUSTRICAM) est créé en 1950, pour défendre les intérêts des promoteurs devant les pouvoirs publics et entretenir un dialogue avec les syndicats des travailleurs. L'actuel GICAM (Groupement Inter-Patronal du Cameroun) voit le jour en 1957 et s'appelait alors Groupement interprofessionnel pour l'étude et la coordination des intérêts économiques. Ces organismes, sortes de clubs de gentlemen resteront souvent transparents, et leur prégnance sur les affaires industrielles pas toujours connue du grand public, à l'exception des périodes de renouvellement de leurs exécutifs.

La gesticulation très médiatisée des candidats aux postes de Président et de Secrétaire général s'estompe à la publication du résultat pour attendre l'édition suivante. Les choses semblent tout de même bouger depuis 2010.

S'agissant de la création dans le domaine des affaires, l'aînée sans doute des entreprises enregistrées dans le secteur de la distribution est RW KING, créée à Bristol en Grande-Bretagne et qui s'installe à Douala en 1930. Elle exerce dans le commerce et la garantie de l'après-vente des produits et des marques qu'elle représente. Cette entreprise reste solidement implantée au Cameroun ; elle est loin d'être une espèce menacée malgré son âge.

Au plan stratégique, les conséquences de la crise économique qui éclate aux États-Unis en 1929 sont ressenties au Cameroun dès 1930 et 1931. Des mesures incitatives sont mises en œuvre pour la reprise des productions de café, caoutchouc, banane et des oléagineux dont les cours dépressifs pesaient lourdement sur la volonté des producteurs dont le niveau de vie avait subi une forte érosion. L'administration mandataire britannique crée la CDC (Cameroon Development Corporation) en 1947, en réhabilitant les plantations privées allemandes sur les versants du mont Cameroun. Elle organise aussi les paysans à produire les mêmes produits que la CDC rachète pour la transformation ou l'exportation. D'après G. Courade, « la bureaucratie étatique pensait que la paysannerie locale, archaïque, était techniquement incapable de réaliser la diversification nécessaire et d'augmenter la production agricole[34] ». Ainsi, l'intégration des paysans au mouvement capitaliste pour lequel le Cameroun avait pris option sera-t-elle constamment différée en raison des préjugés sur leurs capacités à assimiler les doctrines et modes de production. La préférence sera de les employer comme ouvriers paupérisés, c'est-à-dire faiblement rémunérés en raison de leur degré d'émancipation précaire.

Les choses n'ont d'ailleurs pas changé après l'indépendance du pays ; et G. COURADE de s'indigner : « l'État postcolonial camerounais a préféré faire dépendre le développement agricole de quelques coûteux complexes agro-industriels, plutôt que d'une multitude d'exploitations paysannes familiales[35] ». Cette dernière option ne sera réhabilitée qu'au début des années 2010, et deviendra le

[34]. G. Courade : « Des exploitations qui coûtent cher ; la priorité agro-industrielle de l'agriculture camerounaise », in Politique africaine 14, juin 1984, pp75-79.
[35] . Idem.

cœur de la Politique agricole de deuxième génération. Les Brasseries du Cameroun, un autre fleuron des créations d'avant l'indépendance a connu un développement très important depuis 1948, son année de naissance, au point d'occuper la position de leader invincible par les nouveaux entrants dans un secteur de boissons hautement concurrentiel. Plusieurs de ses rivales ont dû déposer le bilan, dépassées par les subtilités du marketing mix, la violence de la pénétration et du contrôle du grand marché et des niches.

ALUCAM (Aluminium du Cameroun), société d'économie mixte, s'installe dans le bassin industriel de la Sanaga en 1954, dans le cadre d'un partenariat avec le Groupe français Pechiney. Cette entreprise qui commence ses activités de transformation d'alumine importée de Guinée Conakry va catalyser les espoirs du pays dans le domaine de l'industrie lourde. Elle sécrète un fort potentiel d'extension et de nombreuses opportunités de sous-traitance ; mais ses capacités resteront longtemps sous-exploitées en raison d'une faible offre d'énergie électrique.

Remarque importante : les entreprises créées avant l'indépendance ont traversé les phases les plus délicates de leur cycle de vie, et se trouvent en pleine maturité en ce début du XXIe siècle. Cette solidité résulte de la conjugaison des complémentarités stratégiques entre le Cameroun pays d'accueil et actionnaire, et les groupes transnationaux jaloux de la pérennisation et de la rentabilisation de leurs implantations dans le monde. Ils ont érigé des barrières à la sortie de leur domaine d'activité par accroissement du volume des investissements corporels. Quand l'équation énergétique sera résolue, ces entreprises retrouveront sans doute une nouvelle jeunesse et un dynamisme pour conquérir des marchés restés jusque-là hors de leur portée.

LA STRATÉGIE INDUSTRIELLE DU CAMEROUN SOUS TUTELLE FRANÇAISE

Au lendemain de la Deuxième Guerre mondiale, la puissance tutélaire opte pour la programmation du décollage économique du Cameroun sur la base des Plans de développement. De 1946 à 1960, deux Plans quadriennaux (Pq) sont adoptés avec des objectifs dont l'exécution a été jugée satisfaisante.

LE PREMIERPLAN QUADRIENNAL (Pq1) : 1946 – 1950 : 85 % des dotations de ce plan (Pq_1) sont consacrés à l'infrastructure dont le nombre de projets se compte sur les doigts d'une main :

1. L'aménagement du port de Douala ;
2. L'amélioration des voies ferrées ;
3. La construction des axes routiers en terre ;
4. La construction des aérodromes ;
5. L'acquisition des moyens modernes de transmission.

LE SECOND PLAN QUADRIENNAL (Pq_2) : 1956-1960 : Celui-ci est consacré à l'achèvement des grands travaux d'infrastructure démarrés au cours du Pq1, mais aussi, par le développement de la production agricole (40 % des crédits votés, soit 10 fois plus que lors du Pq_1). Pour atteindre l'objectif majeur d'accroissement des niveaux de vie des populations, une demi-douzaine de stratégies est adoptée et trois d'entre elles ont un rapport avec l'industrialisation. Il s'agit de :

1°) La diversification et la valorisation des richesses agricoles (production d'espèces sélectionnées à haut rendement, formation d'un paysannat par l'encadrement d'agents des secteurs de modernisation rurale) ;

2°) La formation et la valorisation du capital humain ;

3°) L'éducation du producteur.

Ces deux plans quadriennaux sont financés à hauteur de 96 milliards de francs CFA, grâce aux fonds publics et semi-publics français (65 milliards, soit 68 %) ; 10 milliards sont tirés du budget de l'État camerounais et des communes, 21 milliards du financement privé.

Les objectifs fixés ont en général été atteints : 28 868 km de routes et de pistes utilisables pour la circulation, un parc automobile qui passa de 4 000 en 1949 à 28 000 véhicules en janvier 1960, soit sept fois plus en onze ans. Un (01) aérodrome de classe A, onze (11) aérodromes de classe C et plusieurs de classe D, ont permis d'accroître le trafic aérien interne. Les ports maritimes de Kribi et de Victoria (actuellement Limbé), et le port fluvial de Garoua sont construits et renforcent le tonnage du fret. La rentabilité du chemin de fer est améliorée grâce à la diésélisation des locomotives et la construction des ponts métalliques sur les cours d'eau. Le réseau des transmissions internes et internationales est modernisé : le téléphone urbain est doté de

02 centraux automatiques ; plusieurs stations radioélectriques et des bureaux de poste ont été mis en service.

Au plan scolaire, des établissements d'enseignement général et technique prolongent la formation des élèves sortis des centaines d'écoles primaires déjà construites. 300 000 élèves y sont recensés en 1959 contre 50 000 treize ans auparavant (1946), avec un taux de scolarisation de 44 % pour l'ensemble du Cameroun. C'est dire à quel point les progrès ont été rapides. Cet effort économique et social devra se poursuivre dans le cadre des plans quinquennaux, en direction notamment des travaux urbains et ruraux d'électrification, d'adduction d'eau et d'assainissement.

CONCLUSION DES PLANS QUADRIENNAUX

Le premier plan quadriennal 1946-1950 s'était fixé cinq (5) objectifs majeurs qui ont été largement atteints. Le second (1956-1960) s'achève en 1959 en raison des évènements qui ont précédé la proclamation de l'indépendance. Le Cameroun Oriental n'étant pas en mesure de couvrir la totalité de ses dépenses de fonctionnement par des recettes propres (86 % de taux de couverture), une subvention d'équilibre à hauteur de 12.4 % obtenue de la coopération au développement aura permis d'assurer son fonctionnement courant. Il fallait en outre mobiliser d'autres fonds pour l'investissement public sans aggraver la dépendance externe. Toutefois, les résultats obtenus des six axes de développement retenus étaient très appréciés. Au regard de ces débuts prometteurs, des lignes générales d'orientation vont être assignées au premier plan quinquennal de développement.

CHAPITRE V

LE CAMEROUN INDÉPENDANT ET LES DÉBUTS DE L'INDUSTRIALISATION

Un État en création doit forcément faire face à un énorme besoin en financement de son existence. Il doit assurer ses missions régaliennes et réaliser des infrastructures sociales, économiques, administratives, culturelles, stratégiques et de communication alors qu'une épargne intérieure est à peine en formation. Dès 1960, année de son indépendance, le Cameroun élabore son premier plan quinquennal de développement qu'il adoptera l'année d'après ; il couvre la période 1961-1966. Cinq autres plans quinquennaux vont rythmer la vie nationale jusqu'en 1987, l'année de déclenchement d'une sévère crise économique que l'on tentera de juguler à l'aide d'un programme d'ajustement structurel et d'une stratégie de lutte contre la pauvreté.

La morphologie des structures économiques au début du PQ1 présente :

1) Une densité de population relativement faible et un taux d'accroissement démographique modéré ;
2) Un potentiel de production agricole et d'élevage très favorable, mais insuffisamment mis en valeur, avec une consommation alimentaire globale à la limite des besoins ;
3) Une industrie manufacturière à l'état embryonnaire ;
4) Une infrastructure des moyens de communication en développement ;
5) Des circuits commerciaux intérieurs très rudimentaires ;
6) Un revenu national par tête de 21 500 francs CFA en moyenne, comparable à celui d'autres contrées de la zone intertropicale d'Amérique et d'Asie ;
7) Des finances publiques et une balance commerciale équilibrées grâce à une aide extérieure très substantielle.

L'INDUSTRIALISATION BASÉE SUR L'AGRICULTURE

Le procès industriel du Cameroun a démarré bien avant l'indépendance, mais il est établi qu'au commencement, était l'agriculture. Prenant position sur cette question, René Dumont commente :

> *Nous avons conseillé une certaine priorité au développement industriel. Sans usines, il n'y a pas de décollage possible de l'économie, pas d'accroissement rapide de la productivité du travail, pas de fourniture de moyens modernes de production à l'agriculture. L'industrialisation est aussi garante d'une certaine dignité atteinte dans l'ordre économique*[36].

Les progrès agricoles de la première industrialisation du Cameroun sont prometteurs en dépit de la faible densité du réseau routier, et de l'insuffisance des moyens de transport propices à la circulation des personnes et des denrées. La polyculture extensive de céréales, légumineuses et tubercules se pratique sur l'ensemble du territoire et son produit est vendu sur des marchés périodiques faiblement monétisés, le troc étant encore le moyen d'échange dominant.

L'administration française organise des coopératives indigènes pour dynamiser la production des cultures à l'exportation : cacao, café arabica et robusta, banane, coton, palmier à huile, tabac, hévéa, thé et bananes. Ces cultures de rente connaissent une rapide expansion et occupent une population à 90 % rurale. L'enseignement agricole se pratique notamment dans des fermes-écoles et jardins d'expérimentation. Des mutuelles agricoles scolaires servent d'outil pédagogique et d'incubateurs des petits projets agropastoraux. Tout cet encadrement va parfois se heurter à un conservatisme rural très pesant et protecteur des coutumes et des habitudes alimentaires des populations. L'État a aussi procédé à la création de sociétés intégrées de développement et d'aménagement de bassins agricoles, tandis qu'une oligarchie de physiocrates s'engageait dans la culture du café, du tabac de cape et du coton.

La densification du réseau de routes en terre, en désenclavant les campagnes, change progressivement la vie des agriculteurs ; elle permet ainsi de desservir les villageois en produits manufacturés, et

---

[36] Dumont René, *L'Afrique noire est mal partie* ; Le Seuil 1962 ; Édition revue et corrigée en 1973 ; page 100.

incite à la production en masse grâce à l'apparition de nouveaux débouchés. Aussi, une concentration encore faible de micro et petites entreprises industrielles se forme-t-elle à Douala ; elle est influencée par les externalités de la Société Anonyme des Brasseries du Cameroun (SABC) et l'usine d'aluminium (ALUCAM) installée à Edéa. Après 1960, les pouvoirs publics financent leur politique agricole par des subventions et poursuivent de grands travaux d'aménagement du territoire. Les comices agropastoraux organisés au niveau national ou départemental seront un mode d'encouragement et d'émulation des agriculteurs à travers les récompenses offertes.

LE DÉVELOPPEMENT DES INFRASTRUCTURES

La rétrospective des années qui ont précédé l'indépendance révèle que la dotation du Cameroun en voies de communication fut la préoccupation première des décideurs dans ce protectorat allemand[37]. Le chemin de fer Douala – Nkongsamba est entièrement construit avant le début de la Première Guerre mondiale (1914 – 1918). Il est baptisé *Chemin de fer du Nord*. Les travaux de la ligne dite *du Centre* (Douala-Yaoundé) ont également démarré, mais sont interrompus au bout de 180 km linéaires (au niveau d'Eséka) en 1914. Ils reprendront en 1922 sous la direction de l'administration française installée dans le pays après la défaite des Allemands. Cinq ans plus tard, le tronçon Eséka – Yaoundé est achevé ; et l'embranchement Otélé – Mbalmayo (50 km) construit. Un réseau routier en terre se densifie assez rapidement : 300 km linéaires en 1914 ; 4 000 km vingt années plus tard ; soit un rythme de 180 km de routes nouvelles construites par an. Des installations portuaires font également partie de l'infrastructure de base. L'aménagement du port de Douala se réalise entre 1926 et 1931. De 1934 à 1935, le port de Bonabéri est construit et mis en service.

Les deux Plans quadriennaux exécutés avant l'indépendance ont permis un accroissement de près de 50 % du revenu national global. Redoutant une diminution éventuelle de l'aide extérieure bilatérale, les pouvoirs publics se donnèrent le défi d'un doublement du revenu national per capita de 21 500 francs pour une population de 4 905 000 habitants en 1962, à 43 000 francs CFA pour 5 800 000 habitants en 1970. Cette population en croissance de 2,1 % par an, atteindra 7 000 000 en 1980, et 20 millions en 2010.

---

[37] Dieudonné Oyono, op cit.

CHAPITRE VI

LE PREMIER PLAN QUINQUENNAL DE DÉVELOPPEMENT (PQ1) : 1961-1966

L'option prise par les pouvoirs publics était d'adapter l'investissement aux besoins et de maîtriser la gestion des ressources disponibles. L'objectif désirable et possible du premier Plan quinquennal (PQ1) était aussi le maintien du rythme de croissance à un taux de progression de 4,6 par an. Cet objectif, pensaient les planificateurs, ne pouvait être atteint que grâce à l'amélioration des structures économiques et sociales. La réduction des écarts de niveau de vie et des disparités régionales est également assignée au PQ1. Une orientation générale du plan est fixée pour atteindre cet objectif. Des progrès rapides sont espérés en raison de l'important potentiel économique du pays. Toutefois, l'équation la plus difficile à résoudre pour l'atteinte de ces objectifs aura été la provenance des financements et leur consistance.

LA PROBLÉMATIQUE DE FINANCEMENT DU PQ1

Dès le début du PQ1, le Cameroun fait face à la question de la prévisibilité de l'aide extérieure pour donner de la pertinence aux prévisions budgétaires sur la durée du plan. Cette problématique reste d'ailleurs d'actualité, quel que soit l'horizon de budgétisation ou la source de financement externe choisie. Au cours du PQ1, les lignes des crédits ouvertes pour le financement des investissements entre le 1er juillet 1961 et le 30 juin 1964 étaient d'environ 35 milliards F CFA dont : 21, 6 milliards (61.8 %) d'aide extérieure ; 13.3 Milliards (38.2 %) sur budgets locaux. La grande partie des fonds reçus était hors conventions, et gérée en comptes spéciaux du trésor. Diverses opérations inscrites aux budgets des collectivités et des organismes publics ont été financées par la Caisse centrale de coopération économique (CCCE), un organisme français.

Tableau 2 : la structure de l'aide extérieure au cours des trois premières années du PQ1, en 10^6.

	CRÉDITS OUVERTS					DÉPENSES RÉALISÉES				
Période Désignation	1961 1962	1962 1963	1963 1964	Total	%	1961 1962	1962 1963	1963 1964	Total	%
Fonds international de développement économique & social (FIDES)	---	---	---	---	---	58	67	31	156	0.9
Fonds d'aide et de coopération (FAC)	1893	1755	2788	6346	18.5	2179	1180	1186	4495	24.7
Fonds européen de développement (FED)	2780	6941	1826	11547	33.1	395	922	1464	2781	15.2
Aides diverses	611	2472	488	3571	10.2	58	214	479	751	4.2
Total financements extérieurs	5284	11 168	5 102	21 554	61.8	2690	2383	3110	8183	45.0
Ressources internes					38.2					55.0
Total Ressources budgétaires	9528	15 675	9 690	**34 893**	100	5456	5548	7273	**18277**	100

Source : Ministère du Plan et de l'Aménagement du Territoire.

Les écarts entre crédits ouverts et dépenses effectuées qui se sont aggravés au cours de l'histoire budgétaire remontent au premier plan quinquennal. En effet, sur 21,5 milliards F CFA d'aide extérieure attendue, seulement 8,2 milliards F CA étaient décaissés, soit à peine 45 % de la prévision, dans une économie en stress de liquidités. René Dumont s'était penché sur cette question dans un chapitre de son célébrissime ouvrage : *Industrie sacrifiée, pacte colonial :*

> *Les crédits FIDES et ceux du FAC ne prévoyaient pour rubrique que les études, la production agricole, l'infrastructure et l'équipement social. L'absence de toute rubrique relative à l'industrialisation était révélatrice. L'aide au développement aboutit ainsi à prolonger le caractère « primaire » de l'économie d'Afrique tropicale.*[38]

Le laxisme et l'absence de fluidité dans l'acheminement et la gestion des fonds extérieurs vont lourdement handicaper l'efficacité du

[38] Dumont, René : *l'Afrique noire est mal partie* ; Seuil, 1962. Édition revue et corrigée en 1973.

développement et hypothéquer l'atteinte des impacts espérés. Ils auront réussi un découplage des fondamentaux macroéconomiques que sont : le financement de l'investissement et le transfert des savoirs. Les langueurs et l'absence de redevabilité de la bureaucratie administrative constituent un mal historique au Cameroun.

Dans la suite des autres plans quinquennaux, le travail de rapprochement entre recettes et dépenses sur fond d'emprunts a été abandonné en raison de sa complexité et du manque de transparence tant du côté du gouvernement que de ses bailleurs de fonds. S'agissant de la stratégie industrielle, le Cameroun opte dès le PQ1 pour un effort sélectif d'industrialisation.

L'EFFORT SÉLECTIF D'INDUSTRIALISATION : UN PRÉTEXTE POUR UNE NAVIGATION À VUE

Un premier processus cumulatif de nature industrielle aura consisté dans les productions pour lesquelles il existe un marché intérieur. Il visait :

1. La satisfaction d'un certain nombre de besoins solvables des consommateurs en produisant localement, et l'importation des biens d'équipement uniquement ;
2. Une plus grande valorisation des produits bruts identifiés.

À plus longue échéance et en fonction de l'évolution du marché, l'industrie lourde d'exportation pourrait être développée, avec pour inputs basiques, le fer de Kribi, la bauxite de Minim Martap dont le début de l'exploitation sera différé d'une décennie à l'autre. La volonté d'accompagner la dynamique entrepreneuriale est manifestée par la création en 1961 de la Société Nationale d'Investissement (SNI), pour des prises de participation de l'État dans le secteur productif, et de la Banque camerounaise de Développement (BCD) en 1963, pour l'octroi des prêts à l'industrie qui représentait à peine 10 % de l'activité économique. Les priorités industrielles étaient reconnues comme excessivement tournées vers les biens de consommation courante et de confort, ignorant les équipements de modernisation de l'agriculture.

LE MODÈLE D'IMPORT/SUBSTITUTION : UN PREMIER PROGRAMME D'AJUSTEMENT STRUCTUREL MAL PILOTÉ

La vision du développement industriel commandée par le gouvernement du Cameroun a fait l'objet d'un appel à proposition confiée à la Société d'études pour le développement économique et social (S.E.D.E.S). Les conclusions de cette étude ont surdéterminé les perspectives et schémas industriels du Cameroun, en sélectionnant les entreprises qu'il fallait créer, et les coûts associés aux investissements identifiés. C'est en réalité dès cet instant qu'intervint la première rupture de paradigme, qui correspond au passage du régime de la porte ouverte, ou de libre-échange, à celui de substitution aux importations, marqué par la protection des industries naissantes. L'espace économique camerounais devient ainsi un marché abrité par des tarifs extérieurs discriminatoires ou à tête chercheuse.

Cette crispation a aussitôt provoqué l'érection des barrières aux échanges, et la fixation des prix des biens essentiels par l'administration. Dit autrement, c'est l'instrumentation du protectionnisme qui se met en place, provoquant des distorsions et des rigidités qui impacteront les comportements des agents économiques pendant des décennies. Protégées derrière des barrières douanières, les entreprises qui s'implantent en situation de quasi-monopole peinent à structurer leur expansion nationale ou régionale. La faiblesse de l'investissement est induite par l'insuffisance de l'épargne locale et de la demande domestique. La préférence pour l'autofinancement de nombreuses petites firmes révèle la frilosité des rentiers préférant la sécurité des placements aux risques industriels. La stratégie adoptée aura consisté à mettre des branches industrielles entières à l'abri de la concurrence. Six domaines d'activités sont ainsi protégés de la concurrence :

1. L'énergie ;
2. Les produits minéraux ;
3. Le bois ;
4. Les textiles ;
5. La transformation alimentaire ;
6. Les industries diverses.

Ainsi, en l'absence d'initiative d'intelligence économique et du fait de la dépendance externe en technologies et inputs pour l'industrie et du fait également de l'importation des techniciens qualifiés et des ingénieurs, le retard du Cameroun dans le développement industriel deviendra inéluctable.

LES LIMITES DE PRODUCTION IMPOSÉES AUX INDUSTRIES PAR L'INSUFFISANCE DE L'ÉNERGIE

En 1960, la Société camerounaise des Laminoirs (SOCALAM) est fondée dans le prolongement des cuves de la Société d'Aluminium du Cameroun (ALUCAM), créée en 1954 et spécialisée dans la fabrication des tôles. Elle contribue à l'agrandissement d'un complexe industriel qui venait d'accueillir la Société ALUBASSA fabriquant des articles ménagers entre autres. Une double contrainte va durablement handicaper les progrès anticipés d'industrialisation aval dans la filière aluminium, et priver l'économie des moteurs de croissance qui auraient pu impulser d'autres branches telles que les métaux non ferreux et la chimie. Il s'agit de l'importation de l'alumine depuis Conakry et la faible offre d'électricité. Le phénomène persiste et risque de perdurer en raison de l'inadéquation des investissements en lien avec le développement économique général et la croissance démographique.

Tableau 3 : créations d'entreprises entre 1960 et 1965

N°	SOCIÉTÉ	Capital social en millions F CFA	Domaine d'activité	Effectif
1	SOSUCAM	200	SUCRE	1 342
2	CHOCOCAM	652	CHOCOLAT	362
3	CICAM	2 137	Textile	1 615
4	ENAC	20	Textile	75
5	BATA	885	Chaussure	821
6	SACC	450	Chaussure	200
7	EFC	200	Bois	180
8	FORESTIRE CAMPO	200	Bois	150
9	CEP	223	Chimie	82
10	SIPCA	300	Parfumerie	124
11	L'EE	425	Electronique	200
12	SOPARCA	60	Parfumerie	104
13	PLASTICAM	585	Plastique	272
14	SAFACAM	1 820	Caoutchouc	2 200
15	MAVEM	80	Plastique	152
16	CIMENCAM	2 800	Ciment	624
17	SCBM	40	Béton	50
18	UIC	500	Mécanique	150
19	TROPIC	450	Mécanique	150
20	CTMC	210	Mécanique	150
21	SCI	100	Mécanique	120
TOTAL		14 030		9 129

Source : fichier industriel de SYNDUSTRICAM.

LES INDUSTRIES DES PRODUITS MINÉRAUX

À partir des calcaires gris de Figuil et des marbres blancs de Bidzar, la cimenterie Nord-Cameroun est implantée près de Garoua, chef-lieu de la région administrative du Nord. La production projetée serait de 20 000 tonnes par an, et un investissement de 600 millions de F CFA est jugé rentable. Le Tchad voisin constitue le premier débouché possible de ce matériau. La cimenterie Sud-Cameroun est localisée à Douala. Elle a une capacité annuelle de 75 000 tonnes pour des investissements de 1 150 millions de francs CFA. Le prix de revient est de moitié moindre que celui de la cimenterie Nord-Cameroun, notamment en raison du coût de transport des intrants. Pour dynamiser cette industrie, l'attention des pouvoirs publics sera particulièrement dirigée vers les gisements de fer de Kribi sur la côte Atlantique et de bauxite de Minim Martap sur les plateaux de l'Adamaoua. Cette attention n'a pas changé sauf qu'elle a pris au cours des années 2 000, l'appellation de projets structurants. Leur mise en valeur est attendue avec scepticisme.

S'agissant de la bauxite de Minim Martap, la contrainte essentielle réside dans l'incontournable construction d'une voie ferrée de 1 000 km reliant la côte à la mine et pouvant supporter le tonnage des trains minéraliers. La mise en exploitation de ce gisement pourrait rentabiliser l'usine ALUCAM d'Edéa sous réserve que ses besoins en consommation d'énergie hydroélectrique soient satisfaits. Ce projet pharaonique inscrit dans l'agenda des gouvernements successifs depuis des décennies, risque d'y rester longtemps encore pour les raisons évoquées alors qu'il représente l'une des plus belles promesses d'avenir du Cameroun. L'avantage pour la carrière de fer de Kribi se trouve dans sa proximité de la mer (20 km seulement) et des réserves de 100 millions de tonnes qui représentent un avantage concurrentiel certain. Dans le même registre de prudence en matière de politique d'investissements industriels, la construction des usines de phosphore et d'engrais envisagée était différée, parce que les conditions économiques de fabrication et de marché ne garantissaient pas un taux rentabilité incitatif. En outre, des travaux se sont poursuivis tant sur un plan général (carte géologique, prospection minière, études hydroélectriques) que particulier (recherche de calcaires dans la région de Douala).

LES INDUSTRIES DU BOIS

La transformation du bois démarrée au cours du PQ1 sera rendue impossible en raison de l'arrêt de l'exploitation des Bois du Cameroun, une usine installée à Eséka dans le département du Nyong et Kelle, une zone de grande insécurité servant de champ de résistance aux nationalistes désignés *maquisards*. Toutefois, ce produit qui occupe alors le quatrième poste des exportations en valeur va continuer d'alimenter un important marché intérieur.

LES INDUSTRIES TEXTILES

La culture du coton est introduite au Cameroun dans les années quarante. La production cotonnière pour la campagne 1958 – 1959 était de 22 000 tonnes donnant 7 575 tonnes de coton-fibre et 344 tonnes de coton jaune. C'est cette disponibilité de la matière première qui aura permis l'implantation d'une usine de filature et de tissage à Douala dont la profitabilité n'était possible que si les pouvoirs publics consentaient à supporter la formation du personnel nécessaire, accorder des facilités financières et des allègements fiscaux pendant la période de rodage. Les prix des facteurs de production tels que l'eau et l'électricité devaient également être subventionnés. Cette usine devait valoriser 1 000 tonnes de coton par an à son démarrage pour produire des couvertures. Mais la création de cette unité de production de couvertures résistera mal à l'argument d'un prix de revient à l'importation de 252 965 F CFA, contre 335 650 F CFA la tonne produite localement. Cette décision était ainsi prise dans l'ignorance des effets d'entraînement, de multiplicateur de revenu, d'apprentissage et de la courbe d'expérience liée à l'implantation territoriale d'une usine.

LES INDUSTRIES ALIMENTAIRES

Au Cameroun, les besoins annuels en farine ont été de 160 000 quintaux en 1961. Ils atteindront 200 000 quintaux cinq ans plus tard. L'installation des minoteries était donc possible au regard des importations du Tchad (19 000 quintaux) et de la République centrafricaine (16 500 quintaux) qui transitaient par Douala. Une étude économique pour la fabrication des biscuits a également été menée. La conclusion était favorable à la substitution aux importations sous condition que la demande intérieure atteigne le seuil de rentabilité de 400 tonnes l'an. Or, les consommations de biscuits au Cameroun en 1960 n'étant que de 150 tonnes, ce projet a également été abandonné sans tenir compte de l'évolution de la demande et des importations tchadiennes et centrafricaines de 120 tonnes pour chaque pays. C'est dire que le Cameroun n'a pas toujours eu le dernier mot sur la décision d'implantation des unités industrielles sur son territoire ; c'est plutôt aux détenteurs de capitaux et de technologie qu'échoit cette responsabilité.

Quant à la création d'une industrie de conserverie de thons et de sardines, le projet sera retardé des études techniques et commerciales non encore finalisées. À contrario, l'implantation d'une conserverie de viande de bœuf a été recommandée en raison des marges assez confortables reconnues par l'étude de faisabilité, mais sa réalisation n'a pas suivi.

LES INDUSTRIES DIVERSES

Les unités de production installées ainsi que la variété d'objets et d'équipements devaient faire concurrence aux importations pour les remplacer à terme. Cette industrialisation par import-substitution connaîtra un réel développement grâce aux emplois créés et à l'augmentation constante de la demande intérieure. Voici les besoins en capitaux résultants de l'exécution du plan d'industrialisation en francs CFA.

Tableau 4 : Les besoins en capitaux résultant de l'exécution du plan d'industrialisation en francs CFA

INDUSTRIES	INVESTISSEMENTS	FONDS DE ROULEMENT
Laminage aluminium	200 000 000	50 000 000
Cimenterie Sud	1 150 000 000	50 000 000
Cimenterie Nord	490 000 000	105 000 000
Filature et tissage	730 000 000	108 000 000
Fabrique de couvertures	61 000 000	20 000 000
Minoterie	650 000 000	110 000 000
Biscuiterie	40 000 000	10 000 000
Conserverie de viande	8 000 000	10 000 000
Objets en plastique	78 000 000	22 000 000
Fabrique d'allumettes	170 000 000	10 000 000
TOTAL	3 577 000 000	445 000 000

Source : Ministère du Plan et de l'Aménagement du Territoire.

Tableau 5 : Besoins en main-d'œuvre résultants de l'exécution du plan d'industrialisation

INDUSTRIES	Personnel hautement spécialisé	Ouvriers, employés, manœuvres
Cimenterie sud	15	160
Cimenterie nord	13	110
Filature et tissage	23	307[39]
Fabrique de couvertures	2	62[40]
Minoterie	7	94[41]
Biscuiterie	3	14
Conserverie de viande	2	25
Objets en plastique	11	60
Fabrique d'allumettes	13	55
TOTAL	89	887

Source : ministère du Plan et de l'Aménagement du Territoire.

[39] Dont 202 ouvriers spécialisés et professionnels
[40] Dont 38 ouvriers et employés
[41] Dont 44 ouvriers spécialistes, et 12 employés

LES INSTRUMENTS D'APPUI À L'INDUSTRIALISATION

Au niveau instrumental, la Banque camerounaise de Développement (BCD) et la Société Nationale d'Investissement (SNI) vont permettre au Cameroun de se doter d'un outil de financement du fragile processus industriel et commercial. La BCD accordera des crédits commerciaux aux particuliers et aux entreprises, ainsi que des crédits d'investissement de moyen et long terme. La SNI se chargera de gérer le portefeuille d'actifs de l'État dans le secteur semi-public et dans les sociétés d'économie mixte.

La création de quatre autres institutions interviendra au cours de la décennie 70 : le Centre d'Assistance à la Promotion des Petites et Moyennes Entreprises (CAPME, 1970) ; la Mission d'Aménagement et de Gestion des Zones industrielles (MAGZI, 1971) ; le Fonds d'Aide et de Garantie des Petites et Moyennes Entreprises (FOGAPE, 1975) et le Centre National du Commerce extérieur (CNCE, 1979). Au plan juridique, un Code des investissements pour le Cameroun oriental fera l'objet de la loi n° 60-64 du 27 juin 1960 ; il comporte les premières orientations de la politique industrielle basée sur la substitution des importations ainsi que les incitations associées.

PROGRÈS ET OBSTACLES DANS LA PREMIÈRE PHASE D'INDUSTRIALISATION

Les industries alimentaire et textile ont été les deux premières industries motrices dans le passage de l'économie artisanale à une économie industrielle. L'industrie textile importe systématiquement des machines, techniques et techniciens français. Son développement a été beaucoup moins rapide en raison d'un faible ancrage sociétal. L'industrie alimentaire se heurte aux faiblesses de l'offre de matière première issue d'une agriculture de subsistance se servant d'un outillage rudimentaire. Par contre, l'industrie sidérurgique n'a pas pu démarrer faute de mise en valeur des gisements de fer identifiés, du double fait de l'enclavement des bassins miniers et de l'insuffisance d'énergie électrique. Aux niveaux scientifique et technique, la création des grandes écoles (École Nationale d'Administration et de Magistrature, École Normale Supérieure, École Nationale Supérieure Agronomique) se situe dans la perspective de formation de la ressource humaine locale pour le développement.

Les enseignements secondaire et supérieur étaient d'abord réservés à un petit nombre de jeunes recrutés dans la périphérie des chefferies traditionnelles (l'école étant considérée à ses débuts comme une autre version de l'esclavage). L'offre d'ingénieurs et de techniciens qualifiés n'a donc pas suivi la demande. Bien que la formation de hauts cadres soit davantage visible dans l'agriculture, l'essentiel des diplômés est intégré comme fonctionnaires dans l'administration publique et affecté à des postes ouverts aux niveaux national, sectoriel ou territorial. Quelques privilégiés bénéficieront de détachements ou de nominations comme PDG (Président Directeur général) ou DG (Directeur général) pour piloter des projets agricoles, pastoraux ou halieutiques de l'État. Ils sont ainsi convertis en managers ou administrateurs/gestionnaires, en déconnexion de leur profil académique.

CONCLUSION DU PQ1

La prudence dans la prise de décisions économiques audacieuses et la sélectivité des investissements à financer relevaient d'une certaine sagesse de l'époque. Mais de nombreuses conditionnalités posées par les pourvoyeurs de fonds n'ont pas permis un véritable décollage industriel. Ces conditionnalités peuvent être illustrées par un système de pilotage utilisant en même temps l'accélérateur dans les anticipations et le freinage dans la mise en œuvre. En outre, les coûts d'opportunité engendrés par le différé de réalisation des choix effectués auront des conséquences lourdes sur l'efficacité de l'action économique tout au long des plans quinquennaux successifs.

Les exemples des plus remarqués concernent l'ouverture chaque fois reportée des gisements de fer et de bauxite, ainsi que des réserves de gaz de Logbaba (400 millions m^3) dans la banlieue Est de Douala. S'agissant de ce dernier cas notamment, la zone gazière identifiée se trouve désormais densément urbanisée et peuplée ; plusieurs usines et activités économiques y sont implantées, ce qui n'était pas le cas au moment de leur découverte. Au plan idéologique, le Cameroun fait son choix dès le PQ1 de piloter son économie sur une base doctrinale dénommée libéralisme planifié, un capitalisme d'État en fait.

CHAPITRE VII

LA POLITIQUE INDUSTRIELLE AU SECOND PLAN QUINQUENNAL (PQ2) : 1966 – 1971

LES FACTEURS DESCRIPTIFS DE L'ENVIRONNEMENT DE L'ÉPOQUE

Au niveau national, l'analyse factorielle et des conditions du développement industriel permettent de relever des évolutions significatives et l'existence de quelques contraintes et atouts.

Les atouts recensés portent entre autres sur :

- Les possibilités d'exploitation des ressources hydroélectriques et du gaz ;
- Un réseau d'infrastructures routières, ferroviaires et portuaires en développement bien que les tarifs d'utilisation restent encore élevés ;
- Une main-d'œuvre nombreuse et passablement qualifiée ;
- L'artisanat urbain en pleine expansion, bien que peu organisé ;
- Un secteur privé dynamique et des activités industrielles diversifiées ;
- Une administration publique structurée et présente sur tout le territoire.

Les contraintes sont tout aussi présentes :

- Le coût élevé des investissements lié à la localisation des projets industriels en fonction des infrastructures énergétiques et de transport ;
- Un niveau limité de qualification aux emplois de technologie de pointe ;
- Le dimensionnement des usines en fonction des marchés ouverts ;
- Les taux d'intérêt des prêts globalement élevés ;
- Des ressources minières et énergétiques non exploitées.

Le coût de mise en œuvre du PQ2 est de 165 182 millions cf. CFA, dont 61 251 millions (37 %) d'aide extérieure.

Tableau 6 : La prévision de financement basée sur l'aide extérieure en millions de F CFA

FINANCEMENT	MONTANT
Subventions au secteur public :	31 068
Subventions au secteur privé	937
Prêts au secteur public	23 752
Prêts au secteur privé	5 494
TOTAL	**61 251**

Source : Ministère du Plan et de l'Aménagement du Territoire.

Les recettes locales projetées s'élevaient à 44 493 millions F CFA (27 %), et les fonds privés, à 59 438 millions (36 %). Ces fonds privés provenaient des apports en capital propre des entreprises et des crédits consentis par des banques commerciales, mais aussi, sous forme d'IDE (investissements directs étrangers). Une partie des fonds empruntés était remboursée par l'État et une autre par les collectivités territoriales et les organismes publics bénéficiaires à l'instar de la Cameroon Development Corporation (CDC). Les conditions de prêts sont adaptées à la nature des opérations financées (différé d'amortissement, durée de remboursement, taux d'intérêt).

AU PLAN SOUS-REGIONAL

L'Union douanière et économique de l'Afrique centrale (UDEAC) créée le 8 décembre 1964 est déjà opérationnelle. Malgré les grands espoirs qu'elle suscite en matière de marché et donc d'agrandissement des capacités productives, de graves dysfonctionnements créés par une bureaucratie désorientée et un leadership acéphale ne permettent pas d'impulser l'industrie dans la sous-région. À cette époque, le marché mondial est déjà dominé par les détenteurs de capitaux et des savoirs qui fixent les objectifs de production et des exportations souvent subventionnées vers des marchés solvables ; mais les leaders de cette zone de libre-échange ne démontrent pas leur volonté unitaire et des ambitions claires sur le plan économique ou industriel en particulier.

Ce diagnostic sommaire à l'entame du deuxième plan quinquennal aura inspiré la politique industrielle dite de deuxième génération. Dès 1966, le Cameroun passe d'une logique basée sur un effort sélectif d'industrialisation à une politique d'industrialisation réaliste, fondée sur le libéralisme planifié, avec pour composantes :

- L'instauration d'une coopération féconde et dynamique entre le secteur privé et les pouvoirs publics ;
- L'accueil des capitaux étrangers et la mise en place des incitations aux investissements privés ;
- La préférence accordée aux produits de fabrication locale dans des conditions de qualité et de prix comparables aux importations ;
- L'orientation des marchés administratifs vers les produits locaux.

LE RÉALISME COMME NOUVEAU PARADIGME DANS LE PROCESSUS INDUSTRIEL

Faut-il comprendre que l'approche par la sélectivité manquait de réalisme ? Sans doute, car le réalisme vient trancher avec un certain romantisme lisible sur les anticipations invraisemblables du planificateur de l'époque. La tendance était donc à rester plus proche du concret au lieu de formuler une vision et gérer au menu toutes les opportunités et les contraintes associées. Était-il évident de tracer une ligne entre les deux stratégies ? La réponse est fournie par l'appréciation de la nouvelle problématisation.

Le choix des objectifs et des moyens d'industrialisation est désormais guidé par :

- La disponibilité des ressources locales ;
- L'envergure et l'évolution des marchés ;
- Le seuil technique des unités de production ; et
- L'intérêt économique des projets industriels.

Apparemment, il n'y a pas de grand changement par rapport à la démarche antérieure ; mais la particularité repose sur trois modalités :

1 – l'État identifie des investissements et formule des hypothèses de leur réalisation par le secteur privé,

2 – le secteur privé a toute la liberté d'entreprendre et s'appuie sur les incitations négociées avec les pouvoirs publics ;

3 – l'État évalue l'impact global et sectoriel des opérations exécutées et opère une reprogrammation de celles qui ne l'ont pas été.

Les critères d'ordre économique et social pris en considération dans le processus d'évaluation sont :

- La valeur ajoutée ;
- La création d'emplois et la masse salariale distribuée ;
- La rentabilité du capital investi ;
- L'incidence sur les recettes fiscales ;
- L'impact sur le commerce extérieur.

Les effets multiplicateurs et induits des investissements étaient également analysés. C'est ainsi que dans chaque secteur, une différence est faite entre les projets à haut potentiel de rentabilité et ceux devant bénéficier du soutien multiforme de la puissance publique en raison de leur profitabilité faible ou éloignée. Aussi, l'État omniprésent commence-t-il à prolonger ses tentacules dans la sphère productive. Des cibles sont définies pour permettre aux administrations compétentes :

- D'améliorer l'accueil et l'information des investisseurs ;
- De faciliter l'installation de nouveaux investisseurs grâce à une politique d'aménagement du territoire ;
- De stimuler les réinvestissements à l'aide des mesures fiscales et non fiscales.

C'est également au cours du PQ2 que le modèle administré de gouvernance industrielle prend véritablement corps. Dans cet État néo-utilitaire (Evans 1982, 1995), l'administration centrale se découvre une mission de recherche des rentes et se met à distribuer des opportunités aux groupes d'intérêt et aux fonctionnaires, qui s'enrichissent au détriment du bien-être collectif. Et, selon Evans, l'imprévisibilité de l'État aura bridé la productivité des investissements et le développement d'une véritable bourgeoisie. Cette perception s'oppose à la conception institutionnaliste de l'État selon les approches de Weber, Gerschenkron et Hirschman, qui proposent l'existence d'une complémentarité entre les structures de l'État et le marché dans le processus d'industrialisation. C'est le capitalisme de connivence qui renvoie à l'État développeur (Developmental State), caractéristique des pays asiatiques. En se transformant en État-providence, le Cameroun semble abuser du réalisme en devenant plusieurs fois « Pro[42] » :

---

[42] . Jean-Raphaël CHAPONNIERE (Ingénieur de recherche à l'Institut de recherche économique, production et développement (IREPD) URA CNRS et Pierre JUDET (Presseur à l'Université Pierre-Mendes- France (Grenoble) Chercheur à

prospecteur- programmeur- producteur – promoteur - protecteur – professionnel - provocateur – progressiste – pro-pollueur.

L'État prospecteur identifie des occasions favorables dans les secteurs porteurs de croissance ainsi que des financements adaptés pour leur mise en valeur. Ces opportunités sont traduites dans des programmes d'investissements inscrits aux plans quinquennaux de développement. Comme programmeur, stratège, garant de la prospective, il décide de la concentration sectorielle des financements, donne l'horizon du retour sur investissement et les modalités de gestion. L'État producteur choisit des industries constitutives de son portefeuille. Il est investisseur et actionnaire dans le capital des grandes entreprises de l'agriculture, de l'industrie ou de services. En tant que promoteur, il conçoit un Code des investissements, un Code des impôts et un Code des marchés publics dotés d'incitations à sa convenance. Incontestablement, cet État-marchand, détenteur de la vision industrielle devient un acteur économique majeur grâce aux budgets d'investissement dont le volume atteint 25 % du PIB. L'État protecteur élabore un Code du travail muni d'un dispositif de garanties de l'emploi, de la sécurité des travailleurs actifs ou retraités. Régulateur économique et social, il s'érige aussi en protecteur des entreprises privées nationales contre la concurrence féroce des firmes transnationales. L'État professionnel forme des ouvriers dans des centres artisanaux, des techniciens dans des lycées, des cadres à l'Université et dans les grandes Écoles. Il assure leur recrutement dans le secteur public.

Cet État-là est parfois jugé de provocateur dès lors qu'il empêche au régime de concurrence de se mettre véritablement en place, en canalisant l'initiative industrielle vers des branches d'activité abritées par sa souveraineté, alors qu'il ne peut les gérer sur la base du calcul économique classique. Il est en même temps juge et partie dans les contentieux en matière économique, et ne risque aucun *procès en légitimité sociale* (Chalumeau). L'État s'est souvent montré progressiste à travers la propagande qui présente son modèle productif comme un idéal politique, économique et social. L'État est également pollueur par la tolérance des graves atteintes à l'écologie causées par des entreprises multinationales ainsi que celles de son portefeuille. Ainsi, les notions de redevabilité sociétale et d'investissement

---

l'IREPD : « Dynamiques industrielles asiatiques : quels enseignements pour l'Afrique ? »

socialement responsable ne sont évoquées que pour des besoins de l'éloquence administrative et n'ont aucune place sur les chaînes de valeur industrielle.

On pourrait prolonger la liste des épithètes, mais ceux qui viennent d'être évoqués permettent de constater que dans l'idéologie portée par le Président Ahidjo, la planification a pris le pas sur le libéralisme. L'administration et la bureaucratie ayant inhibé la liberté d'entreprendre, le processus d'accumulation s'est amenuisé en raison de l'envahissement de la réglementation et un contrôle répressif des prix pratiqués sur le marché. Or, pendant que l'État-pieuvre cherche à étendre sa prégnance sur les secteurs d'activité, un modèle interactionnel de gouvernance fondé sur la proximité sociologique ou culturelle se construit et se structure aux niveaux micro et méso social. Il est soutenu par le secteur privé et les professions libérales et s'étend au secteur informel. C'est le modèle dit réticulaire.

À propos de l'envahissement de la puissance publique, Charles Maurras avait constaté que : « Quand l'État devient tout, l'État n'est plus rien : c'est une thèse qui se soutient et qui se démontre. Mais la même thèse soutient que chacun des citoyens tombe alors au-dessous de rien[43] ». Cette position tranche avec celle du ministre des Finances du roi Louis XIV, convaincu du rôle central de l'État dans l'initiative et le pilotage du secteur industriel. Jean-Baptiste Colbert était persuadé que les « particuliers n'étaient pas en mesure de mobiliser des capitaux nécessaires à la création des manufactures ». Cette affirmation sera contestée plus tard par le développement du secteur financier et bancaire comme source alternative de mobilisation de l'épargne et des prêts pour l'investissement privé.

L'INDUSTRIALISATION BASÉE SUR L'AGRICULTURE

Avec 47 % de valeur ajoutée tirée du secteur primaire, le Cameroun du second plan quinquennal s'appuie sur les industries agricoles pour bâtir son secteur manufacturier. Les objectifs fixés à moyen et long terme portent sur :

---

43. Charles Maurras : « Mes Idées Politiques » ; Texte établi par Pierre Gaxotte ; 1993, p. 225.

- La diversification des cultures ;
- La substitution des produits locaux aux biens de consommation importés ;
- La transformation maximale sur place des productions locales ;
- La conquête et la maîtrise des prix et des marchés intérieurs et régionaux.

Ces objectifs vont justifier l'acquisition des installations industrielles en complément des équipements existants. Des complexes agro-industriels sont créés pour des productions de substitution (sucre, concentré de tomates) et celles destinées à l'exportation (tranches et jus d'ananas). De même, des études sont menées pour la valorisation de certains produits locaux (vins de palme, alcools, farine de blé...). Mais ces initiatives n'ont pas du tout prospéré, en raison d'une faiblesse stratégique ; d'où la fixation des objectifs de production des industries agricoles selon le tableau ci-après.

Tableau 7 : Investissements en industries agricoles (en millions F CFA).

OBJET	COÛT		RÉPARTITION ANNUELLE				
	Total	IIe Plan	I	II	III	IV	V
Café robusta	125	125	-	-	-	50	75
Café arabica	175	175	50	55		35	35
Huile de palme	1 343	624	6	56	7	200	355
Thé	271	166	13	11	36	10	96
Coton	150	150	-	70		80	-
Traitement latex	236	130	24	29	24	24	29
Riz	110	110	-	50	60	-	-
Cacao - beurre – masse	601	501	235	161	35	35	35
CRÉATIONS							
Sucre industriel seulement	1 360	1 360	960	400	-	-	-
Concentré tomate	40	40	-	-	-	-	40
Ananas - tranches – jus	100	100	-	-	-	100	-
Plantes à parfum	25	25	-	15	-	10	-
Études	70	70	-	-	20	20	30
RENOUVELLEMENTS		3 576	1 288	847	182	564	695
TOTAL		1 480	250	270	290	320	350
TOTAL INVESTISSEMENTS		5 056	1 538	1 117	472	884	1 045

Source : Ministère du Plan et de l'Aménagement du Territoire

Les industries alimentaires connaissent une réelle expansion et une diversification appréciables, le cas des boulangeries industrielles (90 % de la production sectorielle en 1963/1964) et des abattoirs industriels. Le café moulu, les pâtes alimentaires, le chocolat, la confiserie, les conserves de viande, la farine de blé sont désormais fabriqués à partir des installations industrielles basées à Douala. Les aliments pour bétail, les biscuits et les crevettes congelées font partie de cette catégorie de projets qui marchent bien. Des études sont lancées pour la fabrication des flocons, farines, cossettes, bananes séchées et conserves à base de banane douce. De même, la pêche industrielle permettra-t-elle d'obtenir des conserves et farines de poissons. L'installation d'une malterie est également projetée au regard de l'importance de sa consommation par les brasseries locales. La culture d'une orge appropriée fait aussi l'objet de recherche appliquée (mais ces deux projets n'aboutiront pas).

Tableau 8 : Investissements en industries alimentaires (coût en millions de FCFA)

TYPE D'OPÉRATION	COÛT		RÉPARTITION ANNUELLE				
	Total	IIe Plan	I	II	III	IV	V
Chocolat - confiserie	250	200	150	50	-	-	-
Conserves de viande	46	5	5	-	-	-	-
Farine de blé – issues	375	375	300	75	-	-	-
Biscuits	17	17	-	-	-	17	-
Crevettes congelées	25	25	-	25	-	-	-
Café soluble	400	400	-	-	100	200	100
Études	75	75	15	15	15	15	15
TOTAL		1 097	470	165	115	232	115
RENOUVELLEMENT		765	110	130	150	175	200
TOTAL INVESTISSEMENTS		1 862	580	295	265	407	315

Source : ministère du Plan et de l'Aménagement du Territoire

Tableau 9 : Créations d'entreprises de 1965 à 1970 ; capital en millions F CFA

	SOCIÉTÉS	CAPITAL SOCIAL	DOMAINE D'ACTIVITÉ	EFFECTIF
1	SOCAPALM	11 400	Huile de Palme	4 921
2	PAMOL	1 400	Huile de Palme	2 843
3	SCM	736	Minoterie	173
4	GUINESS	1 920	Brasserie	1 376
5	UCB	800	Brasserie	426
6	SYNTHECAM	200	Textile	149
7	SIVA	50	Textile	97
8	SOCATEX	240	Textile	125
9	DRATEX	60	Textile	100
10	SICABO	15	Textile	200
11	SNC BOIS	160	Bois	300
12	COCAM	510	Bois	455
13	SCEFL	65	Chimie	17
14	SCIMPOS	51	Chimie	51
15	CAMOA	276	Chimie	55
16	PILCAM	1 000	Chimie	277
17	SOCAVER	1 100	Chimie	219
18	CERICAM	1 200	Céramique	218
19	SOLADO	1 475	Métallurgie	162
20	SOCOMECAM	250	Métallurgie	80
21	SOCADEM	160	Métallurgie	50
22	ENA	100	Métallurgie	100
23	SATC	100	Métallurgie	200
24	SAFCA	400	Papier	100
TOTAL		23 423		12 594

Source : fichier industriel de SYNDUSTRICAM

LES INDUSTRIES DES BOISSONS ET TABACS

La Société Anonyme des Brasseries du Cameroun assure 95 % de la production des bières et des glaces. Quant aux boissons gazeuses, la fabrication est répartie sur 5 entreprises de taille modeste dans les régions du Nord, du Centre et du Littoral. Pour une plus grande efficacité dans la distribution, d'autres unités des Brasseries sont implantées à Yaoundé (Centre), Garoua (Nord), Ombé (Sud-ouest) et Bafoussam (Ouest).

Par contre, les cigarettes sont fabriquées depuis les années cinquante à partir du tabac cultivé localement. Elles font face à une concurrence rude des marques importées, mais la taxation fera la différence pour privilégier la production domestique. Cette activité perdra totalement de son attrait dans les années qui suivront, en raison des distorsions introduites par l'entrée massive des cigarettes de contrebande. En plus des industries agricoles, les industries de matériaux de construction font leur apparition et connaissent un réel développement. Les productions recensées sont : la chaux, les briques, les carreaux agglomérés, le béton manufacturé.

LES INDUSTRIES DES MATÉRIAUX DE CONSTRUCTION ET DU BOIS

La production de ciment par un monopole, CIMENCAM, vise à satisfaire la demande croissante des entreprises du BTP ainsi que des ménages. Il est aussi exporté vers le Tchad. Les prix pratiqués par CIMENCAM sont réputés inflationnistes, d'où les révisions périodiques de la fiscalité. Par ailleurs, la production, la transformation et la commercialisation du bois font l'objet d'une programmation qui tranche avec le tâtonnement observé au cours du PQ1. Le tableau qui suit donne la mesure de l'importance de l'activité dans ce secteur.

Tableau 10 : Investissements dans les industries du bois (en millions de F CFA)

OBJET	COÛT		RÉPARTITION ANNUELLE				
	Total	IIe Plan	I	II	III	IV	V
Sciage	967	827	88	221	226	92	200
Déroulage - contreplaqués – lattes	1 250	975	160	140	120	280	275
Menuiserie – Ébénisterie	150	150	24	24	24	37	41
Parquets mosaïques	50	50	-	25	25	-	-
Études « Industrie de transformation du bois »	15	15	15	-	-	-	-
TOTAL		2 017	287	410	395	409	516
RENOUVELLEMENT		305	45	50	60	70	80
TOTAL INVESTISSEMENTS		2 322	332	460	455	479	596

Source : Ministère du Plan et de l'Aménagement du Territoire

LES INDUSTRIES DE CHAUSSURES – TEXTILES - HABILLEMENT

Le dynamisme dans ce secteur en transformation rapide est impressionnant : 86 % des investissements prévus sont réalisés au cours de ce PQ2.

Tableau 11 : Investissements dans les industries textiles (en millions de F CFA)

OBJET	COÛT		RÉPARTITION ANNUELLE				
	Total	IIe Plan	I	II	III	IV	V
Confection		150	-	-	-	50	100
Chaussures	320	320	-	150	100	70	-
Bonneterie	135	60	-	-	10	40	10
Tissus coton écrus et finis	2 370	920	-	-	250	420	250
Couvertures	173	173	-	50	100	23	-
Sacherie	400	400	-	-	100	250	50
Divers	158	125	-	-	-	-	125
Études		8	6	2	-	-	-
TOTAL		2 156	6	202	560	853	535
RENOUVELLEMENT		895	125	150	175	205	240
TOTAL INVESTISSEMENTS	3 556	3 051	131	352	735	1 058	775

Source : Ministère du Plan et de l'Aménagement du Territoire

Ce secteur aurait pu devenir une locomotive de l'industrialisation du pays depuis que la Société de Développement du Coton (SODECOTON) a commencé à produire la matière première nécessaire. Malheureusement, les investissements prévus n'ont pas été exécutés avec l'efficacité souhaitée. Bien plus, la concurrence internationale des tissus soumis au dumping économique et social et l'inondation du marché national par la friperie issue des réseaux mafieux sont des facteurs qui ont exacerbé la compétition. Le Cameroun n'a pas opposé de stratégie ni dans la diversification, ni dans la spécialisation et encore moins dans les niches ; nous avons perdu la guerre par refus de combattre et par résignation alors qu'il dispose toujours de solides arguments concurrentiels.

L'INDUSTRIE DE L'ALUMINIUM

La société ALUCAM est, depuis sa création en 1954, le plus grand projet industriel du pays. Cependant, son développement connaît 10 ans plus tard, de fortes perturbations dues à l'insuffisante fourniture en énergie électrique, notamment pendant l'étiage au barrage d'Edéa. C'est dire que le déficit énergétique se pose à l'industrie camerounaise depuis le lendemain de son indépendance. La demande s'est accrue au cours de l'histoire industrielle du pays, mais des solutions appropriées n'ont pas été mises en œuvre. L'ouverture de la mine de bauxite de Minim Martap sera reportée faute de réseaux hydroélectriques et ferroviaires. Ainsi, le Cameroun restera-t-il longtemps dépendant des importations de bauxite de Conakry, et ALUCAM fonctionnera en deçà de son optimum, quand bien même l'équation énergétique trouverait une solution.

LES INDUSTRIES MÉCANIQUES ET ÉLECTRIQUES

Les activités principales de cette branche consistaient en la réparation de machines et véhicules automobiles (74 %) ; les 26 % restants sont répartis en : constructions métalliques diverses (serrurerie, charpente, chaudronnerie…), fabrication de pointes, clous, grillages, meubles et cantines métalliques, bicyclettes, installations et réparation de matériel électrique. Y sont incluses les fabrications d'engins de manutention et de transports, de cyclomoteurs, de remorques, d'outillage et de matériels agricoles. Le montage de récepteurs à transistors et du matériel radioélectrique figurait au rang des réalisations indiquant des progrès vers la maîtrise des technologies.

L'évolution du marché a permis d'envisager le montage des véhicules automobiles et de l'électroménager ainsi que la fabrication ou le traitement des bouchons, le formage, l'émaillage et la galvanisation des tôles. Ces entreprises de montage constituaient une amorce du transfert de technologie à travers la qualification de la main-d'œuvre qu'elle permettait. Mais cette tendance n'a pas vraiment évolué et on note de nombreuses réversibilités.

Tableau 12 : Investissements en industries mécaniques et électriques (en millions de F CFA)

OBJET	COÛT		RÉPARTITION ANNUELLE				
	Total	IIe Plan	I	II	III	IV	V
Réparation machines et véhicules auto	120	120	15	20	25	30	30
Constructions métalliques : charpente, serrurerie, chaudronnerie	100	100	20	25	15	20	20
Pointes, clous, grillages, ronces	55	55	-		35	-	20
Meubles métalliques, cantines, valises en alu	45	45	-	9	10	10	16
Bicyclettes	-	-	-	-	-	-	
Cyclomoteurs	40	40	-	5	10	10	15
Remorques à main	-	-	-	-	-	-	-
engins manutention et transport	65	65	6	44	5	5	5
Outillage - matériel agricole	250	20	20	-	-	-	-
Installation - réparation matériel électrique	70	70	10	10	15	15	20
Récepteur à transistors matériel radio électrique	251	117	20	22	22	25	28
CRÉATIONS							
Bouchons – couronne	30	30	-	-	30	-	-
Montage véhicules auto	400	123	73	-	-	10	40
Montage, entretien climatiseurs, réfrigérateurs	60	60	-	30	30	-	-
Articles ménagers émaillés	94	72	45	27			
Divers suite études	80	80	-	-	20	30	30
Études	25	25	10	10	5	-	-
Total		1 022	219	202	222	155	224
Renouvellement		1 040	180	185	210	225	240
Total Investissements		2 062	399	387	432	380	464

Source : ministère du Plan et de l'Aménagement du Territoire

LES INDUSTRIES CHIMIQUES

Des études furent menées pour :

- La fabrication de pneus et chambres à air des vélos ;
- La formulation et le conditionnement de produits pharmaceutiques, y compris ceux de la pharmacopée africaine ;
- Les colles industrielles ;
- La margarine ;
- La soude caustique pour l'extraction de l'alumine, la pâte à papier ;
- Le raffinage des huiles, les savonneries et lessives diverses ;
- Le carbonate de soude ;
- La distillation du bois à partir des déchets de scieries ;
- L'implantation d'une usine de raffinage de produits pétroliers ;
- Les piles électriques et accumulateurs de voitures.

Dans ces industries chimiques, plusieurs reculs ont été observés et il n'y a pas eu de réelle capitalisation ni de maîtrise du processus industriel par les opérateurs nationaux. Plusieurs projets seront d'ailleurs abandonnés à l'instar de la fabrication des produits pharmaceutiques dont le marché est inondé de contrefaçons importées notamment de l'Inde et du Nigéria.

Tableau 13 : Investissements des industries chimiques au PQ2 (en millions de FCFA)

OBJET	COÛT		RÉPARTITION ANNUELLE				
	Total	IIe Plan	I	II	III	IV	V
Palmistes (huile)	100	100		20	60	20	
Coton (huile)	280	280	45	25		40	170
Arachide (huile)	150	150				50	100
Raffinage huiles alimentaires	368	368	68	250	50		
Savons	125	125			25	75	25
Divers (eau de Javel, lessives, etc.)	82	82	15	2		20	45
Insecticides, désinfectants, produits antiparasitaires	232	70				70	
Parfumerie	15	15	5	5	5	20	
Articles en matières plastiques	122	122	10	76			16
Rechapage de pneumatiques	13	13			6		7
Gaz comprimés	10	10				10	
Allumettes	300	50	10	10	10	10	10
Peintures	52	5	5				
PROJETS							
Traitement des ordures ménagères	170	170				30	140
Engrais	1200	1 200		50	450	600	100
Divers	230	80					80
Études	107	107	7	10	25	35	30
Total		2 947	165	448	631	980	723
Renouvellement		520	65	80	100	125	150
Total Investissements		3 467	230	528	731	1 105	873

Source : Ministère du Plan et de l'Aménagement du Territoire

AU PLAN MINIER

L'extraction minière restera marginale au cours du deuxième plan quinquennal. Elle est réduite aux gisements de cassitérite de Mayo Darlé dans l'Adamaoua, d'or alluvionnaire à l'est du pays et de disthène au large d'Edéa. À la liste des minerais découverts, les Diamants de Boubara (Nord-est de Batouri) dont l'exploitation industrielle ne débutera qu'en 2010. Au cours de la même période, des permis de prospection minière sont distribués pour la reconnaissance des roches basiques dans la région de Sangmélima et Eséka pour la recherche de cobalt, cuivre, chrome, nickel, platine, vanadium. Les calcaires de la région de Douala sont activement exploités comme input de la cimenterie (CIMENCAM), tout comme les substances non métalliques pour les projets de cimenterie et de céramique ; la caractérisation des sables de verrerie sur l'axe Douala – Edéa fait l'objet d'investissement de prospection.

Tableau 14 : Les dépenses d'investissements (en 10^6 F CFA) dans des réserves minières

NATURE DE L'OPÉRATION	COÛT		RÉPARTITION ANNUELLE				
	Total	IIe Plan	I	II	III	IV	V
Cassitérite	-	80	30	30	20	-	-
Or	275	242	-	62	60	60	60
Disthène	30	30	30	-	-	-	-
RECHERCHES							
Roches basiques	50	50	50	-	-	-	-
Carbonate	20	20	-	-	20	-	-
Calcaire	5	5	-	5			
Substances utiles non métalliques	29	29	-	-	29		
Sable de verrerie	8		-	-	-	-	-
Carte magnétique - mesures gravimétriques – anomalies	16	15	-	15	-	-	-
Plan minéral	8	8	-	-	8	-	-
Divers non définis	40	40	40	-	-	-	-
Recherches pétrolières	1895	1 518	474	474	332	238	
TOTAL		2 037	624	586	469	298	60
RENOUVELLEMENT		25	5	5	5	5	5
TOTAL INVESTISSEMENTS BRUTS		2 062	629	591	474	303	65

Source : Ministère du Plan et de l'Aménagement du territoire.

Tableau 15 : Investissements en industries de transformation. Répartition territoriale (en 10^6 F CFA).

INDUSTRIE	RÉGIONS							République fédérale
	Nord	Est	Centre-Sud	Littoral	Ouest	Cameroun occidental	Indéterminé	
Matériaux de construction	1 060		110	545			10	1 725
Alimentaires	45	25	60	1 037	520	100	75	1 862
Boissons et tabacs	120		642	1 315	80	80		2 237
Bois	25	905	662	295	55	365	15	2 322
Textiles	750		115	1 778		400	8	3 051
Aluminium				2 770			35	2 805
Mécaniques et électriques	15	10	85	1 862	45	45		2 062
Chimiques	335	10	200	2 815			107	3 467
Diverses			30	535			10	575
TOTAL	2 350	950	1 904	12 952	700	990	260	20 106

Source : Ministère du Plan et de l'Aménagement du Territoire

Tableau 16 : Investissements en industries de transformation. Répartition annuelle (en 106 F CFA)

INDUSTRIES	TOTAL	RÉPARTITION ANNUELLE				
		1967	1968	1969	1970	1971
Matériaux de construction	1 735	106	282	782	390	165
Alimentaires	1 862	580	295	265	407	165
Boissons et tabacs	2 237	470	612	535	300	320
Bois	2 322	332	460	455	479	596
Textiles	3 051	131	352	735	1 058	775
Aluminium	2 805	890	655	420	400	440
Mécaniques et électriques	2 062	399	387	432	380	464
Chimiques	3 467	230	528	731	1 105	873
Diverses	575	30	107	202	177	59
TOTAL	20 106	3 168	3 678	4 557	4 696	4 007

Source : Ministère du Plan et de l'Aménagement du territoire.

L'État et le secteur privé pèsent respectivement pour 10 et 90 % d'investissement dans le secteur secondaire ; mais ceci n'est qu'une situation provisoire qui va s'inverser par la suite.

Tableau 17 : Répartition de la valeur ajoutée du secteur secondaire (en milliards de francs CFA)

	1963 / 1964		1970 / 1971		
	Montant	**%**	**Montant**	**%**	**Indice**
Énergie	11,7	8,4	3,1	8,0	182
Industrie agricole et alimentaire	2,6	12,6	3,7	9,5	142
Industries des boissons, tabac	2,5	12,4	4,0	10,3	160
Industries du bois	0,4	2,0	1,4	3,6	350
Industries textiles	0,7	3,5	2,4	6,2	343
Industries de l'aluminium	2,2	10,8	3,0	7,7	136
Industries mécaniques	1,4	6,8	2,5	6,4	178
Industries diverses	0,4	2,0	2,2	5,7	550
Artisanat	2,9	14,3	3,6	9,3	124
Bâtiment T.P., mat. Construction	5,5	27,2	12,9	33,3	234
TOTAL	20,3	100	38,8	100	191

Source : ministère du Plan et de l'Aménagement du territoire

Les branches les plus dynamiques sont celles des industries chimiques (indice 550), des industries du bois (indice 350) et des industries du textile et de l'habillement (indice 345). Malgré le développement projeté de l'industrie de l'aluminium, sa part dans le total de la valeur ajoutée du secteur recule de 10,8 % à 7,7 %. Les industries du bâtiment, des travaux publics et des matériaux de construction progressent également de façon très sensible (indice 234). Cette croissance se traduit par le développement rapide de la consommation des biens intermédiaires des entreprises. L'importance croissante des industries de transformation dans l'ensemble du secteur secondaire (48 % de la production en 1970/1971, contre 41 % en 1963 /1964) et la diversification de ces industries entraîneront nécessairement une nette progression des échanges interindustriels dans l'économie nationale. En dépit de l'intensification de l'effort d'équipement, le taux d'investissement par rapport au produit intérieur brut restera modéré bien qu'en augmentation : 14,4 % en 1970/1971, contre 11,1 % en 1963/1964.

Sur le plan des échanges, le Cameroun est exportateur des produits des industries agricoles depuis les années '60. Les produits des autres industries viennent s'y ajouter vers la fin de la décennie. Dans la structure des exportations, les produits alimentaires sont plus importants en volume et en valeur que les demi-produits et autres produits industriels ; ce qui démontre la faible montée sur la chaîne de valeur industrielle.

Tableau 18 : Structure des importations par groupes de produits (en milliards de francs)

	1963 / 1964		1970 / 1971		
	Montant	%	Montant	%	Indice
Produits végétaux et animaux	0,5		1,7		
Produits alimentaires	4,5	15,5	6,3	14,7	160
Énergie	2	6,2	4,1	7,6	205
Matières premières, demi-produits	4,9	15,1	8,8	16,2	179
Produits mécaniques et électriques	9,6	29,6	18,2	33,6	190
Produits textiles – cuirs	6,3	19,4	6,7	12,4	106
Produits industriels divers	4,6	14,2	8,4	15,5	183
TOTAL	32,4	100	54,2	100	167

Source : Ministère du Plan et de l'Aménagement du territoire

CONCLUSION DU PQ2

Le développement industriel au cours du second plan quinquennal se distingue par la mobilisation de toutes les composantes sociales pour l'amélioration du revenu monétaire tant en ville qu'en campagne. Cet objectif de justice sociale et de cohérence stratégique sera accompagné d'autres mesures de gestion économique et financière dont :

1. L'aménagement des débouchés à l'international ;
2. Le dialogue entre la sphère administrative et privée pour améliorer le climat des affaires ;
3. Des négociations avec des partenaires au développement pour asseoir la discipline budgétaire, mobiliser l'épargne intérieure et augmenter l'aide extérieure.

4. La participation de tous les acteurs à l'exécution du plan de développement et l'adaptation de l'intervention de l'État aux exigences du secteur productif ;
5. L'information des bénéficiaires sur fond de propagande du parti unique n'exhibe que les réalisations réussies ;
6. Un contrôle et un suivi rigoureux des fonds publics y compris les aides au développement et les finances des collectivités locales ;
7. L'effort de rationalisation du capital humain pour l'accroissement de sa capacité contributive à l'efficacité productive était largement accru.

Au plan opérationnel, la BCD (Banque camerounaise de Développement) aura appliqué la politique sélective de crédit en direction des investissements productifs également sélectionnés. Le contrôle des prix administrés était systématique dans ce contexte de faible concurrence où même les importations étaient surveillées, régulées ou contingentées. Avec la perspective de mise en valeur de nouvelles richesses tant minières que forestières, et la garantie d'un cadre macroéconomique maîtrisé, le Cameroun s'avançait sûrement vers son décollage économique ; c'est ce défi que les années '70 étaient chargées éventuellement de relever.

CHAPITRE VIII

LE TROISIÈME PLAN QUINQUENNAL ET LE DÉVELOPPEMENT INDUSTRIEL (PQ3) : 1971-1976

Les années 70 ont eu pour nom de baptême, la décennie de la décision. Le 11 août 1971, le Président AHIDJO déclarait devant l'Assemblée nationale que le « IIIe Plan quinquennal est sous-tendu par une philosophie fondamentalement humaniste du développement. L'homme et les valeurs de l'homme seront placés au-dessus de tout ». Mais le PQ3 démarre par un constat des mauvaises performances réalisées au cours du PQ2.

Tableau 19 : Les projets industriels fondamentaux inscrits au PQ2 en millions de F CFA

LIBELLÉ	COÛT PRÉVU	INVESTISSEMENT RÉALISÉ	INVESTISSEMENT NON RÉALISÉ
Mines			
or	240		240
calcaire	20		20
Industries agricoles			
latex	130		130
riz	110		110
tomates	40		40
ananas	100		100
plantes à parfum	70		70
Industries alimentaires café soluble	400		400
Industries du bois de sciage	1 700	900	800
Industrie textile sacherie	400		400
Industries mécaniques et électriques	120		120
montage auto alimentation	130		130
Industrie chimique	370		370
raffinage huile alimentaire	170		170
ordures ménagères/engrais	1 200		1 200

Source *: ministère du Plan et de l'Aménagement du territoire/SOPECAM.*

Sur cette quinzaine de projets coûtant 5 200 millions F CFA, un seul a été réalisé. Il s'agit du sciage du bois pour lequel un peu plus de 50 % des investissements programmés ont été exécutés. Les autres feront l'objet d'une reprogrammation dans le cadre du PQ3 parce qu'ils conditionnent le passage de l'économie camerounaise dans la deuxième phase de son développement industriel (cf. : PQ3, page 199). Au regard du bilan décevant du PQ2, un lourd scepticisme va peser sur les projections du PQ3 ; d'où l'annonce sans détour du planificateur :

> *On constate que 56 % des investissements industriels prévus pour les cinq prochaines années sont constitués par des extensions des entreprises déjà existantes*[44] *». Il reconnaît que : « Malgré les efforts non négligeables pour développer les exportations, la majeure partie de la production restera destinée au marché local. Lorsque le marché restera saturé, les rythmes de croissance des fabrications industrielles destinées à celui-ci devront s'ajuster au plus faible niveau de la consommation intérieure*[45].

Il devint alors urgent de prévoir l'introduction avant la fin du PQ3, de nouveaux types d'activités industrielles susceptibles de relancer la croissance. Il s'agissait d'une part :

> *Des industries dont les productions seront destinées aux entreprises locales (pièces détachées, outillages, pneumatiques, engrais, sacs, etc.) et d'autre part, les industries de transfert, travaillant sur des demi-produits importés, destinés à être exportés après transformation. L'État devra prendre ensuite des mesures appropriées pour promouvoir la création des industries jugées souhaitables*[46].

En politique économique, cela n'est pas loin d'un aveu d'impuissance ! Mais par un sursaut patriotique, les stratèges du système vont continuer de tenter d'autres recettes, même sans y croire, pour en avoir déjà beaucoup essayé. Dans ce contexte, une révision de stratégie devint inévitable pour la survie.

---

44 . PQ3.
45 . PQ3.
46 . PQ3.

L'INÉVITABLE RÉVISION STRATÉGIQUE

Importante inversion, le financement du troisième Plan repose essentiellement sur les ressources nationales (3/4), contrairement au second Plan qui dépendait pour 3/4 des financements extérieurs (emprunts et subventions).

Tableau 20 : Les prévisions de financement du PQ3 (en millions F CFA)

Les prévisions de financement extérieur	Montant
Subventions extérieures	26 990
Emprunts extérieurs de l'État	24 050
Emprunts extérieurs des organismes publics	19 860
Total Financement extérieur1	70 900
Total Financement public2	144 540
Total Financement privé 3	135 460
Total Financement État (2+3)	280 000
Total Financement du Pq3 (1+2+3)	350 900

Source : MINPAT, PQ3, 1971 ou SOPECAM, édition de 1985, page 441

La budgétisation du financement des investissements publics au PQ3 sur crédits extérieurs résulte d'abord de la prise en considération opération par opération, des conventions signées ou en cours de négociation et des anticipations fondées sur les sondages effectués auprès des bailleurs de fonds. Sur les 70.9 milliards de financements extérieurs (20 % des recettes totales du PQ3), environ 27 milliards sont des subventions et 19,9 milliards F CFA, des prêts aux organismes publics et aux sociétés d'État qui les remboursent sur leurs résultats d'exploitation. En cas d'insolvabilité avérée de ceux-ci, le Trésor public en prend la charge par le jeu des prêts avalisés. Au cours du PQ3, 63 % des financements seront affectés aux projets directement productifs contre 46 % au PQ2.

Tableau 21 : Création d'entreprises avec participation de l'État de 1970 à 1975, en 10^6 F CFA

	SOCIÉTÉ	Capital social	Domaine d'activité	Effectif
1	CAMSUCO	10 691	Sucre	3 800
2	SEMRY	4 580	Riz	1 370
3	SODEBLE	4 500	Blé	366
4	SICABO	280	Textile	100
5	SCS	2 075	Textile	830
6	SINCATEX	450	Textile	125
7	SODECOTON	4 529	Coton	600
8	STPC	1 500	Cuir	380
9	SOFIBEL	1 602	Bois	400
10	ALPICAM	400	Bois	188
11	SINTRA BOIS	200	Bois	200
12	SBCBC	216	Chimie	18
13	SOCAME	3 800	Engrais	580
14	SOCAPOL	25	Chimie	60
15	CPC	68	Mécanique	100
TOTAL		35 216		9 137
MOYENNE		2 347,73		607,8

Source : fichier industriel de SYNDUSTRICAM.

LA POLITIQUE INDUSTRIELLE DU TROISIÈME PLAN QUINQUENNAL

La politique industrielle du Cameroun fut sans surprise, orientée vers la transformation des ressources locales agricoles, pastorales, forestières, minières et énergétiques. Elle est complétée par le développement du transport, l'extension des infrastructures des voies de communication, la diversification du commerce, les produits de consommation intermédiaire et les industries de transformation pour la consommation finale. Un espoir particulier est placé dans la production d'énergie hydroélectrique pour alimenter les nouvelles industries prévues et celles déjà opérationnelles. Ce sera une fois de plus, un vain espoir. Et pourtant, les indicateurs macroéconomiques du début du PQ3 annonçaient une nouvelle ère avec :

1. Un budget d'équipement en croissance au taux de 25 % par an ;
2. L'accélération de l'expansion industrielle ;

3. Un taux de croissance annuel de la population de 2,1 % ;
4. Un taux de croissance du PIB à 9,8 % ;
5. Un taux de dépréciation monétaire de 3,5 % ;
6. Une forte production des entreprises du secteur agroalimentaire.

Les jeunes entreprises promises à une très forte expansion sont concentrées dans le tissage du coton, et les articles en matière plastique. La Société Sucrière du Cameroun (SOSUCAM) se mettra en place en 1974 grâce à un partenariat entre l'État du Cameroun et les Groupes J.L., VILGRAIN et SOMDIAA.

LES OBJECTIFS DE PRODUCTION INDUSTRIELLE DU PQ3

La valeur ajoutée des activités du secteur secondaire devrait plus que doubler, passant de 45 milliards F CFA en 1967-1968 à 91,5 milliards en 1975-1976, soit un taux de croissance annuel moyen de 10,8 %. Cette performance sectorielle est tirée d'un petit nombre de branches industrielles réalisant des taux de croissance très élevés :

Tableau 22 : Taux de croissance industrielle par branche d'activité

1) Textile ; cuir ; chaussures	20,5 %
2) Constructions mécaniques et électriques ; bois	17,8 %
3) Matériau de construction ; minerais ; aluminium ; chimie	16,6 %
4) Industries alimentaires	15,8 %
5) Boissons ; tabacs	10,2 %

Calculs de l'auteur sur la base des données brutes du PQ3.

Le Cameroun compte refonder son industrialisation sur la mise en exploitation des ressources minières dont les réserves sont déjà identifiées et estimées. Ce sera à nouveau un espoir perdu. On assiste tout de même à la remise en musique des anticipations formulées au cours des deux PQ précédents qui ont abouti à une impasse. Et pourtant, dit un proverbe : *si la musique change, changeons aussi le pas de danse* ! Bien évidemment, comme la musique ne change pas, on peut deviner la suite.

Les activités dites de « transformation » annoncées dans cette seconde phase de l'industrialisation vont bénéficier de mesures de protection et d'encouragement prises par les pouvoirs publics dans le cadre des accords régionaux ou internationaux. La production d'aluminium se poursuivra tout de même, mais avec des résultats en deçà du potentiel. Son intégration en aval restera limitée comme par le passé, par une offre critique d'énergie électrique. Somme toute, l'essor de la métallurgie et la mise en valeur des ressources minières se heurtent toujours au coût très élevé des processus d'exploitation, à l'enclavement des bassins miniers et à l'absence de PMI/PME locales spécialisées dans la sous-traitance de produits miniers. Les industries de première transformation des produits agricoles évolueront au rythme des faibles excédents dégagés de la consommation des ménages. Les pénuries et les discontinuités dans l'approvisionnement en produits bruts auront longtemps freiné le développement de l'industrie agroalimentaire.

LA POLITIQUE DE SOUTIEN AUX PME/PMI SE RENFORCE

L'émergence et la consolidation d'un tissu de **PME/PMI** seront soutenues par un organisme créé en 1970, le Centre d'Assistance aux Petites et Moyennes Entreprises (CAPME). Cette institution placée au cœur de dispositif d'appui technique est dotée de compétences diversifiées. Plus précisément, elle se chargera :

1. D'identifier des projets, d'assister leurs promoteurs tout au long du processus d'investissement et d'exploitation de l'entreprise ;
2. De mener des études de marché et de faisabilité, la recherche de partenaires, le choix des produits, la stratégie commerciale, le calcul du prix de revient ;
3. D'assurer la démarche de création : conception, choix des équipements et des procédés de fabrication, dessin industriel, tests de fiabilité, maintenance des équipements ;
4. De configurer la gestion comptable, des stocks et du personnel, le diagnostic financier, l'étude de rentabilité ;
5. De programmer la formation des chefs d'entreprises et le perfectionnement professionnel du personnel.

L'activité de planification qui manquait aux missions du CAPME sera intégrée au FOGAPE (Fonds d'Aide et de Garantie aux Petites et Moyennes Entreprises). Cet organisme est donc créé pour soutenir financièrement les PME ; il devra :

1. Accorder des garanties aux crédits consentis aux PME ;
2. Prendre des participations dans le capital des PME ou consentir directement des prêts participatifs ;
3. Contribuer à la réalisation des études des projets intéressant les PME ;
4. Apporter l'assistance en formation, information, conseil et comptabilité.

Mais en dépit de son haut degré de sollicitation et d'utilité, le CAPME sera sacrifié sur l'autel de la crise au prétexte des réformes structurelles proposées par le FMI et la Banque Mondiale. L'on aura ainsi *jeté le bébé avec l'eau du bain.*

Le PQ3 va aussi s'appuyer sur deux leviers :

1. La compétitivité des entreprises en rivalité sur les marchés régionaux ; et
2. La compétitivité des pouvoirs publics appelés à convaincre des investisseurs, en créant un environnement incitatif.

C'est ainsi que commence à s'esquisser la vision à long terme de la politique industrielle. À partir de ce tournant, les stratèges du système portent leur intérêt sur les marchés internationaux pour rechercher des partenaires et des débouchés. L'industrialisation par promotion des exportations (IPE) est ainsi adoptée, même sans le claironner, pour compléter l'industrialisation par substitution des importations (ISI). La réussite de ce mix stratégique sur le long terme sera rendue possible par trois facteurs essentiels :

1°) les énormes potentialités en ressources naturelles, humaines et financières, ainsi que les possibilités offertes par les équipements industriels et l'infrastructure acquise ou programmés ;

2°) la demande de plus en plus importante et diversifiée des produits finis ou semi-finis à usage domestique ou industriel susceptibles d'être fabriqués au Cameroun.

3°) la collaboration avec des pays africains de niveau industriel comparable et qui sont confrontés aux mêmes problématiques, pour une recherche concertée des voies de sortie.

Dès lors, un bond en avant devient probable, mais sous contraintes de :

- Production d'énergie en quantité suffisante et à des tarifs incitatifs ;
- La valorisation de plus en plus poussée des produits primaires.

Tableau 23 : Les exportations des principaux produits

	1963 / 1964		1970 / 1971		Indice en valeur
	Quantité (tonnes)	Valeur (millions F)	Quantité (tonnes)	Valeur (millions F)	
Produits des industries agricoles					
Café robusta	34 500	4 968	59 000	8 673	175
Café arabica	13 230	2 593	19 000	4 161	160
Huile de palme	10 200	561	15 000	765	136
Thé	316	76	930	233	307
Coton fibre	15 920	2 181	26 200	3 589	165
Caoutchouc	9 110	1 057	16 800	1 949	184
Beurre de cacao	5 380	1 609	10 850	3 244	202
Cacao masse	6 000	144	11 550	277	192
Produits des autres industries					
Ciment			18 000	340	
Chocolat – confiserie			1 410	592	
Bois sciés (m3)	16 764	285	25 000	425	149
Bois déroulés	20 593	216	34 600	363	168
Contreplaqués – Lattés			31 300	1 565	
Aluminium	43 000	4 515	52 000	5 460	121
Huile de coton	900	57	1 650	104	182
Huile d'arachide			3 200	350	
Parfumerie	100	33	800	260	788

Source : ministère du Plan et de l'Aménagement du territoire /SOPECAM.

Tableau 24 : Évolution de la production des principales cultures (en tonnes)

CULTURES	ANNÉE				
	2004	2005	2006	2007	2008
Coton	306 000	208 000	184 000	179 149	111 468
Cacao	158 826	182 959	191 590	212 619	229 203
Café	56 265	43 859	45 622	47 792	50 687
Caoutchouc	54 523	58 689	61 736	46 807	53 477
Ananas	48 424	100 319	106 349	116 710	127 070
Banane douce	797 739	929 950	969 967	1 024 004	1 078 041
Banane Plantain	1 314 898	2 012 548	2 175 434	2 338 036	2 500 639
Haricot/Niébé	199 868	234 218	248 180	259 411	270 642
Arachide	225 720	346 448	414 046	449 123	484 199
Huile de palme	172 047	198 325	205 318	215 462	225 606
Igname	286 494	343 270	366 808	383 212	399 615
Patate douce	190 071	206 477	221 342	211 037	235 728
Maïs	966 106	1 050 396	1 249 489	1 322 160	1 394 832
Mil/sorgho	607 814	828 832	917 107	977 250	1 023 327
Manioc	2 092 763	2 393 801	2 652 176	2 767 455	2 882 734
Pomme de terre	142 407	133 811	142 118	143 568	145 018
Riz pluvial	49 958	58 369	64 525	68 267	72 009
Tomate	408 064	488 790	522 251	548 418	572 219

Source : DESA/MINADER, 2010.

En dehors de l'exportation des produits agricoles semi-transformés, le quinquennat est marqué par une augmentation en diversité des produits d'autres industries. On note une évolution appréciable des produits à base du coton notamment les tissus, la confection et la bonneterie. L'exportation de l'aluminium des tôles ondulées et laminées augmente de façon sensible. L'identification des possibilités d'implantation de nouvelles unités industrielles est bouclée, en particulier pour :

1. La fabrication des produits semi-ouvrés et l'approvisionnement des marchés extérieurs en biens intermédiaires, ou en produits finis ;
2. Le montage, l'assemblage et la finition d'éléments complexes des industries de pointe ;

3. La recherche par les pouvoirs publics ou en association avec les entreprises privées, des marchés à l'export dans le cadre des accords ACP-CEE ;
4. L'ancrage progressif de l'industrie dans l'économie : les échanges interentreprises, interbranches et intersecteurs, l'épargne locale orientée vers les investissements industriels, la diversification de la formation professionnelle dans des métiers de l'industrie ;
5. L'aménagement de zones industrielles pour faciliter l'installation des promoteurs étrangers et la suppression de l'incertitude concernant la viabilité des sites industriels.

C'est dans ce contexte que la MAGZI (Mission d'Aménagement et de Gestion des Zones Industrielles) fut créée en 1971. Dans le même train de mesures, il est envisagé la création d'un Bureau d'études de projets au MINDIC (Ministère du Développement Industriel et Commercial). Cette structure était chargée d'analyser les aspects économiques, financiers et technologiques des projets industriels. Les études de marché et de faisabilité étaient devenues systématiques pour accompagner chaque demande d'agrément au financement d'un projet. Cette démarche deviendra mécanique par la suite et aboutira à la reproduction à l'identique des études sans égard aux spécificités inhérentes au leadership, au management et à l'environnement de l'entreprise. Toutefois, ces expertises ont permis à l'État de mesurer l'intérêt social et économique que les projets industriels envisagés représentaient pour le pays. Elles constituaient aussi un instrument utile à la promotion industrielle en même temps qu'elles fournissaient aux entrepreneurs intéressés, des renseignements pour l'appréciation du risque et de la profitabilité anticipée des investissements.

Même la diplomatie vint au secours de l'industrie. L'État créa des missions économiques en Europe et en Amérique du Nord, oubliant les pays en voie d'émergence d'Asie ou d'Amérique latine avec lesquels les écarts de performance industrielle étaient plus ténus et susceptibles de faciliter la complémentarité des savoirs et des expériences. Bien plus, l'apport de ces missions à la promotion industrielle n'a jamais été évalué. Avec un certain recul, il se trouve que ce furent des créations de prestige, plutôt budgétivores et sans une réelle vision.

CONCLUSION

Comme pour les prévisions industrielles du PQ2, celles inscrites au PQ3 auront eu du mal à se réaliser malgré l'enthousiasme retrouvé grâce à la révision stratégique qui a catalysé le virage vers l'industrialisation par promotion des exportations. Le stress énergétique va continuer à démotiver les acteurs industriels. Il sera aggravé par le renchérissement du cours des hydrocarbures provoqué par la Guerre du Kippour d'octobre 1973. Fait inédit dans l'histoire, les représailles contre Israël et ses alliés ont pris la forme d'un embargo décidé par l'Organisation des Pays arabes producteurs et exportateurs de Pétrole (OPAEP), celui d'augmenter le prix du baril (de 2 à 10 dollars) en quelques mois. Ceci aura mis à mal nombre d'économies et remis en cause les tendances lourdes de planification. Ce fut le premier choc pétrolier qui a fortement compromis les perspectives de développement industriel du Cameroun. Cette crise, en alourdissant la facture pétrolière, n'a fait qu'exacerber le déficit chronique d'énergie et aggraver les déficits en réalisation des projets à travers le renchérissement d'inputs importés pour l'industrie.

CHAPITRE IX

LE QUATRIÈME PLAN QUINQUENNAL DE DÉVELOPPEMENT (PQ4) : 1976 – 1981

Le diagnostic posé par le planificateur à l'entame du PQ4 est sans complaisance : *le ralentissement du développement industriel malgré ses potentialités* avec pour cause :

1. L'insuffisance de la production d'énergie ;
2. La faible intégration du secteur industriel dans l'économie ;
3. L'absence d'information, de promotion, d'incitations en faveur de la décentralisation industrielle ;
4. La contribution insuffisante de l'épargne privée locale au secteur industriel ;
5. L'insuffisance du transfert des capitaux dans le secteur industriel ;
6. La faible compétitivité des industries existantes, résultant elle-même de la conception et du dimensionnement des entreprises.

Pour ces six maladies diagnostiquées, les unes chroniques ou héréditaires, et d'autres émergentes, plusieurs thérapies ont été envisagées, y compris celles déjà testées au cours des PQ antérieurs. La nouvelle ordonnance comprend quatre médicaments :

1. La production de matériel lourd pour la consommation des industries de biens intermédiaires ;
2. La promotion d'un artisanat moderne ;
3. La promotion des activités industrielles à capitaux et gérants camerounais ;
4. La création d'un environnement structurel et infrastructurel apte à accueillir les projets de développement.

Pour mettre en cohérence les relations État-secteur privé dans ce contexte, des liens de solidarité et un climat de confiance devraient se consolider par :

- La mise à la disposition de la Société Nationale d'Investissements, de moyens financiers plus accrus ;
- La création de domaines industriels pour favoriser la multiplication d'entreprises à gérants nationaux ;
- La recherche par les pouvoirs publics ou en association avec les entreprises privées, de marchés nouveaux à l'exportation.

Tableau 25 : Le schéma financement du PQ4

FINANCEMENT PRÉVU	MONTANT EN MILLIONS DE F CFA
Ressources publiques propres	144 696
Ressources publiques d'emprunt	327 356
Subventions extérieures à l'État	28 000
Ressources privées	184 948
Total financement extérieur	355 356
Total Ressources attendues	685 000

Source : Ministère de l'Économie et du Plan, financement du PQ4, page 230

Financièrement, le PQ4 va coûter 685 milliards F CFA, soit près du double du PQ3. Sur les 327.3 milliards programmés au titre des emprunts publics, 187,3 milliards (plus de la moitié) seront rétrocédés aux entreprises du portefeuille de l'État. La gestion des finances publiques qui s'améliore d'un quinquennat à l'autre permet l'accroissement d'une épargne budgétaire qui évolue au taux annuel de 7 % ; elle représenterait 105 milliards F CFA en volume à l'horizon du plan selon les anticipations.

Aussi, l'autofinancement des entreprises publiques s'élèverait à 39,7 milliards F CFA dans cet intervalle de cinq ans ; ceci témoigne de la robustesse retrouvée de l'économie, mieux équipée pour gérer le second choc pétrolier de 1979, consécutif à l'éclatement de la guerre Iran-Irak. Cette fois, le prix du baril partira de 10 dollars et atteindra les 20, 30, puis 40 dollars. Il ne redescendra plus jamais en dessous de ces niveaux historiques.

L'ÉPUISEMENT DE L'APPUI AUX PME

À la suite d'une évaluation mixte en 1983, il a été reconnu que le FOGAPE

- N'est pas à la hauteur des objectifs fixés ;
- N'a pas de bonnes solutions aux difficultés des PME ;

- N'a pas suffisamment les moyens humains, matériels et financiers pour ses missions ;
- Est faiblement relié au secteur privé.

Or, même le FOGAPE réorganisé en 1984, ce mécanisme ne survivra pas aux tares managériales décriées. Bien plus, l'insuffisance de vision et de leadership, la faible maîtrise de son implantation provinciale et l'inefficace coordination institutionnelle auront signé son arrêt de mort. Les pratiques de gouvernance dominées par la corruption, le clientélisme, le favoritisme, les délits d'initié, les trafics d'influence et les collusions vont précipiter la disparition de ce précieux instrument. En fin de compte, le gouvernement décidera de sa dissolution et son remplacement par un hypothétique CIC (Crédit Industriel et Commercial) dont le démarrage effectif prendra une trentaine d'années. Ceci constitue un cas pathétique de *destruction non créatrice.* Cette période est aussi celle de création d'unités industrielles de grande taille.

Tableau 26 : Les créations d'entreprises et d'emplois de 1975 à 1980 ; capital en 10^6 F CFA

	SOCIÉTÉS	Capital social	Domaine d'activité	Effectif
1	SODERIM	1 535	Céréales	400
2	CCFI	2 200	Alimentation	120
3	MILKY WAY	600	Lait	102
4	NOBRA	5 000	Brasserie	507
5	SOCAPROD	600	Boisson	256
6	SAFTL	200	Textile	30
7	SOLICAM	930	Textile	265
8	CELLUCAM	15 000	Pâte à papier	950
9	ECAM PLAQUAGE	406	Bois	150
10	SAT PLASTIQUE	230	Plastique	71
11	SONARA	4 000	Chimie pétrole	335
12	MICHLER METALU	150	Mécanique	100
13	GITRAM	30	Mécanique	50
14	FAEM	30	Electroménager	202
TOTAL		29 131		8 277
MOYENNE		2 080,78		591,21

Source : fichier industriel de SYNDUSTRICAM.

29 milliards de F CFA ont été investis pour créer 14 entreprises de tailles variées et dans différentes branches d'activité, au coût moyen de deux milliards contre 591 emplois en moyenne par entreprise. Ce fut une preuve de l'ambition industrielle dont le Cameroun se nourrissait désormais. Ces chiffres sont bien entendu gonflés par le poids du dinosaure CELLUCAM. Ainsi, des quatorze entreprises créées, les plus importantes d'entre elles ont été liquidées dans l'enfance : CELLUCAM et SODERIM dans le secteur public, NOBRA et FAEM dans le privé, jetant ainsi dans la rue des milliers de travailleurs et paupérisant à la fois travailleurs, sous-traitants et populations riveraines vivant de petites activités commerciales et artisanales opportunistes. Trente ans plus tard, moins de 40 % de ces entreprises ont survécu. Certaines ont été emportées par la crise et d'autres, sinistrées par l'incapacité stratégique et managériale des gestionnaires.

CONCLUSION

Il est une chose d'avoir des capitaux et des ambitions pour créer et piloter des entreprises ; mais la réussite dépend des capacités de gestion et d'adaptation aux fluctuations erratiques de la conjoncture. Visiblement, les managers camerounais ne semblaient pas assez outillés (s'ils le sont déjà) pour affronter, puis vaincre le risque lié à l'investissement et à l'incertitude macroéconomique. Certains d'entre eux auraient misé sur les complicités avec le fisc et la douane pour faire du business ; mais la fraude n'a jamais été un complice durablement fidèle sur lequel bâtir un plan d'affaires.

CHAPITRE X

LE CINQUIÈME PLAN QUINQUENNAL DE DÉVELOPPEMENT ÉCONOMIQUE SOCIAL ET CULTUREL. (PQ5) : 1981-1986

Le bilan des quatre plans précédents indique que les objectifs de la politique de substitution aux importations n'ont pas été atteints. Même la conjugaison avec la promotion des exportations n'y changera pas grand-chose. La volonté d'impliquer les nationaux au développement industriel et de promouvoir l'exportation des produits fabriqués au Cameroun n'aura pas non plus fait bouger les lignes. Aussi, l'offre chroniquement déficitaire d'énergie et l'évolution imprévisible de la conjoncture mondiale rendront hors de portée l'atteinte des objectifs industriels. Le cinquième plan quinquennal démarre alors que le Cameroun produit et exporte du pétrole depuis trois exercices budgétaires, et que le monde subit les affres du second choc pétrolier. Une nouvelle stratégie en deux volets est adoptée pour munir le tissu industriel de pare-chocs, mais aussi pour valoriser les ressources du terroir ; celle-ci porte sur :

1. La mise en place d'une industrie autonome, autoentretenue, intégrée, maîtrisée par les nationaux et peu sensible aux aléas conjoncturels externes ;
2. La valorisation sur place des principales richesses naturelles.

À cette époque, les industries métallurgiques sont en plein essor, à l'instar d'ALUCAM, SOCATRAL et ALUBASSA. Les industries chimiques sont peu diversifiées et dominées par la société nationale de raffinage du pétrole (SONARA), PLASTICAM pour les matières plastiques, le Complexe Chimique Camerounais (CCC) pour la savonnerie et la parfumerie, l'Union Allumettière Équatoriale (UNALOR), pour la fabrication des allumettes. Les industries alimentaires et les agro-industries sont en croissance constante ; le cas de CHOCOCAM (Chocolaterie Confiserie du Cameroun), SOSUCAM (Société Sucrière du Cameroun), SOCAPALM (Société des Palmeraies du Cameroun), CDC (Cameroon Development Corporation) et SABC (Société Anonyme des Brasseries du Cameroun). Les industries de matériaux de construction et d'ameublement sont dominées par les Cimenteries du Cameroun (CIMENCAM), les Contreplaqués du Cameroun (COCAM), la Société Forestière Industrielle de Doumé (SFID).

La CICAM (Cotonnière industrielle du Cameroun), SODECOTON (Société de Développement du Coton) et BATA (Société Anonyme des Chaussures) sont en position de monopole dans les branches du textile, du cuir et de la chaussure. Nonobstant sa grande diversité, l'industrie camerounaise est handicapée par de nombreux problèmes d'ordre interne et externe parmi lesquels une lente évolution de la valeur ajoutée du secteur secondaire, l'augmentation à un rythme constant de celle des industries brassicoles et manufacturières, qui ne parviennent pas à propulser la croissance de l'économie nationale.

Tableau 27 : Évolution de la valeur ajoutée du secteur secondaire de 1980/81 à 1983/84 (en milliards FCFA courants)

SECTEUR	1980/81	1981/82	1982/83	1983/84
Industries extractives	201,5	263,1	400 ;5	520,5
Industries manufacturières	173,7	247,0	290,9	358,5
Électricité, gaz et eau	17,5	22,2	30,1	35,2
Bâtiments et T.P.	103,3	125,0	145,8	192,6
PIB du secondaire	496,0	657,3	867,3	1 106,8
PIB total	1 796,5	2172,8	2618,0	3105,0
Part PIB secondaire sur PIB total	27,6 %	30,3 %	33,1 %	34,6 %

Source* : *DSCN *; (cf. PQ6, page 133, le bilan du PQ5)*

Au regard de ces performances relativement modestes, une politique d'autonomisation industrielle est mise en place. Elle s'inspire de la théorie de croissance endogène de Levine et Romer (1986), Barro et Lucas (1988), basée sur le capital humain et financier formé localement.

ENCADRE N°3 La théorie de la croissance endogène

Objet des travaux de Barro, Lucas, Levine, Romer, cette théorie montre que les facteurs de production peuvent, à travers des externalités positives, être source de croissance. Ce sont : l'investissement en capital physique, en capital public et en capital humain, l'apprentissage par la pratique (learning by doing), la courbe d'expérience, la division du travail et les innovations technologiques. La croissance est endogène au sens où elle ne dépend que des seuls comportements des agents et des variables macroéconomiques.

Le schéma théorique du développement autocentré professé par l'approche libérale affirme : *« dans de petits pays, le développement autocentré n'est pas l'autarcie, mais la volonté de faire fonctionner les échanges extérieurs au service du processus d'accumulation d'un surplus agricole réinvesti dans un développement industriel, principalement orienté vers la satisfaction des besoins internes d'équipement et de consommation. L'articulation agriculture-industrie y reste l'axe privilégié du processus de développement*[47] *»*.

Ce PQ5 est marqué par un fait nouveau : à la suite de l'amélioration continue du revenu per capita, le Cameroun est reclassé à la fin de l'année 1983, de sa position de pays à faible revenu, à celui de pays à revenu moyen. En conséquence, l'État devient éligible aux marchés financiers internationaux. Cependant, ses autorités ont peur d'alourdir la charge d'endettement et orientent la coopération au développement vers des pays islamiques et des organismes susceptibles de leur accorder de l'aide à des conditions de faveur, ou des prêts concessionnels.

Ces crispations n'ont évidemment pas payé dans la mesure où c'est en ce moment-là qu'il fallait contracter des emprunts audacieux pour investir dans la production d'énergie, la construction des infrastructures économiques et de désenclavement des bassins miniers ou agricoles. Ainsi, la politique d'endettement sur le marché privé restera-t-elle comme par le passé, guidée par la prudence et les anticipations frileuses des taux d'escompte. Aussi, les emprunts obtenus n'étaient-ils pas toujours orientés vers des projets à fort potentiel de profitabilité pour garantir leur amortissement. S'agissant de la dette indirecte, la politique d'octroi des avals par l'État à différents organismes et entreprises sera de plus en plus encadrée afin d'éviter d'engager durablement l'État à

[47]. Giraud P.N. (1983) : « Géopolitique des ressources minières » ; Economica ; Paris, pp.658-660.

assumer le risque de certains établissements publics ayant une structure financière chroniquement déséquilibrée.

DU FINANCEMENT DU PQ5

Le secteur public apportera 60 % des 1 380 milliards F CFA (le double du PQ4) prévus. La logique du doublement des crédits d'un plan à l'autre est à nouveau respectée : 380 milliards (27 %) proviendront de l'extérieur, contre 52 % au PQ4. La dépendance vis-à-vis de l'extérieur diminue ainsi de moitié parce que le développement endogène devient une réalité dans la programmation financière. Le financement par le secteur privé coûtera 13 %.

Tableau 28 : Ressources du système monétaire (moyenne mensuelle en milliards F CFA courants).

ANNÉE DÉSIGNATION	1980/81	1981/82	1982/83	1983/84	1984/85
Masse monétaire	316.8	403.9	478.6	592.5	739.4
Total ressources monétaires	365.7	461.6	561.8	723.6	882.9
Avoirs extérieurs nets	14.4	19.5	7.8	64.0	139.3
Créances nettes sur l'État	-72.6	-112.7	-140.4	-139.5	-64.9
Créances à l'économie	423.9	584.8	694.4	799.2	808.5
Total contreparties ressources monétaires	365.7	461.6	561.8	723.6	882.9

Source : BEAC/MINPAT ; page 20, du Sixième Plan quinquennal portant évaluation du PQ5

Tableau 29 : Contreparties du système monétaire (en milliards F CFA constants)

ANNÉES DÉSIGNATION	1981/82	1982/83	1983/84
Dette publique directe	96.70	191.40	165.30
Service de la dette publique	26.00	30.00	46.00
Exportations biens et services	434.80	547.50	646.50
Produit intérieur brut	2 172.80	2 618.00	3 191.00
Ratio dette directe/ exports %	5.97	5.47	7.11
Ratio dette directe/ PIB en %	1.20	1.10	1.40

***Source** : MINFI/MINPAT ; PQ6, page 28.*

Ces deux tableaux montrent que le cinquième PQ s'est achevé dans l'euphorie, tous les indicateurs macroéconomiques étant largement au vert :

1. L'ensemble des ressources monétaires a plus que doublé en cinq ans ;
2. Les avoirs extérieurs culminent à un niveau historique en 1985 à 139,3 milliards ;
3. Les créances nettes sur l'État se contractent très fortement avec un niveau de remboursement inégalé de la dette publique intérieure et extérieure ;
4. Les crédits à l'économie s'accroissent à un rythme soutenu, soit 91 % en 1984/85 par rapport à 1980/81 ;
5. Les exportations des biens et services dans l'ensemble se portent bien avec une bonne contribution des matières premières : 20 à 21 % du PIB entre 1981/82 et 1983/84 ;
6. Le ratio de la dette publique directe rapporté au PIB reste encore faible et le service de la dette largement soutenable au regard des recettes d'exportations (7.1 % du PIB en 1983/84), contre 5.4 % en 1982/83.

Un contexte aussi euphorique et de bonnes perspectives de taux de profit ne pouvaient qu'attirer d'importants investissements privés nationaux et étrangers.

Tableau 30 : Les créations d'entreprises et d'emplois de 1980 à 1985

	SOCIÉTÉS	Capital social	Domaine d'activité	EFFECTIF
1	International Brasserie	2 400	BRASSERIE	700
2	SITABAC	1 200	TABAC	302
3	SOCARTO	400	PAPIER	100
TOTAL		4 060		1 102
MOYENNE		1 152, 33		367

Source : fichier industriel de SYNDUSTRICAM.

Ces unités industrielles à capitaux majoritairement privés ont, en dépit de leur caractère polluant, suscité un grand espoir en ce qui concerne les offres d'emplois. Cet espoir sera cependant de courtes durées et va tourner à la désillusion. Au bout du compte, il n'y a pas eu de « success stories ». Par contre, la colère des actionnaires floués et le désespoir des salariés, des clients et fournisseurs qui ont misé gros sur ces « Business Angels » atypiques, étaient à la hauteur des espoirs suscités.

CONCLUSION

La situation financière du pays à la clôture du PQ5 est saine et même très confortable. Le reclassement du Cameroun au rang des pays à revenu intermédiaire était à sa portée. Paradoxalement, le PQ6 qui démarre en juillet 1986 sera celui de toutes les désillusions. Neuf mois seulement ont suffi pour que le précieux document du Plan soit classé dans les tiroirs de l'histoire ; il ne sera désormais consulté que par des chercheurs et de curieux nostalgiques. Et c'est ainsi que le pays entama sa descente brutale dans la nuit des pays pauvres très endettés (PPTE) ; il lui faudra plus de deux décennies pour amorcer une lente et timide remontée.

CHAPITRE XI

LE SIXIÈME PLAN QUINQUENNAL (PQ6) OU LE PLAN DU RENOUVEAU CAMEROUNAIS : 1986-1991

À l'occasion de la présentation du sixième plan quinquennal devant les députés à l'Assemblée nationale en juillet 1986, le Président Paul BIYA donnait ses premières orientations de planification du développement depuis son accession à la magistrature suprême. Il déclarait alors : *« le Cameroun poursuit résolument sa marche irréversible à la rencontre historique du grand destin qui l'attend »*. Cette vision était partagée par tous les économistes, analystes ou prévisionnistes, et nul ne pouvait présager ce qui allait se passer neuf mois plus tard dans ce pays dont la crédibilité et la solvabilité extérieures étaient solidement établies, et un PIB croissant au taux annuel de 6.7 %.

Quatre types de financement seront à rechercher :

1) Les subventions ;
2) Le crédit d'État à État (actuellement les fonds souverains) ;
3) Le crédit acheteur, et
4) Le crédit financier.

À cette époque, il est clairement admis que le Cameroun ne pourrait recourir qu'exceptionnellement au marché financier pour ses investissements. Ce choix était fondé sur le confort que procurait le matelas des recettes d'exportation des matières premières ainsi que sur la solidité des réserves de change. Mais, c'était sans compter avec les évolutions erratiques du cours des devises et plus particulièrement du dollar américain. Les anticipations rationnelles seront donc contrariées par la volatilité des prix des produits de base et l'effondrement du dollar dérivé de l'ultralibéralisme du Président Ronald Reagan aux États-Unis, et du Premier ministre britannique, Margaret Thatcher. Ce fut le début d'une crise économique mondiale dont les conséquences vont affecter l'économie globale. Son coût économique, social et humain sera sans précédent par la profondeur et la durabilité des effets sur le Cameroun. Sans y être préparées, les autorités économiques publiques conseillées par le FMI et la Banque Mondiale envisagent une stratégie financière en trois volets :

- Stabiliser les finances publiques ;
- Redéfinir la politique nationale d'endettement, et
- Définir les conditions les meilleures de recours à l'emprunt extérieur.

Pour la première fois, des mesures budgétaires différentes de celles déjà connues se mettent en place. Il s'agira désormais de :

1. Inscrire des fonds de contrepartie avant l'entrée en vigueur des conventions de prêts extérieurs ;
2. Équilibrer le budget à partir des ressources d'origine interne ;
3. Sauvegarder la solvabilité extérieure à court terme grâce à un ratio du service de la dette évoluant dans les limites raisonnables (sans préciser lesquelles !).

Malgré ces précautions, l'on s'apercevra que la charge de la dette sur les recettes publiques va doubler en moins de dix ans, passant de 7,3 % (1982/83) à 14 % (1990/91). Par contre, l'épargne nette est très consistante en volume sur la décennie (529,9 milliards en 1982/83, 731 milliards en 1990/91), soit un taux d'accroissement annuel moyen de 6,3 %. Cette épargne aurait pu renforcer les ressources d'investissement qui, bien qu'ayant augmenté à un taux moyen de 7,3 %, restaient assez faibles en volume par rapport aux besoins. Concrètement, il n'y avait presque pas de projets nouveaux inscrits dans le cadre du PQ6, et c'est une démarche budgétaire de court terme qui sera mise en place.

Tableau 31 : Évolution des finances publiques (en milliards F CFA constants de 1983/83)

	1982/83		1986/87		1990/91	
	Montant	%	Montant	%	Montant	%
Impôts et taxes + Redevance pétrolière	203,2	49,6	279,5	52,0	332,6	54,0
Droits de douane et droits indirects	143,7	35,0	177,3	33,0	184,8	30,0
Enregistrement, timbre et curatelle	19,0	4,6	21,9	4,1	33,9	5,5
Autres recettes	44,1	10,8	58,7	10,9	64,7	10,3
Total recettes = Total dépenses	410,0	100,0	537,4	100,0	616,0	100,0
Dépenses de fonctionnement	256,7	62,6	338,6	62,6	351,1	57,0
Service de la dette	30,0	7,3	59,1	11,0	86,3	14,0
Dépenses d'Équipement	123,3	30,1	139,7	26,4	178,6	29,0

Source : MINPAT/MINFI ; page 317 du PQ6 et calculs de l'auteur.

LES PRÉVISIONS FINANCIÈRES DU PQ6

Le montant total des ressources financières à mobiliser au cours du PQ6 s'élève à 4 148 milliards F CFA (trois fois celui du PQ5). La contribution attendue de l'extérieur s'élève à 677,1 milliards F CFA, soit 16,3 % du financement global. En ce qui concerne le service de la dette publique extérieure, 59,1 milliards F CFA seront consacrés à la première année du plan, soit 11,0 % et 86, 3 milliards à la dernière année (1990/91) représentant 14 % des ressources globales du Plan. L'évolution calculée du service de la dette est alors modérée, au taux d'environ 3 % sur les cinq années.

PANORAMA DES INDICATEURS DE L'INDUSTRIE À LA VEILLE DE LA CRISE

Au 30 juin 1985, l'État actionnaire compte plus de 171 organismes dans le portefeuille SNI (Société Nationale des Investissements) qui pesait 689 milliards d'investissements cumulés et 900 milliards de chiffre d'affaires, soit 28,17 % du PIB de 1983/84. La valeur ajoutée industrielle est de 174 milliards F CFA et 43 758 emplois de toutes catégories, soit 17 % de la main-d'œuvre industrielle. La charge salariale des entreprises publiques est de 17,4 milliards F CFA (45 % de la masse salariale des industries manufacturières et extractives).

Le capital social du secteur industriel : 310 milliards F CFA, se répartit en part publique : 63,5 % (196,85 Mds F CFA) et 36,5 % (103,15 Mds F) pour le privé. Les impôts et taxes payés s'élèvent à 40 milliards F CFA soit environ 8 % du budget de l'État de 1983/84 (qui était de 520 milliards)[48].

DES NOUVELLES MESURES DE SOUTIEN AUX PME

La création du Crédit industriel et commercial reste une perspective toujours lointaine. Toutefois, il est prévu :

1. D'ajuster et renforcer les capacités d'intervention des organismes ;
2. De promouvoir une meilleure division du travail et la coordination institutionnelle ;
3. D'associer le secteur privé par des mécanismes de concertation ;
4. D'élargir les mesures réglementaires de soutien aux entreprises.

Le potentiel à développer des PME/PMI est inscrit au cœur d'une politique d'aménagement du territoire qui passe par les grands projets d'équipement ou de mise en valeur, le développement rural et la soutenabilité environnementale. La valorisation des matières premières locales devra se poursuivre pour conduire à un plan global de transformation des produits d'origine agricole : cacao, café, huile de palme, arachide, bois et produits dérivés. L'accent est alors mis sur le développement des industries de matériau de construction grâce à la valorisation du bois, de la pouzzolane et de l'argile ainsi que sur les industries électromécaniques à usage domestique, les infrastructures de communication, le développement de la téléphonie. En clair, rien de vraiment surprenant, sinon un rappel des vœux exprimés et inscrits au catalogue des mesures à prendre tout au long du parcours industriel du pays.

En conséquence, la stratégie industrielle du PQ6 n'apportera rien de nouveau, en dehors de la sanctuarisation molle de l'import-substitution et de la promotion des exportations. Elle encourage sans y parvenir le développement de la normalisation, et l'exploitation des brevets et

48 . Bilan diagnostic du PQ5 et SNI : première réflexion sur la rétrocession.

licences. Ces actifs incorporels n'ajouteront rien aux capacités opérationnelles ni au regain d'efficacité industrielle. Il faudra encore des années pour implémenter ces outils et, malgré leur adoption tardive, l'impact sera faiblement ressenti. Le Cameroun n'aura donc pas eu le bonheur d'exécuter son sixième plan de développement en raison du déclenchement inattendu d'une crise économique d'envergure mondiale.

CONCLUSION

L'industrialisation du Cameroun au PQ6 contraste profondément avec son potentiel. Avant la crise économique, l'administration et les entreprises du secteur public offraient des emplois et des revenus sans rapport, ni avec la productivité, ni avec les résultats comptables.

Des classes sociales commencèrent à se former, surtout la classe moyenne faite des cadres d'entreprises, de hauts fonctionnaires, des fournisseurs de l'État et de grands producteurs de produits agricoles de rente. Une certaine bourgeoisie se formait déjà, et le prolétariat n'était pas trop visible parce qu'il bénéficiait du « trikkle down effect » (effet de ruissellement) de la manne pétrolière et des prix rémunérateurs des produits de base. La monnaie se recyclait rapidement dans l'appareil circulatoire d'une économie nationale en bonne santé.

Or dès 1987 et par la suite, tout sera à refaire. La classe moyenne en gestation se décompose et tarde à se recomposer. La société camerounaise, duale, est désormais constituée de « pauvres et de non pauvres ». Les comptables nationaux, par pudeur ou par réalisme n'arrivant plus à établir des critères objectifs de richesse à cause de l'instabilité des fortunes. Et, plus que jamais, tous les regards sont fixés sur l'État de qui l'on attendait tout : la formation, l'emploi et le revenu ; ce fut la fin de l'État-providence !

CONCLUSION DES SIX PLANS QUINQUENNAUX

Les vingt-cinq ans d'économie planifiée et dirigée (1961 à 1986) ont installé les Camerounais dans une sorte de déterminisme, de fatalité, face à un avenir apparemment lisse et largement prévisible au regard de la réalisation des prévisions. Pour ces raisons, les planificateurs n'ont pas su gérer le risque et l'incertitude macroéconomiques survenus au début du PQ6. Le modèle d'industrialisation par substitution d'importations était adossé sur cinq piliers qui, séparément ou collectivement, n'ont produit que de maigres résultats par rapport aux espérances. Il n'aura pas réussi à :

1. Remplacer les importations par une production nationale ;
2. Diminuer la dépendance extérieure ;
3. Augmenter durablement le taux de croissance ;
4. Équilibrer la balance commerciale.

L'échec de cette approche proviendra du fait que la production nationale s'est heurtée à l'étroitesse du marché intérieur, les débouchés offerts par les pays voisins manquant de profondeur dans la mesure où leurs structures industrielles sont quasi identiques à celles du Cameroun. D'autres difficultés sont inhérentes à la mobilisation des financements, à l'importation d'équipements et d'inputs, et à la qualité de l'assistance technique étrangère intervenant dans l'industrie. À partir du troisième PQ, le modèle d'import/substitution a été croisé par l'industrialisation par promotion des exportations. On prétendait créer un effet de ciseaux par une diminution significative des importations et l'accroissement des produits manufacturés à exporter.

Cette double stratégie rencontre aussi ses limites puisque les pays limitrophes sont engagés dans une compétition ruineuse sur les mêmes produits. La création d'une Union douanière et économique en Afrique Centrale, l'UDEAC, n'a pas pu modifier les rapports de spécialisation ni la conquête des mêmes débouchés. Le planificateur camerounais aurait dû recourir à la stratégie décrite par Kaname Akamatsu[49] comme celle du vol d'oies sauvages, qui procède de l'ouverture contrôlée et en remontée des filières :

1re étape : production pour le marché intérieur et importation d'équipements ;

2e étape : fabrication sur place des biens d'équipement. Le pays construit sa propre production de biens de consommation qui entrent en

---

[49]. Kaname Akamatsu, né en 1896 à Fukuoka et décédé en 1974, économiste japonais, illustrant le processus de développement industriel que permet l'interaction entre un pays en développement et des pays plus avancés. Selon lui, l'évolution dans le temps des importations, de la production nationale puis des exportations d'un pays en phase de rattrapage économique évoque en effet un **vol d'oies sauvages, en V inversé**. Cette théorie est popularisée dans: "A Historical Pattern of Economic Growth in Developing Countries", Journal of Developing Economies, 1962.

concurrence avec les importations en s'appuyant sur le marché intérieur que la demande de biens importés a fait naître.

3e étape : exportation des biens d'équipement. L'industrie locale devient une force exportatrice, sa production s'homogénéise avec celle des pays industrialisés et la production locale de biens d'investissement se développe.

4e étape : déclin de l'exportation des biens de consommation. Le pays commence à exporter des biens d'investissement et devient une force dans la concurrence internationale.

Au Cameroun, cette stratégie de rattrapage rapide s'est heurtée au manque de clarté sur le rôle des politiques publiques et à la nature des financements du développement à mobiliser. La crise économique qui surprend les prévisionnistes en 1987 va durablement installer le Cameroun dans la recherche hasardeuse d'un modèle économique pertinent. Or, ni les modèles conjoncturels, ni le programme d'ajustement structurel, ni les annulations de dettes et la stratégie de réduction de la pauvreté, et encore moins la stratégie pour la croissance et l'emploi n'ont pu apporter l'efficacité rêvée face à l'ampleur des déséquilibres qui s'additionnent. C'est ici qu'apparut **la désillusion**.

TROISIÈME PARTIE

LA DÉSILLUSION : 1986-2009

« J'ai rêvé de mille nouveaux chemins. Je me suis réveillé, et j'ai repris le mien ».

Proverbe chinois

INTRODUCTION

La fin de l'année fiscale 1985/86 et le lancement du sixième plan quinquennal en juillet 1986 n'ont laissé transpirer aucun signe d'occurrence d'une crise économique sévère. Le niveau des agrégats macroéconomiques était tellement rassurant que la perspective d'un grand bond en avant ne faisait plus de doute tant pour les décideurs que pour les observateurs nationaux ou internationaux. Et pourtant, alors que les planificateurs surfaient sur une bulle financière, une grave rupture systémique intervint dès le premier semestre de l'année 1987. Dès l'apparition des premiers signaux de ce grand bouleversement, les choses vont aller très vite, plutôt très mal.

Avec l'arrêt précipité des engagements sur le budget de l'État de l'exercice trois mois avant sa clôture fixée au 30 juin 1987, des mesures de pompiers seront essayées pour trouver une voie de sortie, mais souvent dans le tâtonnement, dans l'incertitude. De ces mesures de courte vue, il y eut l'acharnement sur la réduction du train de vie de l'État réputé dépensier et insouciant, soupçonné de prodigalité et d'un haut degré d'incurie. Les responsables des finances publiques procédèrent donc à la contraction des ressources allouées au fonctionnement de l'administration publique pour l'assagir, croyait-on. Même les dépenses d'investissement seront fortement rognées, y compris celles des secteurs de la santé, de l'éducation et de la justice. Mais tout cela se passait sans une réelle visibilité, oubliant qu'il est *difficile de distinguer les couleurs dans le noir*.

Le coût économique, politique et humain de ces décisions va lourdement peser sur l'espérance de vie, la formation du capital humain et la gouvernance. Bien qu'à contrecoeur, les décideurs politiques et économiques se sont adossés sur le Fonds Monétaire international (FMI), se mettant à faire ce qu'interdit la sagesse : *« ne vénérez pas le guide, mais l'endroit où il vous mène »*. Dans l'impossibilité de corriger les erreurs du passé et leurs conséquences, l'urgence aura consisté à penser et à agir différemment ; mais comment ? Avec quelles chances de réussite ? À l'aide de quel moteur idéologique ? En se référant à quelle théorie de management ou de leadership ?

CHAPITRE XII

LE CHANGEMENT DE PARADIGME

La crise qui éclate par l'effet combiné de l'effondrement des prix du pétrole, de la dépréciation du dollar US et de l'érosion brutale des cours des produits agricoles (cacao, café, banane, bois, tabac), provoque une diminution de 50 % des recettes d'exportations qui chutent de 1102 milliards de F CFA en 1985/86 à 550 milliards F CFA en 1986/87. La dégradation de l'activité économique a eu des répercussions néfastes sur les recettes du Trésor public qui ont baissé de 40 % entre 1985 et 1987, tandis que la pression des échéances de paiements affolait les gestionnaires des caisses de l'État. Le déficit budgétaire pour la seule année 1986/87 était de 508 milliards, chiffre ramené à 214 milliards F CFA en 1987/88, grâce aux mesures d'austérité introduites dans la loi des finances.

Le ratio de l'encours de la dette publique par rapport au PIB est passé de 19 % en 1984/85 à 98,8 % en 1994/95. Dans le même temps, le ratio du service de la dette par rapport aux exportations faisait un bond de 11 % à 43 % tandis que les arriérés de paiements s'accumulaient sur les plans intérieur et extérieur. Au-delà de la détérioration des termes de l'échange d'environ 32 % entre 1986/87 et 1991/92, la crise révèle aussi l'inefficacité des politiques et des stratégies de croissance appliquées depuis 1960. Ces faiblesses se résument à :

- Une structure du commerce international dominée par l'exportation des produits primaires de faible valeur ajoutée ;
- Une industrie manufacturière tournée vers le marché domestique abrité de la concurrence étrangère par un arsenal de mesures protectionnistes qui ont créé des situations de monopole sans développer de réelles capacités de résilience ;
- Le cours très élevé du F CFA qui a contribué à renchérir les exportations camerounaises.

La combinaison de ces distorsions aura produit deux effets ravageurs, dont

1. L'encouragement, par le biais d'une monnaie surévaluée, à consommer des produits importés ;
2. Le développement d'une industrie d'import substitution intensive en capital et tournée vers les marchés domestiques dont la solvabilité s'est fortement dégradée.

Ce nouveau contexte fit les choux gras des conseillers des organisations de Bretton Woods qui imposèrent le programme d'ajustement structurel (PAS) comme remède miracle et unique voie de sortie de crise. Le malade Cameroun se résigna à suivre ce traitement sur génériques, puisque la même ordonnance était prescrite aux autres PED englués dans les difficultés similaires.

Tout en rangeant son plan quinquennal dans ses tiroirs, le Gouvernement s'est engagé dans la recherche de solutions alternatives en matière industrielle. C'est ainsi qu'avec l'appui technique et financier du PNUD et de l'ONUDI, il élabore en urgence et adopte en 1988, un plan directeur d'industrialisation (PDI) considéré comme une « boussole pour le pilotage méthodique et rationnel de l'industrialisation du pays[50]» ; dixit Paul Biya, dans la préface du PDI. Ce plan s'inspire largement du projet de société formulé dans son ouvrage : *Pour le libéralisme communautaire.* Ce PDI ne manque pas d'audace, au contraire ! Mais un plan n'est pas une politique. Le plan permet de fixer pour un horizon de moyen terme, l'évolution des agrégats économiques et des mutations qualitatives associées à cette évolution ; tandis qu'une politique économique intègre les différentes variables de modèles macroéconomiques sur lesquelles le décideur peut intervenir sur les court, moyen et long termes, pour fixer des objectifs et des priorités en matière de croissance, d'emploi, d'inflation et d'équilibre extérieur.

Au fond de la pensée du Président camerounais, la solution se trouverait dans *la liberté d'entreprendre, la fonction régulatrice d'un l'État démocratique et le devoir de solidarité.* La comparaison des contenus idéologiques du libéralisme planifié et du libéralisme communautaire est esquissée plus bas. Dans le PDI, *l'industrie constitue l'un des volets essentiels de la modernisation de l'économie camerounaise, juste après l'agriculture, considérée comme la priorité*

---

[50] Ministère du Plan et l'Aménagement du Territoire, ministère du Commerce et de l'Industrie : Le Plan directeur d'industrialisation du Cameroun ; Société de Presses et d'Édition du Cameroun, Yaoundé, 1987.

des priorités. Contrairement aux PQ successifs dont l'élaboration participative et inclusive s'appuyait sur les populations, les hiérarchies traditionnelles, politiques et administratives, le PDI *est à la fois une démarche concertée entre l'État et les opérateurs économiques, et un instrument privilégié d'intégration économique nationale dans ses dimensions sectorielles et géographiques.* En dépit de son caractère purement technique, le PDI n'aura pas réussi à inventer une nouvelle trajectoire. Il a encore ciblé des leviers tirés du passé à savoir :

- Le soutien aux PME et PMI ;
- La priorité aux industries agroalimentaires, animales et de pêche ;
- Le développement progressif de l'industrie lourde ;
- L'équilibre géographique des implantations industrielles ;
- La juste répartition des revenus générés par l'activité industrielle ;
- Une gestion écologiquement rationalisée ;
- La maîtrise de la science, de la technologie, et la recherche-développement.

Plus singulièrement, le PDI aura fixé des orientations de modernisation à moyen et long terme des activités dans les secteurs des matériaux de construction, de la métallurgie, de la sidérurgie, de la valorisation des ressources forestières et des hydrocarbures. Ce patinage artistique n'a pas échappé à la critique de certains experts, dont Boniface Mbala Mbala, économiste camerounais : « *Le PDI se limitait aux orientations, alors qu'il aurait dû indiquer les objectifs poursuivis et la provenance des moyens devant assurer son financement*[51] ». En tout état de cause, la logique qui sous-tend ce PDI fait des industries agroalimentaires, le premier choix de la démarche d'industrialisation du Cameroun. Ce choix qui est tout sauf une révolution est justifié par l'existence des avantages naturels alors que la théorie économique néolibérale demande de créer de nouveaux avantages comparatifs. Une autre rupture paradigmatique intervint à la fin de la décennie 90 ; ce sera le passage du programme d'ajustement structurel (PAS) au document de stratégie pour la réduction de la pauvreté (DSRP).

---

[51] . Mbala Mbala, Boniface (2010), dans un article du Journal Mutations, du 16/92/2010 : ''Panne sur les ressorts de l'industrialisation''. Une enquête de Pierre Célestin Atangana.

LA POLITIQUE INDUSTRIELLE ET LE DSRP[52]

Les années 90 sont marquées par une forte contraction des revenus des agents économiques (État, entreprises, ménages) et la perte de compétitivité industrielle coût et hors coût. Même l'effet de la dévaluation du F CFA de janvier 1994 qui a donné une légère impulsion aux exportations des produits agricoles et miniers, n'a pas suffi à créer un influx nerveux suffisant pour muscler une production industrielle exportable. Par réalisme, le gouvernement essayait de redimensionner ses ambitions en les ravalant à l'industrie manufacturière, comme s'il s'agissait d'une innovation stratégique ; la raison évoquée étant de : *favoriser la compétitivité générale et appuyer l'essor des filières agroalimentaires, textiles et de transformation du bois pour relever la contribution de l'industrie à la croissance.* Ces options sont déduites des études sur les Sources de la croissance et de la compétitivité réalisées suivant une approche filière, et orientées vers *« le développement des grappes de textile/confection, des industries avicoles, de la transformation tertiaire du bois »* (cf. Résumé exécutif du DSRP, page xii).

Mais, la réalité historique est que les études au Cameroun sont rarement déclinées en mesures opérationnelles. En outre, l'investissement dans l'industrie agroalimentaire est classé dans une perspective incertaine, car les produits bruts qui approvisionnent l'industrie sont aussi des aliments pour une population en croissance rapide. Les denrées disponibles sont aussi demandées par les ménages des pays voisins (Nigéria, Tchad, RCA, Gabon, Guinée). Selon Bernard Gauthier : *« Le PAS a introduit de profonds changements dans la stratégie d'industrialisation et l'environnement politique et économique des entreprises[53] ».* Une enquête dont il est l'auteur permet d'identifier les principales contraintes à la réussite des mesures d'ajustement préconisées.

---

52 Document de stratégie pour la croissance et l'emploi (août 2009) ; Gouvernement/MINEPAT.

53 . Bernard Gauthier : « Dynamique du secteur manufacturier africain en période d'ajustement structurel. Le cas du Cameroun. Revue Région et Développement n° 3-1996. Institut d'économie appliquée, École des Hautes Éudes Commerciales, Montréal, Canada.

Tableau 32 : Principales contraintes aux opérations et à l'expansion (en % des répondants)

CONTRAINTES	TAILLE DE L'ENTREPRISE					SECTEUR	
	Total	Micro	Petite	Moyenne	Grande	Informel	Formel
Manque de crédit	52	57	63	42	29	65	47
-Demande insuffisante	43	51	41	47	37	43	41
-Concurrence des		16	14	12	6	7	19
importations	16	0	7	7	6	0	8
Manque d'infrastruc.	14	14	15	7	23	17	13
-Prix des services	6	3	8	0	11	4	7
- Taxes	24	14	19	42	26	20	25
-Corruption	20	0	23	28	26	4	26
-Politique industr.	1	5	12	20	26	7	17
- Subventions		11	11	16	3	9	11
-Aide aux entreprises		8	9	7	0	11	6

Source : Bernard Gauthier, 1996

Tableau 33 : Taux moyens de croissance annuelle 1961- 1993

	1961/66	1967/71	1972/78	1979/86	1987/93
Taux croissance (%)	+ 4,1	+1,0	+ 6,4	+9,1	-5,0
PIB réel	-2,4	+4,6	+3,2	+5,2	-4,7
Agriculture	+16,0	+6,0	+6,4	+18,0	-6,1
Industrie	+17,3	+6,1	+2,7	+14,2	-7,7
Manufacture	+6,7	-2,8	+6,6	+7,7	-4,4
Services					
En % du PIB					
Agriculture	39,5	36,6	34,5	25,6	22,5
Industrie	15,4	16,7	16,8	31,9	30,1
Manufacture	0,5	10,5	10,1	10,6	12,9
Services	45,1	46,8	48,6	42,0	47,4

Sources : B. Gauthier, J. P LeGoff et L. Vallée[54] *(sous la direction de B. Gauthier) 1995.*

En dépit des crispations provoquées par autant de contraintes, la nécessité de proposer une autre façon de faire s'imposait d'elle-même ; mais le Président Paul BIYA, pour détendre le climat politique et des affaires, lance dès 2004 le slogan des **Grandes Ambitions.** La logique des cycles des Politiques publiques dont la configuration suit peut expliquer les incohérences identifiées dans le modèle industriel camerounais.

[54] . Sous la direction de Bernard Gauthier : Crise de l'État et le Secteur Manufacturier au Cameroun, et World Bank (1995), annexe I, tableau 19.

Le Cycle des Politiques publiques[55]

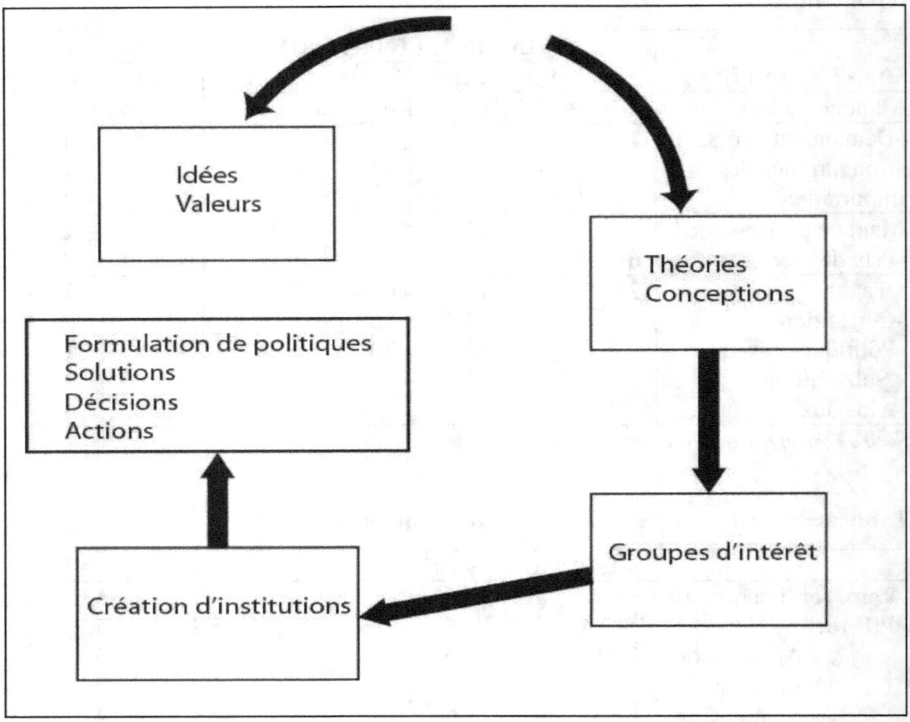

Source *: financement du développement et cohérence ; université Pierre Mendes France de Grenoble ; décembre 2008.*

Les idées et les valeurs prédéterminent la formulation des politiques, lesquelles constituent l'aboutissement d'un processus de dialogue entre groupes d'intérêt situés en amont des différents échelons politico-administratifs (local, national, régional, voire global) dans la création d'institutions habilitées à gérer ces politiques. La longueur d'un cycle dépend du choix idéologique, de l'appropriation sociétale des stratégies définies, de la réduction des contradictions et donc, de la qualité de gouvernance des institutions. La pertinence des solutions, décisions et actions ainsi que la coordination de leur mise en œuvre permettent de garantir la cohérence globale et les résultats d'un cycle de politique publique. Au Cameroun, les idées et les valeurs ne semblent plus conditionner la recherche de solutions d'une part et d'autre part, elles impactent faiblement les décisions et l'action publique. La validité de

---

55 Cours de *Gouvernance des Organisations pour le Développement international* (GODI) ; université Pierre Mendes France de Grenoble (UPMG).

ce schéma permet de consulter quelques prophéties dont la réalisation peut être vérifiée à la lumière du vécu dans certains pays. Pour Gunther Frank (1967), *« aucun pays satellite (*comme le Cameroun*) n'a jamais pu rejoindre le peloton des pays économiquement développés sauf en abandonnant le système capitaliste ».* Et de proposer *: « Si les masses dans les PED veulent échapper à la marginalité, la chaîne de dépendance doit être brisée ».*

CHAPITRE XIII

DES PLAIDOIRIES SUR LE PROCÈS EN INDUSTRIALISATION DU CAMEROUN

L'industrialisation est loin d'être un sujet isolé du fait que différentes intelligences s'y intéressent particulièrement : gouvernants, politiques, investisseurs, experts/consultants, universitaires, chercheurs, acteurs de la société civile. Le procès en industrialisation du Cameroun se déroule en plusieurs instances, mais l'éloquence du plaidoyer des avocats et l'accusation du ministère public ne permettent pas souvent aux juges de trancher. André SIAKA, Président du GICAM, reconnaît que

> *Si le pari n'est pas tenu, ce n'est pas faute d'avoir essayé*[56]. *Il affirme que les initiatives nationales n'ont pas dégagé les moyens nécessaires pour libérer les énergies et permettre aux quelques acteurs qui s'y sont risqués de réussir leur aventure industrielle. Nous aurons des raisons de recommencer à espérer si nous réussissons à susciter le débat.*

Le présent ouvrage s'inscrit dans cette logique de provocation du débat. Dans la même édition de la revue du GICAM, Oumarou SANDA affirme :

> *Le retard d'industrialisation du Cameroun a plusieurs causes qui tiennent à la fois à l'État et au secteur privé : le choix d'industries peu porteuses de croissance ; faibles en contenu local et peu gourmandes en main-d'œuvre. Elles confèrent une compétitivité factice assise sur un protectionnisme de plus en plus suranné. Par mimétisme et manque de vision, le secteur privé reproduit la même démarche que celle de l'État dans l'échelle des investissements*[57].

---

[56] André Siaka, ancien président du Groupement Inter patronal du Cameroun (GICAM) ; interview au Trimestriel de cette organisation consulaire en septembre 2002.

[57] Sanda, O. (2002) : directeur général d' Amity Bank Cameroon, dans une interview à la Revue Trimestrielle du GICAM en 2002.

Le diagnostic de M. Sanzouango renforce les prises de position qui précèdent :

Les entreprises industrielles camerounaises sont confrontées à plusieurs handicaps avec aux premiers rangs : l'organisation, la production, le commercial, la logistique, la qualité, qui ont plombé la compétitivité et installé la frilosité face aux nouvelles donnes de la concurrence mondiale. Ces handicaps ont créé des rigidités, la nostalgie du protectionnisme, les réticences à l'export, les incompréhensions avec le secteur bancaire[58].

Pour ABANDA KPAMA (2009),

Nous agissons par mimétisme et par flair. Nombre de dirigeants de PME n'ont pas toujours les compétences et l'expérience suffisantes pour gérer les entreprises dont ils sont les promoteurs. Plus inquiétante est la tendance observée à ne pas s'entourer de personnes qualifiées. Tous les grands projets industriels exécutés au Cameroun jusqu'alors ont vu écarter de la sous-traitance les PME camerounaises, et éviter à tout prix le moindre transfert de technologie.

Alain NKOYOCK prône

Le lancement d'une technopole basé sur les TIC ayant une vocation scientifique, technologique, industrielle, économique, artistique et culturelle ». Il cite opportunément quelques exemples sur le continent africain : « Ariana à Tunis, Technopark de Casablanca, les Cyber Parks d'Alger et de Gauteng en Afrique du Sud, qui montrent que le secteur industriel privé peut impulser la création d'entreprises innovantes au sein de pépinières, reconstruire les liens science-industrie et, implémenter des mécanismes d'attractivité des firmes opérant dans les secteurs de haute technologie favorisant les transferts de connaissance[59].

Cyrille Berton, accuse « l'environnement culturel, qui privilégie souvent, compte tenu des blocages liés à l'environnement physique et juridique notamment, la recherche d'un retour immédiat sur l'investissement plutôt que la rentabilité à long terme propre aux projets

---

[58] .Sanzouango (2002), secrétaire général du Groupement Inter patronal et rédacteur en chef du Bulletin du GICAM ; Trimestriel d'information n° 22, septembre 2002.

[59] . Alan Nkoyock, dans un article publié le 17 février 2010 intitulé : Création d'une technopole au Cameroun et politique industrielle.

industriels[60] ». Sur la problématique de l'environnement institutionnel, Abanda KPAMA n'est pas moins prolixe :

> *Les anciennes structures d'encadrement et d'accompagnement des PME ont disparu, par la volonté du FMI et de la Banque Mondiale. Le FOGAPE, le CAPME, le FONADER, la BCD ont été sacrifiés sur l'autel des programmes d'ajustement structurel. Celles des sociétés qui ont résisté agonisent ; et de souhaiter que : «Le débat sur la gouvernance de ces structures ait lieu*[61]

Pour Simon Maxime BIKOUE, « l'industrialisation par substitution des importations a été un échec pour l'Afrique, parce qu'elle a rendu les entreprises très peu compétitives, et elle n'a pas réduit les importations, mais modifié leurs structures[62] ». Il fonde ses propositions entre autres sur la maîtrise technologique, les investissements directs étrangers, la protection tarifaire des industries naissantes, les exportations de produits manufacturés vers le marché mondial et la coordination des politiques méso et macroéconomiques. Il conseille en outre de limiter la politique industrielle à quelques actions souples d'accompagnement et de combinaisons productives radicalement neuves comme les nouveaux matériaux, les énergies nouvelles, les TIC. C'est dire à quel point les choses sont loin d'être simples, car, ce que déclarent les uns et les autres a déjà été essayé, mais désormais, il faut procéder différemment dans la mise en œuvre.

Dans *Globalisation et diversification dans l'appareil industriel du Cameroun,* Georges Bertrand TAMOKWE PIAPTIE (2004) observe que « le processus d'agro-industrialisation s'est effectué sous forme de transfert de technologie qui a pris la forme d'investissements à haut risque et de joint-venture tronquées[63]». Il fournit une diversité d'informations sur les tentatives d'industrialisation du Cameroun et décrit les choix d'investissements qui se sont soldés par des échecs cuisants alors que les entreprises étaient techniquement et

---

[60] Cyrille Berton, ancien directeur de l'AFD.

[61] Sanzouango, op cit.

[62] Bikoué, enseignant à l'Université de Douala, intervenant à l'assemblée générale du CODESRIA à Maputo le 6/10/05 sur *La Problématique de l'industrialisation de l'Afrique, la nécessité d'une reformulation.*

[63] Tamokwé Paptié G. B. (2004) : Globalisation et diversification dans l'appareil industriel du Cameroun. Thèse de Doctorat/Ph.D en Sciences économiques ; université de Douala, année 2003/2004.

financièrement rentables. Ce furent les cas de la Société de Développement de Blé (SODEBLE), de la Société des Tanneries et Peausseries du Cameroun (STPC), de la Société camerounaise d'engrais (SOCAME) et la Cellulose du Cameroun (CELLUCAM). Considérées comme des fleurons de l'industrie camerounaise, ces sociétés ont connu des destins inattendus à cause de la guerre des lobbies, de l'économie de traite tapie dans l'ombre des bureaucrates dont les compromissions ont causé un gâchis humain et financier irréversible, élevant ainsi de hautes barrières à l'entrée du Cameroun dans l'arène concurrentielle mondiale.

Les produits finis ou semi-finis de ces quatre unités industrielles auraient dû avoir des effets multiplicateurs à même de structurer le tissu productif dans sa largeur et de potentialiser les perspectives de croissance. Les stratégies adoptées par les promoteurs de ces entreprises en difficulté ressemblent plutôt à des actions de trafiquants ou de commandos, préférant des activités de conseil et de coaching et une participation minimale au capital social, toutes choses réputées à faible risque. Des dettes ont alors été contactées par l'État à partir de sources commerciales, même pour mener des études d'implantation des unités industrielles. Ainsi, malgré l'assistance des partenaires techniques et financiers multilatéraux (Banque Mondiale, Banque Internationale pour la reconstruction et le développement, la Banque européenne d'Investissement, le Fonds européen de Développement) et bilatéraux (Caisse centrale de Coopération économique, Fonds d'Aide et de Coopération, Banque Nationale de Paris, Chase Manhattan Bank), le Cameroun n'a pas pu éviter son ravalement au rang des Pays pauvres très endettés (PPTE).

Les coûts d'opportunité causés par le renoncement aux investissements alternatifs plus profitables pour le remboursement de la dette ont lourdement affaibli les moteurs industriels, et obéré les capacités d'investissement. Le cas CELLUCAM est symptomatique de la pseudo-industrialisation orchestrée par des officines extérieures dont l'élite bureaucratique nationale s'est souvent rendue complice. Cette réalisation qualifiée d'éléphant blanc, d'usine clé en main ou clé à la porte par les économistes du développement, était selon G. B. TAMOKWE, une opération où « l'usine dépendait presque entièrement d'inputs chimiques et technologiques importés, auxquels il faut associer d'importantes charges financières et l'assistance technique[64] ».

Parfait YMELE (2012) parle « de la panne des ressorts de l'industrialisation[65] » en s'appuyant sur cet éléphant sans doute le plus blanc ou le grand d'Afrique, dont les travaux commencés en 1976 ont pris fin en 1980. Le Président Ahidjo inaugura l'usine en 1981. Mais un an après cette inauguration, deux explosions d'origine inconnue frappèrent la chambre du dioxyde de chlore et le magasin de chlorate de sodium. Dix mois plus tard, la tuyauterie alimentant la chaudière abritée dans la chambre de récupération fut endommagée. Au total, plus de 120 milliards F CFA d'investissement partirent en fumée et le rêve CELLUCAM n'aura duré que deux ans à peine après l'ouverture de l'usine. Près de trois mille chômeurs sont jetés dans la rue. La suite ne sera qu'un cauchemar et des décennies d'irréparables dégâts économiques, écologiques, sociaux et financiers.

Tableau 34 : Éléments du bilan financier de CELLUCAM au 30 juin 1983 en millions de F CFA

DÉSIGNATION	CELLUCAM	TOTAL SECTEUR BOIS
Coût du personnel		
Local	2 230	3 703
Expatrié	586	1 025
Investissements	69 923	75 883
Dettes à long terme et à moyen terme	88 331	94 256
Charges financières		
locales	925	1 693
étrangères	8 107	8 444

Source : Rapport d'activité de la SNI de 1982/83.

586 millions F CFA de salaire étaient payés à seulement 49 cadres expatriés (près de 12 millions F CFA en moyenne mensuelle per capita) représentant 37 % des charges salariales totales et 27 % de salaire de toute l'industrie du bois au Cameroun. Le Cameroun n'avait donc pas réussi comme l'Algérie, à mettre les entreprises publiques en concurrence. L'Algérie avait réussi le pari de la résilience, en créant par segmentation stratégique, 103 entreprises sur les cendres de 18 autres tombées en faillite. Mais, comble de malheur au Cameroun, les

[64] Tamokwe Op cit.

[65] Parfait Ymele « La grande tromperie industrialo-impérialiste : l'industrialisation de l'Afrique à l'épreuve des « éléphants blancs » ; lien internet.

entreprises privatisées n'ont pas été reprises par la bourgeoisie locale, mais par le capital étranger à qui une cour systématique a parfois été faite par les technocrates, bradant ainsi un précieux patrimoine national acquis par les sacrifices des contribuables. Le débat sur l'industrialisation interroge tout autant la compétitivité que les institutions de financement spécialisées pour les PME/PMI.

De son diagnostic, l'iconoclaste BABISSAKANA (2010) déduit que « l'industrie du Cameroun se trouve encore au stade de prérattrapage technologique ; il n'y a pas d'industrialisation possible sans État industriel ! » Poursuivant son credo, il affirme que : « C'est systémiquement impossible d'envisager l'industrialisation dans un processus d'assistance de type néocolonial. « L'article 131 du Traité de Rome de 1957 établit le lien d'association avec les colonies et territoires sous mandat en vue de veiller à sécuriser le plus longtemps possible les sources d'approvisionnement en matières premières ».

Cette drôle de planification avait également fait l'objet d'un avertissement de René Dumont dans une réponse à un des tenants de l'ordre ancien, quant à l'utilité de l'aide pour développer l'Afrique :

> *Si l'Europe voulait maintenir une forme périmée de domination économique aussi inacceptable que la colonisation, elle risquerait d'être coupée de l'Afrique, et de l'ensemble du tiers monde, donc, de ses principales sources de matières premières, et d'une grosse partie de ses débouchés. Nous avons un évident intérêt à développer l'Afrique, pour la transformer en un partenaire économique valable*[66] *».*

Au regard de ces multiples opinions, il y a un questionnement sur les fondements idéologiques qui ont servi au design industriel du Cameroun.

LA COMPARAISON DE DEUX TRAJECTOIRES DE LEADERSHIP

Le tableau qui suit est une tentative imaginée par l'auteur pour comparer deux modèles de société et leur impact sur le destin industriel du Cameroun.

---

[66] Dumont, René ; L'Afrique Noire est mal Partie. Édition du Seuil, 1962. Édition revue en 1973 ; page 233.

Tableau 35 : Comparaison des deux trajectoires idéologiques.

DÉSIGNATION	Libéralisme planifié	Libéralisme communautaire
Système économique	Libéral : capitalisme d'État	Libéral : capitalisme social
De type	Planifié	Communautaire
Mode d'intervention économique de l'État	colbertiste et keynésien	Néo-colbertiste et néokeynésien
Mode d'intervention sociale	État-providence : Entrepreneur, distributeur	État stratège, développeur, régulateur & facilitateur
Modèle d'industrialisation	Mix Import-substitution et promotion des exportations	Mix Import-substitution et promotion des exportations
Régulation de croissance	La demande	L'investissement
Cadres de Référence	Plans quinquennaux (PQ)	PAS ; DSRP ; DSCE ; Vision
Valeurs directrices	Humanisme	Solidarité
Leadership	De type transactionnel*	De type transformationnel *
Type de management	Autoritaire paternaliste	Participatif par le groupe
Gouvernance d'entreprise	Administré	Réticulaire
Management des affaires publiques	Dirigisme ; volontarisme dans le discours et la pratique	Centralisme ; interventionnisme souvent discret, mais réel
Traitement du phénomène de corruption	Préventif, sanctions dissuasives et immédiates	Tolérance, impunité, sanctions tardives, ''Opération Épervier''
Théorie développement	Endogène, autocentrée	Exogène et endogène
Taille du secteur public	Hypertrophiée	Moyenne
Partenariat public-privé	Informel	Formel
Entreprises de la SNI	En 1987 : 171	En 2013 : 31
Mode de désignation des dirigeants d'entreprises	Discrétionnaire, rationalité du décideur, pantouflage, influence partisane,	discrétionnaire, rationalité du décideur, pantouflage, favoritisme, influence partisane, favoritisme.
Profil et expertise des dirigeants d'entreprises	Flous Non définis	Flous Non définis
Moteurs de l'économie	Agriculture de rente & Industries agricoles	Agroalimentaire et industries extractives
Priorités sectorielles	- industries basées sur énergie -industries des produits minéraux -industries textiles -industries alimentaires -soutien structuré aux PME	-Industries agroalimentaires -Projets structurants -Produits minéraux -appui à l'industrie lourde -soutien problématique aux PME

Source *: Analyse/Diagnostic de l'auteur*

Encadré N° 2

Le leadership de type transactionnel repose sur la théorie de la psychologie du comportement. Il étudie comment un leader peut contrôler des populations en s'appuyant sur un système de récompenses et de punitions.

Le leadership **transformationnel** étudie comment des leaders puissants peuvent inspirer leurs partisans. Il montre comment ces leaders peuvent développer une vision pour une organisation, la vendre à leurs adeptes qui l'aident à l'accomplir, en créant la passion, l'enthousiasme et l'énergie au sein de l'équipe.

LES PRINCIPAUX MARQUEURS DES DEUX DOCTRINES

1°) L'idéologie ou le système économique : capitalisme d'État ou planifié d'Ahmadou AHIDJO, capitalisme social ou communautaire de Paul BIYA ;

2°) Le mode d'intervention de l'État : du colbertisme au néokeynésianisme ; de l'État providence à l'État régulateur ;

3°) Les cadres de référence : des plans quinquennaux, à une multitude de programmes et de stratégies de développement ;

4°) La gouvernance de l'entreprise : du modèle administré, au modèle réticulaire ;

5°) La taille du secteur public : hypertrophiée avant, très réduit par la suite.

Ces cinq déterminants auraient pu influencer de manière décisive le changement de régime au Cameroun. Or, le saut idéologique ne s'est pas produit et les dynamiques industrielles sont restées figées, voire molles, parfois régressives. L'on constate aussi qu'une forte mortalité a frappé les entreprises du portefeuille de l'État, sans compensation par une natalité dans le secteur marchand. C'est la conséquence du faible engagement du capital humain dans cette mutation socioéconomique. Le nouveau régime aura reproduit en les renforçant, le dirigisme et le centralisme étatiques, traduits par le mode de désignation des managers du secteur public. Il y a donc une survivance du réflexe partisan, autoritaire et discrétionnaire, basé sur la rationalité insondable du décideur et ses mandataires socialement peu redevables.

Les deux systèmes ont donc laissé fleurir à des degrés de gravité différents, le clientélisme, le pantouflage, le favoritisme, le trafic d'influence, l'appartenance partisane/sectaire, le favoritisme et le parrainage. Ces comportements ne sont pas le fait d'un manque de vision, mais d'une volonté de gérer le statu quo qui permet de mieux contrôler le système, les structures et les acteurs. Bien plus, l'attentisme et la tolérance au sommet des institutions ont laissé la bureaucratie s'engluer dans la corruption, le laxisme, les compromissions et les concupiscences qui ont inhibé le processus industriel. L'administration publique gangrénée par la mauvaise gouvernance, complice du pouvoir politique duquel ses responsables tirent leur promotion, est devenue à la fois inefficace et broyeuse d'opportunités et de compétences.

Cette administration sanctuarisée a réussi au bout du compte à échapper au contrôle du sommet politique. Elle a créé ses codes et ses rythmes au point où, ni le changement de l'outil de travail (informatisation), ni les réformes organisationnelles et encore moins les lois et réglementations très souvent prometteuses ne parviennent pas à démonter les logiques régressives solidement érigées en système. L'héritage culturel de cette administration se transmet d'une génération d'agents à l'autre. Les jeunes sont également mus par le désir de rattrapage, de vite se remplir les poches et rouler carrosse ! Parfois plus futés que leurs aînés, ils mettent tout leur génie et leur qualification à inventer des méthodes plus subtiles, dont la manipulation logicielle, pour spolier le trésor public. Ainsi, la révolution éthique espérée du libéralisme communautaire et de la politique de rigueur et de moralisation est devenue un simple slogan dont l'évocation exaspère, tellement l'effondrement moral observé depuis lors n'a pas eu de précédent.

CONCLUSION

La spécialisation du Cameroun dans la production de biens primaires a souvent permis des gains instables d'une productivité faiblement diffusée dans l'économie alors que les prix des biens importés n'ont eu de cesse d'augmenter, entraînant de graves asymétries dans les termes de l'échange. Dans le même temps, les prix au producteur sont devenus aléatoires à défaut de fluctuer constamment, entraînant une croissance appauvrissante. Le Cameroun est resté prisonnier de la division internationale du travail au sein de laquelle il peut, au mieux, demeurer fournisseur de ressources naturelles, de terres cultivables, le tout encadré au sein d'un système rigidifié dont il ne contrôle pas la complexité. Au pire, il subit une expropriation des facteurs de production tels que les qualifications pointues de ses cadres qui s'expatrient à cause d'un traitement salarial de misère.

Pour résister à la marginalisation et à l'exclusion, il doit nouer des partenariats industriels solides avec les états voisins ; mais surtout, avec des pays en plein processus d'émergence. Pour y parvenir, le partenariat industriel public privé devrait autant que possible potentialiser les complémentarités pour mieux gérer les opportunités existantes et en créer de nouvelles. Le rêve de sauver le pays de l'effondrement des valeurs, de l'inefficacité du leadership et du pauvre management est à la portée des Camerounais. Ce rêve est permis « à l'heure des techniques triomphantes, des découvertes les plus hardies, à l'heure où les savoirs reculent chaque jour leurs limites et où les hommes n'ont plus grand-chose à dominer qu'eux-mêmes[67] ». La position de Jane Jacobs (1969) permet également de croire que le rêve est réalisable à condition de trancher :

> *À mon sens, le conflit fondamental de l'économie oppose les gens dont les intérêts sont liés aux activités déjà bien établies, à ceux dont les intérêts sont liés à l'émergence de nouvelles activités économiques[68]. G. Gilder de préciser : Ce n'est pas la rupture entre capitalistes et ouvriers, technocrates et humanistes, gouvernements et entreprises, libéraux et conservateurs, ou riches et pauvres. Toutes ces divisions sont les reflets partiels et déformés d'un conflit plus fondamental : la lutte entre le passé et l'avenir, entre la configuration existante des entreprises et les industries qui un jour les remplaceront[69].*

---

[67] Sophie Bessis (1991), *La faim dans le monde*, collection Repères, édition la découverte, Paris.
[68] George Gilder, op cit. p.249
[69] Idem.

CHAPITRE XIV

LA POLITIQUE INDUSTRIELLE CONTRAINTE PAR UNE SÉLECTION CONTROVERSABLE DES RESSOURCES HUMAINES

Dans son discours du 3 novembre 2004, le Président Paul Biya plaçait la productivité et la créativité au cœur de sa stratégie. À cet effet, il déclara que les « Grandes Ambitions » ne seront possibles que s'il y a :

- Une véritable mutation de notre économie ;
- Une politique industrielle de grande envergure, et
- Le développement de la capacité énergétique.

La veille de ce discours, le quotidien national *Cameroon Tribune* ressuscitait un vieux débat, celui de la cruciale équation des hommes[70], avec en toile de fond, la sélection des élites dirigeantes des structures étatiques ; sélection fondée à la fois sur une présomption de compétence, mais aussi, sur la confiance, l'appartenance régionale, tribale ou sectaire, la loyauté, l'allégeance et la fidélité partisanes. Mais, quel que soit le cas, la décision de nomination est prise de façon discrétionnaire par l'autorité hiérarchique compétente.

L'éditorialiste BADJANG ba NKEN est revenu avec nostalgie sur l'épineux problème de nomination des personnes aptes à asseoir et accompagner le projet de société présidentiel. Ce furent les terres de chasse de son illustre prédécesseur et ex-patron de vénérable mémoire, Henri Bandolo[71], qui avait largement épilogué sur la problématique sélection d'une élite technocratique performante ou supposée l'être. Avec l'éloquence et la verve qu'on lui reconnaît, Bandolo se fendit d'un article intitulé « Un peu de Classe ! » dans lequel il fit ce commentaire :

> *Passons sur l'éternel, inépuisable et vain débat rendu caduc par ses réactualisations constamment mises en échec, sur le bon choix des hommes selon le bon principe de '' l'homme qu'il faut*

---

[70] Cameroon Tribune n° 8215/4414 du 02 novembre 2004 ; éditorial de Makon ma Pondi,

[71] Henri Bandolo, éditorial au quotidien national Cameroon Tribune, le 22 septembre 1987, cité par Philippe Bissek (1994).

à la place qu'il faut''. Nous célébrons pratiquement tous les ans, à l'occasion des diverses nominations, l'avènement enfin d'hommes providentiels crédités de toutes les vertus, de toutes les qualités et de toutes les compétences. Leurs biographies sont chargées de parchemins et de lauriers académiques exaltés aussi bien par les médias que par les officiels[72].

Assurément, les gouvernants sont pris au piège des curricula vitae et, même les médias s'y méprennent. N'empêche, les habitudes ont la peau dure ! Et Henri Bandolo d'ajouter avec son style toujours châtié : « à peine se sont tus les tams-tams célébrant leurs promotions et leurs mérites, qu'ils se retrouvent réduits à la petitesse, rétrécis et rabougris, dans la boue fangeuse des marécages où ils manquent de se noyer. Comment notre peuple se reconnaîtrait-il encore dans ces élites qui s'ébattent frénétiquement ainsi dans les petites et grandes combines, des trafics, le faux et les fraudes, des détournements grossiers ou déguisés, dans la corruption et le tribalisme[73] ». Et de conclure : « Un peu de classe, que diable ! »

Le 3 novembre 2004, Paul BIYA répond indirectement à Badjang ba Nken éditorialiste à Cameroon Tribune : *« nous avons des scientifiques, des ingénieurs, des managers. Mettons-les à l'épreuve !* » Le temps a passé et un bilan peut être fait sur les performances de ces scientifiques, ingénieurs et managers nommés à des fonctions dans l'appareil étatique. Les déceptions se multiplient et l'urgence de réparer des structures déliquescentes ou en déconstruction et de se connecter à l'économie mondiale qualifiée de cinétique ou symbolique, interpelle les modélistes et citoyens disposés à intervenir dans ce débat ; un débat qui ne peut plus s'accommoder de doctrines anciennes, du triomphalisme ou de slogans sur fond de propagande fumigène. Il est appelé à se dérouler dans les milieux politiques, universitaires, de la recherche, ainsi qu'au sein des organisations citoyennes.

Le défi repose sur la construction d'un tunnel vers une terre promise, le désarmement des vieux démons de l'arrogance, de l'intimidation idéologique, du sentiment de supériorité des réseaux d'influence, pour organiser des panels où l'on se respecte et écoute tout le monde qui a une passion pour le Cameroun et pour l'excellence. Ce défi apparemment romantique dans l'état actuel des mentalités peut être

---

[72] Op cit.

[73] Ibidem.

surmonté par l'inclusion stratégique de toutes les catégories politiques, administratives, corporatives, intellectuelles et associatives du pays.

L'INDUSTRIALISATION PAR FILIÈRES AGRICOLES : UN MODE OPÉRATOIRE MAL MAÎTRISÉ

D'une génération de concepteurs de politiques économiques à l'autre, par sagesse ou par entêtement, le recours à l'approche filière était le chemin incontournable de l'industrialisation du Cameroun. Et, bien que cette option n'ait pas produit de résultats satisfaisants pendant cinquante ans, elle fait à nouveau l'objet d'un renouvellement doctrinal surprenant. Un grand bond en arrière est ainsi effectué dans la stratégie industrielle. Pour être conforme à la théorie, la politique de filière cherche à favoriser le développement d'un ensemble intégré d'entreprises situées à des stades différents du processus de production d'une même famille de produits. Ce maillage consiste à privilégier au sein d'un groupe d'entreprises, des activités interdépendantes et complémentaires pour bénéficier de l'effet de synergie.

Opter pour cette stratégie implique de mener une politique globale visant à renforcer la cohérence et l'imbrication progressive des segments d'activité. La réussite d'une stratégie de filière passe par la prégnance sur les segments amont, la R& D, jusqu'à l'aval, le service après-vente des produits finis. Plus concrètement, l'architecture d'une filière n'est complète que si elle fait fonctionner toutes les articulations amont, intermédiaires et aval d'un produit. Les acteurs de chaque nœud étant interdépendants, une rupture d'un segment suffit pour handicaper la filière.

Dessiner une filière consiste à détailler l'ensemble des opérations élémentaires qui permettent de transformer une matière première en produit fini destiné à la consommation finale. Cette configuration amène le stratège à prendre en considération les stades de transformation qui apportent davantage de valeur et la maîtrise de la coordination entre différents maillons pour la recherche d'accords spécifiques avec les intervenants. Le ravalement de la politique de filières à la politique des produits au Cameroun n'a pas permis la construction de dynamiques suffisantes à l'émergence d'un processus d'industrialisation. Ce qui surprend est que le discours sur les filières s'est sanctuarisé sur l'agriculture, notamment les cultures dites de rente : cacao, café, caoutchouc, coton, huile de palme, bois, dont les taux de transformation restent désespérément insignifiants.

L'enracinement du développement industriel sur la filière peut donner un faux sentiment de sécurité à l'économie et conduire à sous-estimer les difficultés d'intégration verticale. La grande faiblesse de l'agro-industrialisation par la filière se trouve aussi dans l'isolement possible et les discontinuités des gains de productivité au niveau des différents chaînons ; d'où la nécessité de prise en compte de la complexité du système économique et la problématique transmission des effets entre produits ou entre secteurs différents. Plusieurs pays du Sud ont adopté l'approche filière dans leur procès de développement, d'accroissement des richesses, d'acquisition d'actifs, d'efficacité productive au niveau sectoriel. L'Europe qui a fondé ce modèle en se servant du charbon et de l'acier s'en est détournée au bénéfice des politiques horizontalement mieux coordonnées.

La finalité de l'activité économique n'étant pas le développement d'un produit, mais la croissance, le partage des résultats et des impacts, l'accent doit être mis sur l'efficacité managériale des institutions et l'attractivité de l'environnement des affaires. Et, à partir du moment où la filière se concentre sur le développement du produit, elle n'a plus sa pertinence doctrinale. Plus spécifiquement, les filières agricoles manquent de cohérence au Cameroun. Les productions de cacao, café, coton, hévéa, bois, huile de palme qui auraient dû constituer de puissants leviers agro-industriels connaissent des taux de transformation inférieurs à 5 % dans une économie locale qui importe systématiquement des intrants chimiques et technologiques. Ainsi, se perpétuent fatalement la division internationale du travail et une spécialisation chronique du Cameroun dans l'exportation des matières brutes de faible valeur.

C'est par exemple la production du chocolat ou des produits cacaotés qui n'est sensible ni aux résultats de la recherche sur les variétés de cacaos, ni au tonnage d'une campagne cacaoyère, ni aux stocks constitués, et encore moins aux perspectives de commercialisation. Chaque segment fonctionne de façon autonome alors que la conjugaison des activités devrait être la règle en vue du partage de valeur, du risque et des gains d'efficacité. Ceci a pour conséquence, « l'enfermement des entreprises dans une réflexion insulaire et tournée vers l'intérieur. Cela se manifeste par la réticence des entreprises à réunir leurs clients, fournisseurs et partenaires en affaires à l'intérieur d'une grande machine de corporation[74] ». L'instrumentation basée sur la filière présente donc des insuffisances parce qu'elle ne permet pas d'analyser la concurrence dans toute sa complexité productive, technologique, financière, commerciale, culturelle et géostratégique.

Tableau 36 : Des filières agricoles basées sur des avantages écologiques

Filières prioritaires	Rendements (tonnes/ha)			Objectifs de productions (tonnes)		
	2010	2015	2020	2010	2015	2020
Cacao	0,7	0,9	1,2	250 000	320 000	640 000
Café arabica	0,4	0,6	0,8	12 000	25 000	35 000
Café robusta	0,5	0,7	0,7	50 000	100 000	125 000
Coton	1,1	1,35	1,8	120 000	150 000	200 000
Caoutchouc	1,3	1,4	1,5	55 000	65 000	75 000
Ananas	40	40	40	130 000	150 000	170 000
Huile de palme	1,3	1,5	1,8	235 000	300 000	450 000
Maïs	2,5	2,7	4,5	1 500 000	2000 000	4 000 000
Mil/sorgho	1,7	2	2	1 100 000	1300 000	1 500 000
Riz irrigué	3,5	5	5	50 000	75 000	175 000
Riz pluvial	1,75	2,25	3	50 000	130 000	825 000
Manioc	18	20	22	3 000 000	3750 000	4 500 000
Igname	11	13	14	400 000	450 000	500 000
Macabo/taro	10	10	10	1 500 000	1750 000	2 000 000
Plantain	9	12	15	2 600 000	3000 000	5 000 000
Banane export	21	25	25	300 000	350 000	400 000

Source : Ministère de l'Agriculture et du Développement rural

Potentiellement, le capital naturel notamment la qualité des sols représente encore 30 à 50 % des inputs agricoles. Par contre, en dépit des énormes ressources hydrauliques, le taux d'irrigation dans l'agriculture camerounaise est inférieur à 5 %, alors qu'il est de 35 à 57 % dans les pays d'Asie. Et Jacques Diouf d'ironiser : « les cours d'eau en Afrique se jettent tranquillement à la mer, comme si la mer

[74]. Un article de Sagren Moodley : Perspectives et défis de l'e-business pour le secteur sud-africain des pièces automobiles ; in, Commerce Electronique et Développement, publié dans Études du Centre de Développement de l'OCDE, sous la direction d'Andrea Goldstein et David O' Connor. Année

leur avait demandé de l'eau[75] ». C'est dire que l'insuffisance des productions agricoles n'est pas une fatalité ; elle est la conséquence des choix d'investissements flous, de mauvais ciblages dans les aménagements hydroagricoles et de fertilisation des terres. Ainsi, après un demi-siècle de management industriel basé sur les mêmes outils, les résultats sont en décalage avec les espérances et la réhabilitation du concept de filière étonne quelque peu. Ce revirement peut être doublement interprété : soit que les Africains ont enfin compris les exigences de gestion d'une filière pour les appliquer intégralement ou alors, il y a une panne d'inspiration stratégique pour faire de la filière un renouveau et un sentier irremplaçable vers l'industrialisation.

La filière coton/textile reconfigurée en 2008 par le gouvernement camerounais illustre une autre occasion manquée dans l'atteinte des objectifs d'industrialisation par filière.

LE CAS DU TEXTILE

Le coton occupe la troisième place dans l'activité économique au Cameroun. Il dégage 11 % de la valeur ajoutée du secteur manufacturier et représente 9,5 % de la production industrielle nationale en 2008. Cette filière se compose de sept chaînons : - coton brut- égrenage- filature- tissage- emboutissage- bonneterie- confection et - commercialisation. En 2008, la production cotonnière est assurée par 350 000 planteurs concentrés dans les trois régions du septentrion (Adamaoua, Nord et Extrême-Nord), qui vendent directement leur produit à la SODECOTON pour l'égrenage, la production d'huile destinée à l'alimentation humaine, et des tourteaux pour le bétail. La filature, l'emboutissage, la confection, le tissage et la bonneterie se déroulent dans quelques unités industrielles situées majoritairement à Douala. Le processus industriel reste totalement assujetti à la combinaison inefficace des facteurs qui contribuent à fragiliser le développement du coton.

---

[75] Jacques Diouf, ex Directeur général de la FAO (Food and Agriculture Organisation), le 23 Avril 2008 dans une interview à Radio France internationale.

Tableau 37 : Des contraintes à la profitabilité optimale de cette filière sont identifiées

CATÉGORIE	CONTRAINTES
Politique sectorielle	- Absence de vision stratégique du secteur
Organisationnelle et institutionnelle	- -faible synergie entre différents acteurs : producteurs du produit brut, producteurs de tissus, créateurs des unités industrielles ; - -Absence de cadre de concertation spécifique entre les acteurs de la filière et des différentes parties prenantes
Maîtrise technologique	- inorganisation de la production artisanale ; - absence de spécialisation ; - Faible capacité de production en matière de volume, de qualité et de délai ; -méthode de travail artisanale ; - sous-utilisation des capacités de production ; - absence de norme et de critères de qualité
Coût des facteurs de production	- faible productivité de la main-d'œuvre ; - coût de production très élevé ; - Déficit de l'infrastructure de base (énergie, route…)
Gouvernance	- Filière particulièrement touchée par la fraude, la contrefaçon, la contrebande et le dumping des concurrents - l'industrie ne contrôle que 1 % du marché national.
Dispositif d'appui au secteur	- Pas d'actions d'appui spécifiques ; - pas d'actions de promotion ; - pas de dispositif de financement approprié.
Ressources humaines	- Formation et qualification en main-d'œuvre insuffisantes ; - normes d'enseignement et programmes de formation en couture non harmonisés.
Autres facteurs	- fonction marketing peu développée ; - faible participation à des évènements de promotion à l'échelle nationale, régionale ou internationale

MINEPAT, 2008.

Une dévalorisation des activités de la chaîne tissage- tricotage- teinture- confection- filature- broderie- bonneterie- non-tissés- transformation des déchets de coton égrené en tontisses, traduit la faible contribution de la filière au PIB. La solution industrielle appelle dans ce cas la création des clusters (grappes) d'entreprises de textile pour leur positionnement stratégique face à la concurrence globalisée. Prise pour exemple, l'opérationnalisation des projets cotonniers aurait pu tracer un chemin critique de réussite d'une politique industrielle adossée sur la filière. On pourrait dire que du mauvais coton a été filé à la filière du même nom. Par sagesse, effet de mode ou pour l'éloquence scientifique, l'introduction récente du concept de chaîne de valeur dans le discours public tente de se substituer à celui de filière. Quelques clarifications semblent nécessaires.

L'APPROCHE PAR CHAÎNE DE VALEUR : LA GRANDE OUBLIÉE !

Le management par la filière n'a pas pu procurer aux entreprises l'avantage concurrentiel souhaité en raison très souvent des discontinuités dans le fonctionnement des segments ; d'où la nécessité de recourir à un mode de découpage des processus en activités pertinentes et stratégiquement cohérentes. La gestion du potentiel productif induite par l'intégration verticale est mieux abordée à travers la chaîne de valeur qui permet de bâtir une réflexion de type matriciel sur un segment contrairement au regard linéaire ou tout simplement filaire requis par l'approche filière. Michael. Porter trouve dans la chaîne de valeur, « des activités destinées à - concevoir- fabriquer-commercialiser- distribuer et – soutenir le produit[76] », qui aident à comprendre le comportement des coûts et de saisir les sources existantes ou potentielles de profit. Ce sont ces activités qui produisent de la valeur pour l'entreprise ; et la valeur crée un avantage concurrentiel pour le client, l'aide à réduire ses coûts et à améliorer sa performance.

Une firme engagée dans l'arène concurrentielle cherche à optimiser la valeur de ses activités principales et de ses activités de soutien. Il classe comme activités principales :

1) La logistique interne : réception, stockage, manutention, entreposage, contrôle des stocks, transports et liaison avec la clientèle ;
2) La production : combinaison factorielle pour la production de produits finis à travers le fonctionnement des machines, assemblage, emballage, entretien des équipements, impression et opérations relatives aux installations ;

---

[76] Michael Porter in, l'Avantage concurrentiel, 1990.

3) La logistique externe : collecte, stockage et distribution des produits aux clients, fonctionnement des véhicules de livraison, traitement des commandes ;
4) La commercialisation et la vente : publicité, promotion, force de vente, sélection des circuits de distribution, relation avec les distributeurs et fixation des prix ;
5) Les services : installations- réparations- formation- adaptation du produit.

Les activités dites de soutien reposent sur les systèmes d'approvisionnement, le développement technologique et la gestion des ressources humaines. De cette architecture, chaque firme conçoit sa chaîne type d'activités créatrices de valeur, ses technologies et ses mécanismes économiques spécifiques. La linéarité inclusive développée par l'approche chaîne de valeur, englobe en amont les activités de fournisseurs d'une firme et en aval, celles de ses clients dans une logique d'efficacité globale. Les dirigeants de la firme font alors face aux défis de coalition et de coordination de la chaîne qui peuvent s'allonger et se complexifier. La démarche chaîne de valeur ne se concentre pas sur la segmentation et l'enchaînement mécanique du processus de transformation au sein d'une même famille de produits, mais sur l'enrichissement mutuel des activités au sein d'une entreprise. En plus de l'apologie du développement par les filières et du recours spéculatif à l'approche chaîne de valeur, le gouvernement tente péniblement d'implémenter les pôles de compétitivité et de croissance économique.

LES PÔLES DE COMPÉTITIVITÉ

Un pôle de compétitivité rassemble sur un territoire donné, entreprises, laboratoires de recherche et établissements de formation pour développer des synergies, des coopérations et des partenariats. Cette politique est basée sur les effets d'entraînement des secteurs les plus dynamiques sur l'ensemble de l'économie (Hirschman, 1958). L'enjeu consiste à s'appuyer sur les complémentarités et les innovations qui permettent aux entreprises impliquées de prendre des positions de premiers plans à l'échelle locale ou internationale. En matière d'objectifs, il s'agit de renforcer la compétitivité économique, développer la croissance et l'emploi, accroître l'effort d'innovation, conforter les activités et améliorer l'attractivité du site de production.

Les stratégies habituellement mises en œuvre consistent à concrétiser à moyen terme les partenariats entre différents acteurs, bâtir des projets collaboratifs qui peuvent bénéficier des aides publiques et des partenaires au développement, promouvoir un environnement global favorable aux affaires.

Les pôles de compétitivité possèdent un atout à savoir la convergence économique qui permet de coordonner sur un territoire, des dispositifs d'accueil et d'accompagnement des entreprises. Ils associent dans une dynamique fédérative, un bassin d'emplois avec des compétences pluridisciplinaires, des entreprises méritant un label suivant le génie du site, le tout encadré par un partenariat public/privé. Cette démarche participe partiellement de la politique d'aménagement du territoire. L'effet vertueux des pôles de compétitivité est la diffusion à travers métiers et activités, des complémentarités stratégiques, instrumentales, opérationnelles et le partage de la valeur ajoutée. Il permet de développer l'intelligence économique, un atout de taille pour les entreprises en contexte de concurrence impitoyable.

Le Cameroun a tenté sans succès d'implémenter l'approche par pôles de compétitivité pour l'avoir réduite à la seule définition des priorités sectorielles, alors qu'elle exige aussi une vision claire et complète, le respect des modalités de financement des choix opérés et un leadership efficace. Un pôle de compétitivité aurait pu naître à Edéa dans la proximité d'ALUCAM si le projet CELLUCAM avait été conduit à son terme. De même, des conditions objectives semblent réunies pour qu'il en naisse un à KRIBI. La péninsule de BAKASSI, cette nouvelle frontière du Cameroun, présente un potentiel qui attend d'être valorisé par des réseaux d'infrastructures - plateformes de construction navale - logistique pétrolière- activités de pêche industrielle - écotourisme, pour devenir un pôle de compétitivité ouvert sur le Nigeria, voire sur toute la côte ouest- africaine. En outre, le Cameroun a aussi essayé de construire des pôles de croissance économique.

DES PÔLES DE CROISSANCE ÉCONOMIQUE

Les pôles de croissance sont dotés d'une double mission : aménagement du territoire et promotion des activités génératrices de revenus (AGR). Au cours des années '60 et '70, des sociétés et des missions de développement étaient créées dans chaque région en fonction des particularités agroécologiques. Elles avaient vocation à jouer le rôle de pôle de croissance. Dans chacun des pôles, il y avait une activité dominante définie à la suite d'une analyse du potentiel et des dotations factorielles naturelles.

ADAMAOUA: SODEBLE
CENTRE: MIDEVIV, MIDO, SOCAPALM, SODECAO
EXTRÊME NORD : MIDIMA, SEMRY
EST : ZAPI
LITTORAL : SOCAPALM, HEVECAM
NORD : SODECOTON, PROJET NORD-EST BENOUE
NORD-OUEST: UNVDA, MIDENO
OUEST: MIDERIM
SUD-OUEST : CDC, SOWEDA
SUD : HEVECAM, SOCAPALM

La lacune généralisée à ses unités de production de type particulier est qu'en amont, la recherche-développement n'existait pratiquement pas pour satisfaire la demande des producteurs en semences sélectionnées. En aval, il n'y avait quasiment pas d'industries de transformation ni de technologies de conservation des récoltes pour assurer une distribution pérenne. En définitive, l'on n'a pas assisté à l'émergence d'un régime d'accumulation du capital, d'efficacité économique, de génération d'emplois, ni de redistribution du revenu. Par contre, la subvention de l'État devenue une ressource permanente était affectée aussi bien aux opérations d'investissement, d'aménagement du territoire qu'au fonctionnement de ces établissements publics. La Vision 2035 (page 35) ressuscite la « territorialisation du développement », par « la promotion des pôles de croissance en tant que locomotives du développement des régions ». Elle parie aussi sur « la spécificité des vocations et les complémentarités régionales ». Si cette politique n'a pas été conduite avec bonheur dans le passé, l'on se demande d'où viendront les nouvelles compétences pour mieux faire ; d'où le retour désespéré aux agropoles.

LES AGROPOLES : UN VIEIL INSTRUMENT REBAPTISÉ

Le gouvernement s'est réengagé dans un exercice de prospective économique en combinant l'évolution démographique, le potentiel des bassins naturels de production déterminés par l'écologie, les contraintes de financement et les modifications organisationnelles. La demande de transformation des produits primaires pour la conquête du marché international se trouve au cœur des préoccupations ; mais l'enjeu premier est la production quantitative, qualitative et régulière des denrées à transformer pour éviter à l'industrie, des pénuries ou des ruptures de stocks dans son approvisionnement. Le programme des Agropoles consiste à

> *Identifier les bassins de production existants et y développer des entreprises de production, de transformation et de commercialisation des produits végétaux, animaux, halieutiques et forestiers*[77] *». Ces agropoles hébergent « des Exploitations agricoles de moyenne importance, de petits producteurs, et des infrastructures d'accompagnement*[78] *».*

Sans tirer des leçons du passé, cette démarche se gère à nouveau comme la politique des filières, alors qu'il s'agit d'une approche par grappes de produits. Plus concrètement, les critères de sélection des bassins de production sont fixés, le mode opératoire des agropoles défini, tout comme la sélection des promoteurs et des modalités de financement des projets. Les spéculations sont également choisies : maïs, riz, banane plantain, manioc, palmier à huile, cacao, café, mil/sorgho, fruits et légumes, élevage des ovins, des caprins, de la volaille, de porcins, la pisciculture, la pêche, le bois. Elles répondent à un quadruple objectif :

- La sécurité alimentaire ;
- La balance commerciale ;
- La valeur ajoutée ;
- La création d'emplois.

Les questions liées aux technologies de transformation et de conservation, aux circuits de distribution, ne sont pas du tout abordées

---

[77] Ministère de l'Économie, de la Planification et de l'Aménagement du Territoire (MINEPAT) ; Programme économique d'aménagement du territoire, pour les entreprises de moyenne et grande importance dans le secteur rural au Cameroun.
[78] Idem.

dans ce scénario ; tout comme l'équation énergétique et l'appropriation des normes pour la conquête des marchés internationaux. Pour implémenter efficacement l'agropole, il faut mettre en place des mesures susceptibles d'accroître l'offre et la qualité en combinant la vision, le leadership, le management, les financements, les incitations et la géoéconomie. Une politique industrielle volontariste devrait viser la création des capacités à transformer les menaces en opportunités ; d'où le besoin d'approfondir les réformes foncières, financières et en matière de gouvernance. Ces réformes devraient répondre à la demande de maîtrise du marché alimentaire domestique, la pénétration du marché des pays voisins dont le Nigéria et ceux de la CEEAC, niche par niche, et faire l'objet d'actualisations au gré de la conjoncture.

CONCLUSION

La politique agro-industrielle, pour être efficace, appelle une solide articulation des différents segments : R&D – innovation - vulgarisation des semences – financement- production –logistique – conditionnement – transformation –distribution- commercialisation. Elle exige par conséquent une mobilisation en rangs serrés de plusieurs acteurs : État-chercheurs –producteurs – industriels – commerçants – collectivités locales – organisations non gouvernementales – partenaires techniques et financiers.

La responsabilité du gouvernement est donc totale en sa qualité de coordinateur, régulateur et incitateur. De ce fait, le Gouvernement devrait :

- Mettre en place une géopolitique agricole et de spécialisation des produits ;
- Résoudre l'équation énergétique ;
- Construire des infrastructures de technologie et de transport ;
- Créer un système de veille industrielle, des cercles de diagnostic et d'évaluation ;
- Engager une coopération fructueuse avec les pays de la CEEAC et le Nigéria pour élaborer des politiques industrielles transfrontalières mutuellement profitables ;
- Combiner l'efficacité dans les chaînes de valeur avec une vision de compétitivité adossée sur les incitations aux exportations.

CHAPITRE XV

L'ÉROSION TENDANCIELLE DU POIDS DE L'INDUSTRIE

Sur une période de plus de dix ans (de 1993-1994 à 2004-2005), le poids relatif de l'industrie n'a eu de cesse de s'effriter. La stagnation de l'emploi industriel traduite par un taux d'accroissement annuel moyen inférieur à 1 % depuis 2003 appelait une réorientation stratégique de l'investissement. Au terme de cette période, l'on constate que les industries manufacturières sont insuffisamment développées tandis que l'agro-industrie et l'industrie alimentaire dominent avec environ 50 % de la production totale de la branche. Les industries lourdes et des biens d'équipement peinent à émerger dans un marché national jugé étroit. La structure industrielle est ainsi essaimée d'industries de petite et moyenne importance : alimentaire, de l'habillement, du BTP. Elle est caractérisée par une absence d'interactions entre branches et secteurs d'activité. À l'inverse, les industries extractives sont prépondérantes, hautement capitalistiques, économes en main-d'œuvre et majoritairement contrôlées par des multinationales.

Tableau 38 : L'évolution comparée du poids de l'industrie dans l'économie (rapporté au PIB)

LIBELLÉ	1965-1966	1993-1994	1995-1999	2000-2004	2004-2005	2005-2006	ÉCART 65/66-2005/2006
Part relative secteur primaire	47 %	20,40 %	20,24 %	20,28 %	20,88 %	17.6 %	-29,4 points
Part relative secteur secondaire	14 %	36,1 %	32,8 %	31,1 %	26,6 %	34,9 %	+20,9 points
Part relative secteur tertiaire	39 %	27,2 %	29,3 %	32,7 %	35,8 %	47,5 %	+8,5 points

Source : calculs de l'auteur

La tertiarisation de l'économie se renforce par l'explosion des activités dans le commerce de détail, le transport public et la téléphonie mobile. Le sous-secteur de la micro finance connaît une forte expansion dès le début des années 2000. Le secteur agricole occupe encore plus de 60,6 % de la population active du Cameroun, mais la production vivrière s'avère dans l'ensemble insuffisante au regard des besoins alimentaires d'une démographie en croissance. Ce système agricole dual (agriculture traditionnelle pour l'autoconsommation et agriculture industrielle extravertie) ne parvient pas à faire décoller l'économie malgré les nombreux programmes financés conjointement par la coopération au développement. L'agriculture des plantations ou industrielle emploie une abondante main-d'œuvre sans qualification et faiblement rémunérée. Le volume encore très élevé de personnes travaillant dans le secteur rural constitue une importante réserve de main-d'œuvre qu'il convient de transférer par un processus d'éducation-formation, aux secteurs manufacturiers et des services où les emplois sont mieux rémunérés.

Dans l'ensemble, les chocs exogènes et l'aggravation de la pauvreté n'ont pas réussi à bouleverser les choix stratégiques au point de modifier la clé de redistribution sectorielle des ressources d'investissement. Cette remarque est corroborée par le Pr Séraphin Magloire FOUDA de l'Université de Yaoundé II, qui constate que les structures économiques continuent de se comporter de manière indifférente ; elles seraient donc peu sensibles aux changements de politiques. Son modèle s'inspire de la structure de la balance commerciale qui laisse découvrir la position de dépendance de l'Afrique en général des denrées alimentaires importées. Il propose d'invertir massivement dans la production agricole pour accroître les surplus utilisables pour l'industrie. Aussi, préconise-t-il l'augmentation des capacités de conservation et de transformation pour la mise en mouvement des facteurs de production suivant le trinôme : production-conservation- transformation, capable de réussir à redessiner la courbe de la demande nationale, stimuler les progrès de productivité avec effet direct sur la baisse des prix, la hausse de la croissance du PIB et la migration de la main-d'œuvre vers d'autres secteurs. Cette démarche de reprimarisation structurée de l'économie pour consolider l'industrie alimentaire a ses mérites ; mais elle s'inscrit comme il l'affirme lui-même, dans une perspective de lutte contre la pauvreté.

En réalité, ce modèle d'industrialisation n'est rien d'autre que de l'import-substitution dont le pilotage rencontrera à nouveau les contraintes déjà évoquées. Mais les difficultés prévisibles ne devraient pas pousser à l'inaction ; au contraire ! D'où l'utilité d'une telle contribution. Dans ces circonstances, l'État devrait user de son pouvoir réglementaire pour restructurer et mettre en œuvre des incitations qui rendraient attractives les nouvelles branches d'activité. La faible intensité capitalistique dans l'économie camerounaise a conduit à une perte de performances industrielles en comparaison des pays d'Afrique au sud du Sahara et des pays émergents d'Asie.

Tableau 39 : Comparaison des indicateurs de performance à l'export

Pays	Exportation des biens et services % du PIB		Exportation des produits bruts (% des marchandises exportées)		Export des biens manufacturiers (% marchandises exportées)		Export de haute technologie High- (% marchandises exportées)	
	1980	2002	1980	2002	1980	2002	1980	2002
Cameroun	28	27	96	93	4	7	3	1
Côte d'Ivoire	35	48	95	85	5	21	.	3
Ghana	8	43	99	85	1	16	.	3
Kenya	28	27	88	76	12	24	4	10
Nigéria	29	38	100	100	0	0	.	0
Sénégal	27	31	85	49	15	51	.	4
Botswana	50	51	.	9	.	91	.	0
Île Maurice	51	61	73	27	27	73	1	2
Afrique du Sud	35	34	82	37	18	63	.	5
Malaisie	30	114	81	19	19	79	38	58
Thaïlande	24	65	75	22	25	74	21	31
Singapour	.	.	53	11	47	85	40	60
Corée du Sud	33	40	10	8	90	92	18	32

Source : *World Development Indicators 2004*[79].

Le Cameroun est battu de plusieurs longueurs par la Côte d'Ivoire en ce qui concerne l'exportation des produits manufacturés et de haute technologie ; son retard par rapport à la Malaisie se passe de commentaires.

---

[79] . According to the World Bank Indicators: manufactures comprise commodities in section 5 (chemicals), 6 (basic manufactures), 7 (machinery and transport equipment) and 8 (miscellaneous manufactured goods).

CONCLUSION

Les défis auxquels le Cameroun fait face en matière de recomposition de son appareil de production sont immenses dans un contexte de pauvreté et de sous-emploi. Les opportunités sont timidement exploitées et le potentiel productif faiblement mis en valeur en raison des choix d'investissement mal concrétisés.

Comparativement aux pays d'Asie et d'Afrique avec lesquels le Cameroun avait un même niveau de développement il y a cinquante ans, les indicateurs parlent tous seuls. Les comparateurs utilisés ci-devant montrent les faibles progrès réalisés entre 1980 et 2002. On note d'ailleurs une importante régression en ce qui concerne les exportations de biens de technologie qui s'effondrent de 66 % en 22 ans. Et pourtant, c'est dans ce domaine que les résultats des politiques et stratégies industrielles sont le plus attendus.

CHAPITRE XVI

POUR LA REFORMULATION D'UNE POLITIQUE INDUSTRIELLE

La prétention du Cameroun à devenir un pays industrialisé consistait à entraîner l'économie dans un processus d'accumulation du capital productif et de renforcement de son autonomie en produits manufacturés. Dans les années '60, le pays exportait des matières agricoles brutes ou semi transformées et les recettes issues de ces exportations étaient ponctionnées pour bâtir un secteur industriel devenu contre toutes attentes, un lieu de dévalorisation des ressources humaines, et de dés-accumulation du capital financier. Au début du XXIe siècle, le paysage industriel camerounais se caractérise encore par une constellation de TPE/TPI disposant d'un outil de production proche de l'artisanat. Cette proto-industrie ne parvient pas à développer de liens véritables avec les grands groupes implantés dans des secteurs de haute technologie et intensément capitalistiques. Ces firmes transnationales n'ayant pas de véritable ancrage dans le tissu productif local, se comportent comme des enclaves territoriales pour les unes, ou de simples comptoirs pour les autres.

Le système productif camerounais est également configuré par une floraison de microstructures de sous-traitance dans les TIC (distribution, détail) ainsi que par les conducteurs de motos taxis, réparateurs, artisans, bricoleurs de tout vol. Ce système fortement désarticulé manque de coordination et de perspectives ; en conséquence, la dualité et les discontinuités persistantes ne facilitent ni la sécrétion ni la transmission d'un influx suffisant pour dynamiser le système nerveux de l'industrie nationale. Le diagnostic posé dans le DSCE (paragraphes 105 et 107) est tout à fait en phase avec ce propos : *l'industrie camerounaise est toujours dominée par des activités extractives, la composante manufacturière représentant seulement 8 % du PIB. Les entreprises évoluent dans un environnement qui présente encore de nombreux facteurs de faible compétitivité, et dont les contraintes sont :*

- Les lourdeurs bureaucratiques et les coûts de transaction ;
- Les problèmes de gouvernance interne, d'incivisme et de faibles capacités managériales des promoteurs ;
- L'inexistence des infrastructures d'appui en formation et de R & D.

De son propre diagnostic, le gouvernement propose :

- La relance des politiques de filières dans une perspective régionale et mondiale ;
- L'état des lieux du tissu industriel actuel ;
- L'élaboration urgente d'une politique industrielle cohérente en actualisant le PDI et en définissant les secteurs prioritaires.

Ces trois réponses ne comportent visiblement aucune innovation. Il s'agit d'un retour à la politique axée sur des filières avec promotion des exportations qui n'a pas prospéré aux troisième et sixième plans quinquennaux.

Quant à l'état des lieux du tissu industriel, le PDI de 1988 l'avait fait en profondeur ; mais il a curieusement débouché sur l'élaboration du DSRP dont on connaît le sort. La nouveauté semble donc être « l'élaboration urgente d'une politique industrielle cohérente ». Là encore, l'on se demande ce qu'est devenue la déclaration présidentielle de 2004 : « les Grandes Ambitions » ne seront possibles que s'il y a « une véritable mutation de notre économie », mutation conditionnée par la formulation d'une « politique industrielle de grande envergure ». Encore une fois, les langueurs d'une technobureaucratie et d'une technoploutocratie administrative allergiques à la créativité et à l'innovation ne parviennent pas à donner suite aux directives élaborées au rang le plus élevé de l'échelle politique. Pourtant, les batailles économiques et industrielles se gagnent par la force des idées, de l'innovation et de la créativité. Les résultats du recensement général des entreprises (RGE) de l'Institut National de la Statistique (INS) en 2009 et analysés en 2011 fournissent des données éclairantes sur le paysage industriel du Cameroun au terme de la première décennie du XXIe siècle.

Encadré N°3 : Critères du Ministère des PME, de l'Économie sociale et de l'Artisanat

Investissements et chiffre d'affaires en F CFA

Critères	Micro entreprise (TPE)	Petite Entreprise (PE)	Petite & Moyenne (PME/PMI)	Grande Entreprise (GE)
Effectifs employés	0-5	5-20	20-50	Plus de 50
Investissement initial	Jusqu'à 200 000	Jusqu'à 500 000	Jusqu'à un milliard	Plus d'un milliard
Chiffre d'Affaires	Jusqu'à 500 000	Jusqu'à 500 000	Jusqu'à un milliard	Plus d'un milliard

LA DÉMOGRAPHIE DES ENTREPRISES EN 2009 : NOMBRE OU QUALITÉ ?

Sur les 11 685 entreprises dénombrées par l'INS, 85 % (9 917) sont de très petites tailles (TPE), contre environ 2 % de GE (grandes entreprises). Le reste, soit 13 %, représente les PME/PMI. En matière de concentration sectorielle, 54,7 % de ces entreprises sont créées dans le textile, la confection, le cuir et la chaussure. Dans la catégorie GE, 25 % des unités industrielles font dans l'alimentation, les boissons et le tabac ; 18 % dans le bois, le papier ; l'imprimerie et l'édition, 17 % dans la chimie, le raffinage du pétrole, le caoutchouc et le plastique. Ces trois branches pèsent environ 60 % de l'industrie légère et utilisent encore des technologies obsolètes. La vraie question n'est donc pas de célébrer la forte natalité des entreprises stimulée par la facilitation des procédures, mais leur espérance de vie ou leurs capacités à créer de la valeur et des emplois.

Les réformes amorcées devraient mettre un accent sur l'accompagnement instrumental, organisationnel, opérationnel et financier de ces nouveau-nés. À cet effet, de nouvelles structures techniques ou financières décentralisées devraient assurer un encadrement horizontal des nouvelles unités de production dans différentes phases de leur cycle de vie. Autre sujet de réflexion, la position du Cameroun au classement des 500 premières entreprises africaines. Un classement publié par Jeune Afrique Hors-série n° 32, édition 2013, renseigne à suffisance sur les performances observées.

Tableau 40 : Performance des grandes entreprises camerounaises

Entreprise	Secteur	Classement		Chiffre d'affaires 10^3	Résultats nets 10^3
		2013	2012		
Société Nationale de Raffinage	Hydrocarbure	76	104	1 935 790	ND.
Société Nationale Hydrocarbures	Hydrocarbure	83	86	1 809 850	43 111
Société Anonyme des Brasseries	Boissons	246	229	563 189	87 342
AES African Power Co.	Distrb. électr.	297	305	429 884	156
MTN Cameroun	Tel. Mobile	308	500	419 667	56 191
Orange Cameroun	Tel. Mobile	362	378	330 671	56 451
Groupe CFAO Cam.	Diversifié	405	405	290 516	ND.

Source : données reconstituées à partir de Jeune Afrique Hors-Série n° 32, édition de 2013

Au regard de ces scores, seules deux entreprises publiques du secteur des hydrocarbures apparaissent au TOP 100 (76e et 83e rangs) ; les Brasseries du Cameroun, filiale du Groupe français Castel, occupent la 246e position devant les deux entreprises de la téléphonie mobile, MTN et Orange, filiales de groupes globaux. Dans ce classement, l'Afrique du Sud s'impose en tête du peloton, suivie par l'Afrique du Nord en tant que communauté économique régionale. La première entreprise d'Afrique au sud du Sahara opérant dans le secteur non pétrolier est nigériane (DANGOTE CEMENT) ; elle est classée à la 107e place en 2013, en progrès de quatre positions par rapport à 2012. Dans le secteur de l'agroalimentaire, le groupe SIFCA de Côte d'Ivoire est classé au 145erang.

Ce classement conforte celui réalisé en avril 2007 par le mensuel AFRICAN BUSINESS[80] dans lequel aucune firme camerounaise n'est classée parmi les 200 meilleures du continent. De même, aucune société camerounaise n'a été jugée éligible dans AFRICA'S TOP 250 COMPANIES d'avril 2013. Par contre, on confirme la domination des entreprises sud-africaines, nigérianes, égyptiennes, mais aussi, mauriciennes, marocaines, kenyanes et botswanaises. Ces classements soulèvent la question du rôle que peuvent jouer les multinationales de la bière et du téléphone pour la réalisation du rêve d'émergence en 2035 !

---

80 African Business n° 330: Africa's Top 200 Companies, African Business' annual ranking; April 2007.

Tableau 41 : structure (en %) des entreprises industrielles par branche d'activité

Branche d'activité	% entreprises	TPE	PE	ME	GE
Industries extractives	0.2	0.1	0.6	0.7	3.5
Alimentation, boissons et tabac	5.9	3.7	14.1	21.5	24.6
Textiles, confections, cuirs et chaussures	54.7	63.4	10.5	1.7	1.9
Industrie du bois, papier, imprimerie et édition	9.3	7.8	13.1	22.8	17.7
Chimie, raffinage, caoutchouc, plastique	0.8	0.2	1.3	2.8	16.5
Matériaux constructions en métal et fonderies	8.2	7.6	6.1	19.2	8.5
Ouvrages métal. appareils électriques, transport	0.9	0.6	1.8	3.9	3.1
Autres industries manufacturières	13.7	13.7	29.1	1.0	1.5
Électricité, gaz et eau	0.6	0.2	1.1	1.8	10.8
Construction	5.7	2.8	22.3	24.6	11.9
TOTAL	100.0	100.0	100.0	100.0	100.0

Source : INS/RGE 2009

Tableau 42 : Structure (en %) déclinée selon la taille de l'entreprise

Branche d'activité	Total	TPE	PE	ME	GE
Industries extractives	100.0	24.0	20.0	20.0	36.0
Alimentation, boissons et tabac	100.0	52.5	16.1	22.2	9.2
Textiles, confections, cuirs et chaussures	100.0	98.4	1.3	0.2	0.1
Industrie du bois, papier, imprimerie et édition	100.0	71.1	9.6	15.0	4.2
Chimie, raffinage pétrole, caoutchouc et plastique	100.0	20.7	10.9	21.7	46.7
Matériau de construction, métalliques et fonderies	100.0	78.3	5.0	14.3	2.3
Ouvrages métal., appareils électriques et mat. transport	100.0	53.7	13.0	25.9	7.4
Autres industries manufacturières	100.0	84.9	14.4	0.4	0.3
Électricité, gaz et eau	100.0	32.4	12.2	17.6	37.8
Construction	100.0	42.2	26.7	26.5	4.7
Total	100.0	84.9	6.8	6.1	2.2

Source : INS/RGE 2009

Le positionnement compétitif de quelques entreprises est analysable dans la matrice du Boston Consulting Group, une approche par portefeuilles d'activités représentant les domaines de développement, les parts de marché et le taux de croissance du chiffre d'affaires.

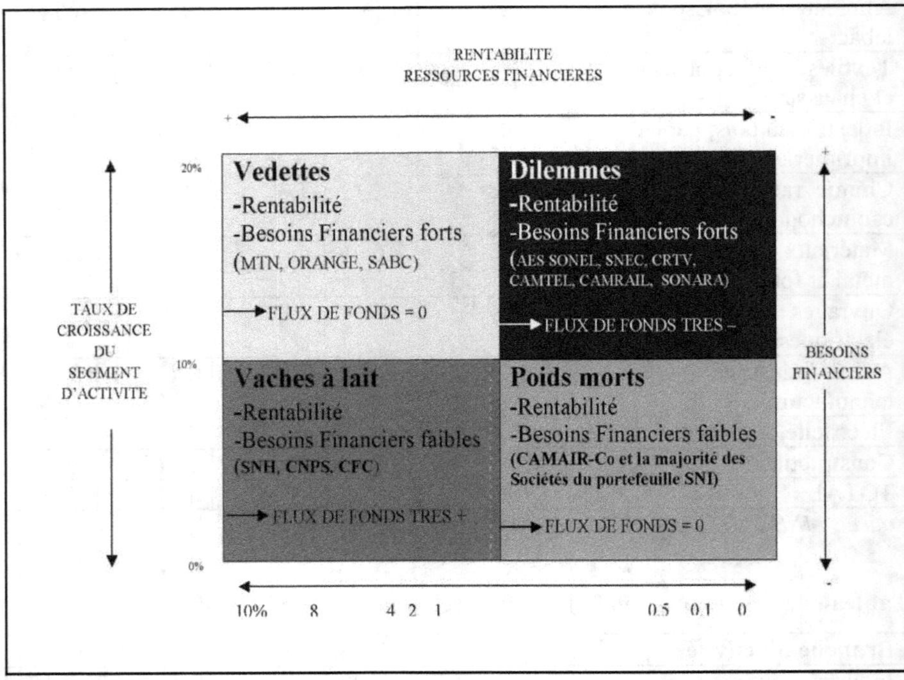

Visiblement, l'efficacité vantée des entreprises publiques n'est qu'un leurre. Plusieurs d'entre elles sont considérées comme des organisations vaches à lait de l'État, quand elles ne sont pas des dilemmes ou des poids morts.

Encadré N°4

Les vaches à lait contribuent peu à la croissance, mais fournissent des liquidités permettant de financer d'autres entreprises ou d'autres activités grâce aux ponctions opérées par les pouvoirs publics. La Caisse Nationale de Prévoyance sociale, la Société Nationale des Hydrocarbures ainsi que le Crédit Foncier du Cameroun entrent dans cette catégorie.

Les vedettes sont des entreprises en bonne position au plan concurrentiel. Elles contribuent à la croissance et s'autofinancent. Ce sont généralement des entreprises en phase de développement et qui, lorsqu'elles auront atteint la maturité, deviendront des pourvoyeuses de ressources. MTN et Orange sont visiblement les plus remarquées dans ce classement...

Les poids morts bénéficient des ponctions opérées sur les vaches à lait. C'est le cas de Cameroon Airlines devenue CAMAIR-Co, dont on ne compte plus les financements engloutis et les faibles perspectives de rentabilité qu'elle dégage.

Les entreprises dilemmes contribuent à la croissance, mais réclament des liquidités. Elles épuisent les efforts des promoteurs et les poussent à trancher entre les dissoudre simplement ou continuer de les financer. Les entreprises ***dilemmes*** ne sont pas condamnées à le demeurer ; ce sont de potentielles ***vedettes*** en attente de solutions ; on les retrouve dans le secteur du tourisme à l'instar de l'Hôtel des Députés et dans l'agro-industrie.

La CAMAIR-Co est un prototype d'entreprise poids mort, gérée par une stratégie de fils à papa. Ainsi, malgré la forte sécurité financière que lui assurent les pouvoirs publics et la préférence que les voyageurs camerounais lui portent, la firme bat de l'aile et traîne un lourd passif qui se transmet d'un manager à l'autre. Cette approche tranche avec la stratégie de champion que poursuivent MTN et Orange. Ces firmes réalisent de bons scores dans la création de valeur, grâce aux compétences managériales globalisées, des sécurités relationnelles garanties par leur réseau mondial des implantations, un cadre juridique favorable, des ressources humaines en recyclage constant pour s'adapter aux mutations technologiques rapides, et la coordination de nombreux sous-traitants.

La plupart des entreprises du portefeuille de la Société Nationale d'Investissement (SNI) appliquent la stratégie de l'assisté, qui diffère de celle de fils à papa dans la mesure où, bien que leurs domaines d'activité soient considérés comme peu compétitifs et de viabilité incertaine, l'État leur accorde des subventions pour les maintenir artificiellement en respiration. Les PME dont la création est désormais facilitée devraient éviter la stratégie aventureuse du quitte ou double, compter tout d'abord sur leurs propres compétences et les sécurités relationnelles dans un domaine d'activité choisi. Il y en a d'autres qui ont une certaine ancienneté, mais font de mauvais scores. Elles devraient se méfier de la stratégie suicidaire[81] qui les pousserait à se maintenir dans un domaine à faible valeur alors que leurs compétences déclinent et qu'elles ne disposent plus d'un marché pertinent. C'est dire que les difficultés des entreprises peuvent provenir des choix stratégiques, des styles de management ou du mauvais ciblage de marchés. L'autre contrainte de l'entreprise camerounaise est son incapacité à utiliser pleinement ses équipements.

LA SOUS-EXPLOITATION DES CAPACITÉS INDUSTRIELLES INSTALLÉES

Quelle que soit la taille des entreprises, nombreuses sont celles qui ne parviennent pas à optimiser l'utilisation des capacités chèrement acquises. Les industries alimentaires sont les premières concernées en raison de l'incertitude dans leur approvisionnement en intrants locaux ou importés, et le mauvais aiguillage vers des marchés porteurs. Dans le secteur de la construction, les dysfonctionnements du régime des marchés publics et la sous-consommation des crédits d'investissement pénalisent les entreprises soumissionnaires en empêchant l'utilisation appropriée de leur logistique.

Tableau 43 : Utilisation des capacités industrielles installées en 2010

		Nombre d'entreprises	**Taux d'utilisation des capacités de production**
Type d'entreprise	TPE	293	43 %
	PE	253	47 %
	ME	296	72 %
	GE	80	68 %
Sous-secteurs	Extraction	16	87 %
	Industries alimentaires	177	57 %
	Autres industries manufacturières	412	64 %
	Électricité, eau, gaz	31	64 %
	Construction	286	31 %
Ensemble		922	59 %

Source : INS/RGE 2009.

[81] . Ces cinq stratégies marquées par une étoile sont tirées de STRATEGOR (1997) : « Politique générale de l'entreprise », 3e édition, DUNOD, pages 235-238.

Les TPE et les PE recensées ne parviennent pas à utiliser la moitié de leurs capacités installées ; les grandes entreprises au rang desquelles les industries extractives font mieux que toutes les autres. L'angoissante question est donc de savoir ce que deviennent les 36 % des capacités de production non utilisées dans le sous-secteur électricité, gaz et eau, qui, bien que faisant l'objet de coûteux investissements, ne parviennent pas à satisfaire la demande. Dans le même contexte, une enquête menée pour le compte de l'ONUDI par Samuel NOUMSI et Jean Claude TEKEU (2001) sur *la Dimension industrielle du développement durable au Cameroun,* révèle les faiblesses structurelles de l'industrie de ce pays, le vieillissement des équipements de production atteignant plus de 62 % des 500 unités étudiées.

CONCLUSION

Le copilotage de l'appareil industriel par l'État et le secteur privé rend incontournable la reformulation de la politique industrielle au Cameroun ; le but étant de stimuler la gestion des infrastructures techniques et des compétences, de faire émerger une culture d'entreprise digne d'être enseignée dans les cycles scolaires et universitaires. Les héros et les « business angels » seraient aussi célébrés pour leurs « success stories ». Le rêve industriel sera alors porté par la vision de l'émergence, mais avant de l'aborder, il est nécessaire de revisiter le contexte qui prévalait dans le système productif camerounais d'avant la formulation de cette vision.

CHAPITRE XVII

UNE SOUS-TRAITANCE INDUSTRIELLE ASSISTÉE PAR DES MESURES ADMINISTRATIVES

La sous-traitance est une stratégie par laquelle, une entreprise délègue à une autre (très souvent une PME), une fonction (production, management, comptabilité, financement, logistique, marketing, commerciale, ressource humaine), une partie de sa production ou la production de certains composants de son produit intermédiaire ou final. Le sous-traitant s'engage à exécuter une partie ou une tâche sur la base des instructions de l'entreprise donneuse d'ordre qui conserve la haute main sur le produit et ses caractéristiques. La sous-traitance permet ainsi à la société donneuse d'ordre d'accroître sa flexibilité et de concentrer ses ressources sur des activités qu'elle juge les plus stratégiques : la politique de concurrence et de pénétration des marchés contestables, le positionnement sur des niches ou des marchés abrités par des barrières quantitatives ou qualitatives, la planification, la programmation et la synchronisation des approvisionnements.

Les firmes globales et multinationales décident très souvent d'alléger leurs activités en contractualisant avec d'autres entreprises reconnues pour la maîtrise d'un domaine, d'un input ou d'un fragment de l'activité principale. Elles externalisent donc certaines fonctions dans un réseau mondial fortement intégré. Cette pratique est courante dans les industries de technologies complexes telles que l'automobile et l'aéronautique où des pans entiers de l'activité sont délégués à des sous-équipementiers installés dans un réseau globalisé et coordonné par la donneuse d'ordre. Généralement, la commande des sièges est exécutée par des entreprises italiennes, et très souvent la comptabilité. La partie informatique ou électronique est sous-traitée aux firmes japonaises, alors que le marketing peut être localisé à Londres ou Dubaï, la fonction financière à Genève, la ressource humaine à Madrid, la logistique aux Pays-Bas, à la France, tandis qu'une partie des équipements métalliques, chimiques ou de technologie peut provenir d'Allemagne et des États-Unis. La Chine, l'Inde, le Brésil, Israël, la Russie, l'Argentine, l'Afrique du Sud et bien d'autres pays émergents participent à ces manœuvres d'efficacité productive et d'optimisation à l'échelle planétaire. C'est une nouvelle DIT (division internationale du travail).

Au plan juridique, le sous-traitant est différent du fournisseur dans la mesure où ce dernier est totalement responsable du produit ou du service qu'il propose à son client. Ainsi, l'idée répandue selon laquelle des entreprises mondialisées qui exécutent des projets structurants dans des pays en développement doivent céder une fraction de leur activité aux PME domestiques est économiquement incompréhensible dans la mesure où il ne s'agit pas d'un acte de générosité. Ces PME doivent se conformer aux standards de la DIT et prouver leurs capacités à réaliser sous garantie de qualité et suivant un timing convenu une partie des inputs (qui sont leurs outputs) d'un projet complexe au plan technologique.

LA BOURSE DE LA SOUS-TRAITANCE

Cette idée sympathique et séduisante au plan politique se met en œuvre au prix de nombreuses tractations. Il ne s'agit pas de décider au nom d'une idyllique inclusion économique, d'imposer aux grandes firmes de réserver un quota d'activité à la PME locale. Cela est sans doute faisable pour des recrutements de personnel d'encadrement. La raison principale d'une firme n'est pas de créer du travail pour d'autres entreprises, mais de maximiser le profit pour ses actionnaires. Toutefois, dans sa stratégie de minimisation des coûts, elle peut identifier certaines tâches qu'elle peut externaliser et les faire faire, sans que cela relève d'un calcul politicien, d'un arrangement diplomatique ou administratif. Ce serait un mauvais service rendu aux entreprises domestiques dont la connexion à l'entreprise globale doit se justifier par sa maîtrise des processus technologiques.

Il est également courant que des PME se créent sur la base des opportunités que peuvent offrir les Grandes Entreprises (GE) qui s'installent ou des grands projets du gouvernement et ainsi, cibler et négocier des offres de sous-traitance dans des domaines de leur spécialité pour lesquelles elles disposent d'un avantage compétitif. Par contre, si ces PME se créent sur des bases opportunistes en attendant les appuis du gouvernement pour obtenir une part de l'activité de ces firmes, elles vont devenir un problème au lieu d'une solution à la création de valeur et à l'efficacité managériale. En tant que problème, elles vont provoquer des inerties et des inefficacités qui empêchent les

GE de respecter les délais des contrats et aussi, la qualité des produits. Bien évidemment, ces PME qui revendiquent leur part dans l'activité vont manquer au rendez-vous du transfert de technologie dans le processus de réalisation des projets à fort contenu de savoir. En conséquence, elles risquent de se spécialiser dans des activités dévalorisées et sans réelles perspectives comme celles de livreurs de sable ou de vendeurs de repas à proximité des grands chantiers.

Étant donné que c'est la GE qui répond de la qualité du produit final, les PME sous-traitantes doivent fournir des garanties de connaître l'architecture d'une industrie, ses processus, sous-activités et produits finaux. C'est sur cette base qu'elles se positionnent en donnant la preuve de leurs capacités et de leurs performances. Bien sûr qu'il est socialement ou moralement incompréhensible que de gros investissements s'exécutent dans un pays sans fournir du travail à la PME. Ce n'est pas çà le débat. La question est celle de savoir si la base industrielle locale est en capacité de saisir les opportunités et asseoir sans porter préjudice aux performances de la firme donneuse d'ordre. Jean Pierre Angelier souligne à propos que : « l'intérêt individuel des firmes ne correspond pas nécessairement à celui de l'ensemble de l'économie. C'est pour cela que l'intervention des pouvoirs publics reste toujours nécessaire afin de veiller à ce que soit maintenue la cohérence économique et sociale sur laquelle repose toute l'économie nationale[82] ». C'est cela qui se fait au Cameroun, et les données issues du Ministère des PME indiquent que plus de 76 milliards F CFA de chiffre d'affaires ont été réalisés par les entreprises sous-traitantes en 2017. Par contre, impossible de savoir sur quel potentiel, au prix de quelles transactions, ni la valeur ajoutée produite et les marges bénéficiaires correspondantes.

LA MAÎTRISE DE LA NOMENCLATURE D'ACTIVITÉS

En théorie, les activités consomment des coûts, et les produits consomment des activités. C'est dire qu'à chaque produit est attachée une nomenclature d'activités. La maîtrise de la nomenclature d'activités constitue un préalable pour un positionnement réussi dans le métier de sous-traitance. Elle permet la comparabilité des coûts directs et indirects ainsi que des gains réalisables en produisant à l'échelle. Le travail de fragmentation des activités ou de parcellisation des tâches

---

[82] Angelier, J. P : Économie industrielle. Éléments de méthode ; Presses Universitaires de Grenoble, 1991.

devrait être accompli par des statisticiens nationaux, en lien avec les entreprises et les groupements professionnels. La connaissance des processus productifs permet aux PME de faire des anticipations rationnelles en vue de leur positionnement sur des chaînes de valeur industrielles. C'est ainsi qu'en perspective de l'installation d'une chaîne de montage de véhicules au Cameroun, certaines PME auraient déjà proposé de produire certaines pièces de technologie en fer, aluminium ou en caoutchouc comme des boulons et autres. Des PME dans la boulonnerie par exemple pourraient se créer en joint-venture avec les firmes dont les véhicules seront montés à Kribi.

CHAPITRE XVIII

PANORAMA DE L'ACTIVITÉ INDUSTRIELLE À LA VEILLE DE LA FORMULATION DE LA VISION

Tableau 44 : Chiffre d'affaires nominal (en milliards F CFA) et effectif employé des entreprises

Branche d'activité	Nbr. d'entreprises	Chiffre d'affaires	Effectif employé	Effectif féminin
Industries extractives	25	434.3	1 162	209
Alimentation, boissons et tabac	695	593.9	19 447	4 239
Textiles, confections, cuir, chaussures	6 387	99.1	14 162	4 856
Bois, papier, imprimerie, édition	1 084	235.1	12 043	1 378
Chimie, raffinage, caoutchouc, plastique	92	1 177.5	10 481	1 424
Matériau de construction, métallurgie, fonderie	184	129.0	1 756	118
Ouvrages métalliques, appareils électriques et matériels de transport	880	310.7	6 808	1 974
Autres industries manufacturières	1 600	30.0	4 743	400
Électricité, gaz et eau	74	275.0	8 530	2 152
Construction	664	228.2	8 757	1 368
Total	11 685	3 502.7	87. 889	18 118

Source : INS/RGE 2009.

Tableau 45 : Répartition des entreprises selon la source du capital en 2008

Type d'entreprises	Capital social					
	Majoritairement camerounais		Majoritairement étranger		Non déclaré	
	Nombre d'entreprises	Effectif d'employés	Nombre d'entreprises	Effectif d'employés	Nombre d'entreprises	Effectif d'employés
TPE	9 733	19 898	166	683	18	34
PE	562	3 403	39	421	192	1 106
ME	370	3 274	50	1 403	295	4 460
GE	110	19 616	80	23 837	70	7 754
Ensemble	10 775	48 191	335	26 344	575	13 354

Source : INS/RGE 2009

Mathématiquement, « 92 % des entreprises industrielles appartiennent aux Camerounais, mais 90,3 % sont des TPE. Plus de la moitié de ces unités relèvent de l'industrie du textile et de la confection. En outre, les industries à capital majoritairement camerounais emploient 54.8 % des effectifs contre 30 % pour les entreprises contrôlées par les étrangers[83]».

Autre révélation dans la période antérieure à 1997**,** « la longévité des entreprises à capitaux majoritairement camerounais est deux fois inférieure à celle des entreprises étrangères. Depuis 1997, période relativement stable, la survie des entreprises à capitaux camerounais semble élevée et devient comparable à celle des unités de production réalisées sur capitaux étrangers[84] ». Les leviers de longévité ne sont pas explicités dans l'enquête. Serait-elle déterminée par la profitabilité économique qui s'améliore, la maîtrise du management, ou les barrières à la sortie de certaines industries ?

---

[83] INS/RGE 2009 ; p.73.

[84] INS/RGE 2009 ; p.74.

Tableau 46 : Évolution de l'emploi industriel

Année Secteur	2003	2004	2005	2006	2007	MOYENNE
1. Agro-industrie	33 268	33 055	33 602	34 573	36 837	34 267,0
2. Forêt	3 162	2 116	2 395	2 395	2 481	2 509,8
3. Eau/ Énergie	5 783	6 024	5 567	5 630	6 019	5 804,6
4. Alimentaire	1 727	1 725	1 930	2 130	2 500	2 002,4
5. Boissons/Tabacs	3 216	3 436	2 544	2 527	2 598	2 864,2
6. Textile/Cuir	1 336	1 154	941	943	956	1 066,0
7. Papier, Plastiques	821	670	611	665	587	670,8
8. Chimie	899	498	490	391	315	518,6
9. Ciments/ Métallurgie	1 505	1 431	1 506	1 501	1 500	1 488,6
Secteur industriel	51 717	50 109	49 586	50 755	53 793	51 192,0

Source : ETC /GICAM

L'évolution de l'emploi industriel est globalement atone avec des effectifs qui se tassent autour de 51.000 (y compris les emplois temporaires). Ainsi, le secteur industriel crée-t-il peu d'emplois ; il en a beaucoup perdu en 2005. L'agro-industrie se distingue par un nombre très élevé d'emplois (65 % en moyenne du secteur industriel), la pénibilité du travail et les bas salaires. Bien que le pays produise du pétrole, la chimie apparaît comme un secteur en déclin avec une diminution de 64 % d'emplois en quatre ans. Celui du papier et des matières plastiques se présente sur des perspectives incertaines. Par contre, les secteurs agro-industrie, eau et énergie sont potentiellement porteurs de croissance ; le respect des délais de mise en service de nouvelles infrastructures énergétiques constitue un enjeu réel.

Tableau 47 : Évolution des exportations de quelques produits de l'industrie locale (en millions F CFA)

Produits	2003	2004	2005	2006	2007
Préparations alimentaires et autres	12 311,1	6 567,1	1 858,6	4 887,9	7 124,9
Bière et boissons gazeuses	4 684,1	2 807,8	1 625,6	1 515,3	4 858,9
Tissu en coton	957,0	469,0	3386	132,5	147,1
piles électriques et autres batteries	2 275,0	781	706	1 629,0	889,2

Source : INS, Statistiques du Commerce extérieur, 2008.

L'agro-industrie emploie 67,9 % des effectifs (majoritairement des temporaires et des jeunes) du secteur industriel, et paie 33,7 % de la masse salariale. Selon l'INS, « la croissance du PIB est principalement tirée depuis l'an 2000 par le secteur tertiaire et, depuis 2007, par ce dernier et le secteur agricole. Les évolutions sont dans l'ensemble d'amplitudes extrêmement modérées, se situant entre 2 % et 4 % »[85].

DES PANNES DANS LE MOTEUR DU FINANCEMENT DE L'INDUSTRIE

Le dépôt de bilan des principaux mécanismes d'accompagnement des porteurs de projets industriels : FONADER, FOGAPE, BCD, CAPME, Centre National du Commerce extérieur (CNE), Crédit Agricole du Cameroun (CAC), Office National de Commercialisation des Produits de Base (ONCPB), aura contribué à modifier fondamentalement l'offre de financement de l'industrie camerounaise. La mortalité qui a frappé les entreprises publiques du secteur productif s'est également soldée par l'effondrement du système bancaire dont la restructuration coûtera cher à l'État, aux entreprises et aux ménages ; et, même la santé recouvrée de certains établissements bancaires à la suite de douloureuses réformes ne s'est pas accompagnée d'une volonté de rattraper les opportunités perdues. Au contraire, le bricolage et la frilosité dans l'octroi des crédits à la production se sont généralisés et les banques sont devenues surliquides au sein d'une économie en stress de liquidités ; et elles s'en vantent !

---

[85] INS/RGE 2009 ; p.71.

En refusant de prendre des risques, les banques d'affaires se sont repliées sur le crédit à court terme : 85 % des montants accordés, dont 40 % au commerce général de distribution et d'exportation. Les projets industriels bénéficient de crédits courts, inadaptés, de rentabilité souvent lointaine ou incertaine. Les financements longs bénéficient majoritairement aux grands projets de télécommunications qui absorbent près de 50 % du volume. Le secteur agricole reçoit 10 % des crédits de courtes périodes ; mais l'offre totale de crédits (court, moyen et long terme) reste très faible par rapport à la demande. Or, selon la Food and Agriculture Organisation (FAO), chaque État doit allouer 25 % du budget national à l'Agriculture. Au Cameroun, ce taux atteint à peine 8 % en matière de dotations ; les décaissements étant une autre affaire.

Tableau 48 : Évolution de l'offre du crédit bancaire au secteur rural

Rubriques (montants en milliers de F CFA)	2001		2002		2003		2004	
	Montant	% par rapport au total crédit	Montant	% par rapport au total crédit	Montant	% par rapport au total du crédit	Montant	% par rapport au total du crédit
Production agricole	81 664	6,6	88 216	6,8	82 374	5,8	81 976	5,5
-Production non transformée	17 266	1,4	21 037	1,6	20 139	1,4	15 961	1,1
-Première transfo. produits agricoles	27 351	2,2	28 517	2,2	22 610	1,6	25 829	1,7
Annexes de l'Agriculture	37 048	3,0	38 660	3,0	39 625	2,8	40 186	2,7
Produits de l'élevage	1 116	0,09	1 603	0,12	930	0,07	2 118	0,14
Produits de pêche	4 209	0,34	4 727	0,37	4 853	0,34	4 813	0,32
Total Secteur	86 990	7,06	94 547	7,30	88 166	6,23	88 907	5,98

Source : INS/RGE 2009

Des tendances à la stagnation, voire à la contraction des volumes de crédits accordés à la production du secteur rural se confirment. Des sommes allouées à l'activité agropastorale et halieutique sont dérisoires au regard de l'important marché national et sous régional à satisfaire ; d'où la nécessité de créer des mécanismes de financement aptes à soutenir vigoureusement ce secteur potentiellement créateur d'emplois et de valeur. La profondeur des filières, la largeur des gammes de produits et la diversité des métiers à promouvoir constituent de réelles incitations. Aussi, au regard des importations massives de denrées alimentaires de grande consommation comme le riz et les huiles végétales, la stratégie gagnante serait d'affecter des financements massifs pour inverser la tendance et se positionner comme exportateur net de ces produits vers les grands marchés de proximité tels que le Nigéria et la République Démocratique du Congo (RDC).

Tableau 49 : Structure du PIB (en %)

Libellé	1993-1994	1995-1999	2000-2004	2004-2009
Secteur primaire	20.4	20.2	20.3	20.9
Secteur secondaire	36.1	32.8	31.1	26.6
Secteur tertiaire	27.2	29.3	32.7	35.8
PIB non marchand	9.2	8.6	8.8	9.1
PIB TOTAL	100.0	100.0	100.0	100.0

Source : INS, Comptes nationaux.

Le PIB du secteur primaire est généré à 64 % par l'agriculture, 18 % par la forêt et 15 % par l'élevage. Le secteur rural rapporte 30 % des recettes en devises, une proportion qui pouvait s'accroître si la Stratégie du Secteur rural était rigoureusement appliquée.

CONCLUSION

90,33 % d'entreprises camerounaises sont des TPE, lesquelles emploient 41 % des effectifs, exactement comme les grandes firmes (GE) qui ne sont que 1 % du total. Ces grandes entreprises contrôlées à 80 % par le capital international fournissent une fois et demie plus d'emplois que les 9 733 TPE et sept fois plus que les 370 PME recensées. Un important parc d'entreprises voit le jour à la fin de la première décennie du XXIe siècle, à la faveur des facilités administratives mises en place. Près de la moitié (46 %) du chiffre d'affaires industriel est fournie par seulement deux branches : - industries extractives (12,4 %), - raffinerie du pétrole (33,6 %), activités réputées très capitalistiques et extraverties. Le financement bancaire sectoriel (dont le réseau et les guichets restent limités) est fortement discriminatoire, la préférence étant accordée aux projets agricoles, au détriment de ceux de l'élevage et de la pêche en dépit de leur rentabilité avérée.

CHAPITRE XIX

UNE POLITIQUE DE RELANCE ÉCONOMIQUE PLUTÔT MOLLE

La mollesse et l'atonie caractéristiques de l'économie camerounaise ont été soulignées dans un diagnostic largement partagé lors d'une mission conjointe FMI-Banque Mondiale-Banque africaine de Développement qui s'était déroulée à Yaoundé du 10 au 20 septembre 2007[86]. Plus en détail, l'on a noté :

- la décélération de la croissance depuis 2004 ;
- la productivité globale et sectorielle en déclin depuis 2002 ;
- la sous-exécution des investissements financés sur ressources internes ou externes ;
- le climat des affaires en détérioration constante ;
- des coûts de transaction encore élevés ;
- une corruption endémique ;
- une offre d'énergie inférieure à la demande ;
- le faible niveau de rémunération du travail.

Ce diagnostic n'est que le cumul des dysfonctionnements devenus systémiques. Deux années plus tard, le ministre camerounais de l'Industrie déclarera : « L'activité industrielle est caractérisée par une atonie aussi bien structurelle que conjoncturelle. Le tissu industriel est peu diversifié et peu densifié ; les acteurs manquent de dynamisme pour conquérir le marché mondial[87]». Bien sûr que ce n'est pas seulement le marché mondial qui est hors de portée des industriels camerounais ; le marché domestique est tout aussi faiblement approvisionné en produits du terroir. De nouvelles réformes structurelles ont tout de même été initiées depuis 2006, reconnue comme période post-point d'achèvement, pour inventer des ressorts de relance économique. Sans

---

[86] Extrait de notre Note interne (Conseiller technique du MINEPAT) à la hiérarchie, le 25 septembre 2007.

[87] Ministre des Mines, de l'Industrie et du Développement technologique, Badel NDANGA NDINGA à l'ouverture de la 20e édition de la Journée de l'industrialisation de l'Afrique, le 20 novembre 2009.

doute, une façon d'ajuster l'ajustement. Cet ajustement devrait tenir compte de :

L'INEFFICACE OPÉRATIONNALISATION DES RÉFORMES STRUCTURELLES

Il a été constaté en 2007 que la mise en œuvre des mesures inscrites au programme triennal FRPC (Facilité pour la réduction de la pauvreté et pour la croissance) appuyé par le FMI n'a pas permis d'atteindre le niveau de performance souhaité. Cet échec est imputable à l'investissement qui n'a pas été au rendez-vous et au manque de précision dans la conduite des réformes. Dans un contexte de morosité économique, l'on avait constaté que :

- le secteur primaire a connu des fluctuations non maîtrisées ;
- le secteur secondaire manquait de repères et se dégradait fortement ;
- la tertiarisation de l'économie amorcée est mal encadrée et perdait des opportunités.
- Avec insistance, les bailleurs de fonds ont critiqué :
- les privatisations mal préparées et mal conduites ;
- La faible compétitivité des entreprises ;
- le faible niveau d'intermédiation bancaire doublé d'un faible taux de bancarisation ;
- l'insuffisance du réseau d'infrastructures notamment, au plan énergétique.

Au total, l'économie camerounaise ne sécrétait aucune puissance susceptible de propulser une croissance forte, tellement les leviers identifiés étaient peu ou pas exploités. Ces faibles performances économiques étant selon les bailleurs de fonds, le fait de l'incapacité et de l'incompétence de l'administration à impulser la machine économique pour obtenir une croissance vigoureuse et pérenne. Cette incapacité avérée ou supposée, est récurrente dans l'analyse des taux de réalisation des investissements toutes sources de financement consolidées. S'agissant du processus de privatisation et de restructuration des entreprises, en dehors du cas CAMAIR avec ses déficits d'exploitation rivalisant les subventions (9 à 10 milliards CFA par trimestre), la réhabilitation de CAMPOST est symptomatique de graves lacunes stratégiques et techniques. Des solutions excessivement financières, juridiques ou fiscales ont fini par occulter les tares managériales des entreprises publiques ; d'où cette réaction de Nicolas Guilhot :

> *Les autorités de la Banque Mondiale ont expliqué les résultats désastreux des politiques poursuivies au cours des années 80 par une erreur : avoir voulu restructurer les politiques macroéconomiques sans prendre en compte l'ensemble des facteurs institutionnels influençant leur mise en œuvre. La faillite était ainsi imputée à des blocages politiques internes, des intérêts particuliers ou des trafics d'influence*[88].

En outre, le débat sur l'affectation des fonds reçus des remises de la dette extérieure aura inspiré la proposition de transformer ce mécanisme en appuis budgétaires directs. Des négociations ont eu lieu avec les partenaires bilatéraux pour conclure de nouveaux arrangements ; ce fut le cas pour le C2D (Contrat de Désendettement Développement) avec la France. La soutenabilité de toutes les mesures arrêtées ou envisagées commande un leadership éclairé des pouvoirs publics et la repotentialisation des solidarités au niveau technique et institutionnel. Le poids des exportations de produits non transformés demeure un autre sujet de grande préoccupation.

DIFFICILE DE CONJURER LA MALÉDICTION DES MATIÈRES PREMIÈRES.

Les dotations factorielles naturelles du Cameroun ne sont pas entièrement identifiées et celles qui le sont restent sous-exploitées. Aux dires de François CHESNAIS (1997) :

> *Les pays dont l'intégration dans les échanges mondiaux s'est faite à l'époque de la domination coloniale ou semi-coloniale ouverte en tant qu'exportateurs de produits primaires agricoles ou miniers, ont été particulièrement atteints par des substitutions de matières de base destructrices des courants d'échange* [89]*; c'est le cas du Cameroun. Et l'auteur d'ajouter : « Tout converge pour*

---

[88] Guilhot, N., Associé de recherche à l'Institut Universitaire européen, Florence (Italie) ; extrait d'un article d'*Une Vérité à l'Autre, les politiques de la Banque Mondiale*, paru dans le Monde diplomatique de septembre 2000 ; http://www.monde-diplomatique.fr/2000/09/GUILHOT/14194-html

[89] Chesnais. F., (1997) : *La Mondialisation du capital* ; nouvelle édition augmentée ; Alternatives économiques ; SYROS.

que ces pays restent prisonniers de spécialisations rendues caduques par l'évolution des connaissances scientifiques et des technologies accumulées par les pays avancés[90].

Ensuite, précise-t-il, en tant qu'anciens pays colonisés, héritiers d'appareils d'État créés par la puissance tutélaire et dotés d'élites dirigeantes formées à l'école du parasitisme et de la corruption, ils sont pratiquement sans défense face à de telles évolutions[91]. Cette position reçoit un commentaire appuyé d'ABISSAMA ONANA (2001) :

Aucune politique de développement économique et social, même de type philanthropique, ne peut trouver une voie de salut crédible dans le système néo-féodal, car, le ''néo-féodalisme'' morcelle les composantes économiques, sociales et culturelles d'un pays où rien de solide ne peut se construire. C'est donc un système de désarticulation, de désagrégation et non d'intégration ayant comme finalité dialectique, une paupérisation endémique[92].

Il est donc question de repenser le système pour tirer le pays de cette malédiction programmée et, comme le dirait Cheick Hamidou Kane[93] : « apprendre à lier le bois au bois, et à vaincre sans avoir raison ». L'instrumentation du processus de rattrapage du retard industriel sera-t-elle portée par le croisement des savoirs, des compétences et des expériences sur les chantiers ouverts ou imaginables pour que le Cameroun fasse son entrée dans l'économie globale en suivant des trajectoires qui lui sont propres ? Les choses ne semblent pas être aussi aisées que la formulation de belles phrases ; d'où l'inévitable et angoissante question de savoir si, au regard de ses nombreux et riches gisements, le Cameroun est actuellement en capacité de démarrer une industrie lourde, notamment, la sidérurgie ?

LA CONTRAINTE MAJEURE AU DÉMARRAGE DE L'INDUSTRIE LOURDE : LA PAUVRE QUALITÉ DE L'EXPERTISE LOCALE

Le développement de l'industrie lourde s'est avéré cahoteux au Cameroun en raison de l'absence des capacités technologiques,

---

[90] Idem.

[91] Ibidem.

[92] Abissama, O. (2001), l'Économie néoféodale et l'État corrompu en Afrique : le cas de la République du Cameroun. Note d'analyse du cabinet conseil **Prescriptor.**

[93] Cheikh Amidou Kane : « L'Aventure ambiguë » ; Julliard (1961).

humaines, financières, énergétiques et infrastructurelles. Difficile donc d'emprunter des raccourcis dans un domaine aussi complexe que celui de la sidérurgie. La France par exemple a commencé par régler les aspects scientifiques de ses anticipations industrielles en créant dès le XVIIIe siècle, des Grandes Écoles pour asseoir sa base de compétences en ressources humaines. Elle a créé :

- L'École des Ponts et Chaussées (1747).
- L'École Polytechnique (1794).
- Le Conservatoire des Arts et Métiers (1798).
- L'École Normale supérieure (1798).
- L'École Centrale des Arts et Manufactures (1828)
- L'École Nationale d'Administration (ENA, 1945).

La création de la prestigieuse ENA intervint deux siècles après celle des Ponts et Chaussées, et 150 ans après celle de l'École Polytechnique. Or, le Cameroun a d'abord pensé à former des administrateurs ; l'École Nationale d'Administration et de Magistrature (ENAM) est créée en 1959, quatorze ans seulement après l'ENA de Paris, avant de s'intéresser aux écoles d'ingénieurs et des techniciens. Les ingénieurs sortis des moules des grandes écoles françaises auront permis l'écriture des pages de l'aventure industrielle dans l'automobile, le chemin de fer et les ouvrages divers en métaux tels que la tour Eiffel inaugurée en mars 1889. Cette base de connaissances aura catalysé l'innovation et l'adaptation d'outils de production pour satisfaire la demande domestique et mondiale. Richard Cobden constate que :

> *L'Angleterre est sans rivale dans la production d'objets manufacturés ; mais il y a un pays qui détient la première place dans la fabrication d'articles exigeant une manipulation délicate, le meilleur goût et l'application la plus habile des lois de la chimie et de l'art de la fabrication ; ce pays, c'est la France. » Avec un brin d'humour britannique, il insinue : « Comme marchands, les Anglais sont de beaucoup supérieurs aux Français, mais comme manufacturiers, les Français sont tout à fait nos égaux. Si les Français avaient les avantages naturels que nous avons, ils auraient fait et feraient tout ce que nous avons fait"*[94].

Robert Lucas va dans le même sens lorsqu'il affirme qu'

[94] Richard Cobden (1867) : « Political writings ».

En France, la politique industrielle et les services d'État s'appuient sur une lignée de commis, majoritairement issus de l'École Polytechnique et de ses Écoles d'application. Ce sont ces grands commis qui ont élaboré la doctrine qui inspire les hommes politiques dont une partie vient de leurs rangs ! Les ministres la présentent au public, mais en sont rarement les inspirateurs[95] *! Il considère que : « l'accumulation du capital humain est un facteur endogène de croissance », tandis que Robert Barro affirme que « la dépense publique en matière d'éducation, de R&D, d'infrastructures de transport et de communication, est directement productive et doit être considérée comme un des facteurs de la fonction de production*[96].

L'industriel américain Henry Ford était tout aussi intraitable sur ce sujet ; pour lui, « les deux actifs les plus importants de l'entreprise ne sont pas dans son bilan ; ce sont, ses hommes et sa réputation[97] ». Rappelons qu'à la fin du XXe siècle, 400 000 jeunes Russes obtenaient chaque année leurs diplômes d'ingénieurs, deux fois plus que les Américains. La Chine du début du XXIe siècle forme au moins 5 000 000 d'ingénieurs par an et nombreux sont ceux qui obtiennent des bourses de spécialisation pour l'étranger. Les performances économiques de ces pays parlent d'elles-mêmes.

CONCLUSION

La ressource unique des sociétés qui ont survécu à tous les périls et s'envolent vers les victoires de demain, c'est la ressource humaine. Tout homme est capable d'inventer, d'imaginer. Il n'existe pas dans les rythmes de la nature, de fatalité millénaire. Les PED peuvent sauter toutes les étapes des XIXe et XXe siècles, grâce aux nouveaux défis de la science. Aujourd'hui, la main-d'œuvre recherchée est celle qui est capable à travers la formation continue, de maîtriser les nouvelles technologies et les connaissances pointues[98].

---

[95] Lucas R. cité par Christian de Boissieu dans « La croissance : ruptures ou continuité ? Le Cercle des économistes ; article publié dans Problèmes Economiques n° 3 006 du 10 novembre 2010.

[96]. Barro R. J. (2000), Les facteurs de la croissance économique, Economica.

[97] . Henry Ford, cité par Christine Drullion in, « Les ONG : nouvelles sentinelles de la réputation des entreprises ».

[98] Pisar Samuel : La Ressource humaine (1983).

Pour solidifier sa base de connaissances scientifiques et techniques, le Cameroun devrait créer des Écoles d'ingénieurs très élitistes, un mix d'expériences à la française, chinoise, américaine, japonaise, indienne, britannique donnerait un bon bouquet en matière de formation et de spécialisation.

CHAPITRE XX

DES ASYMÉTRIES GÉOPOLITIQUES DANS L'INDUSTRIE MINIÈRE

L'ordre économique dans lequel s'inscrit la valorisation des ressources minières se trouve au cœur de la Division internationale du Travail (DIT) marquée par des rigidités structurelles telles la localisation des productions et des échanges, présentant de ce fait de flagrantes asymétries dans son processus. Ainsi, la volonté du Cameroun de se déspécialiser des minerais bruts et d'installer des capacités de transformation (fonderies, laminoirs, raffineries), se heurte-t-elle aux réalités inhérentes à la nature de cette industrie mondialement structurée. Notablement, la localisation des industries de transformation des minerais ne relève pas de la seule volonté du propriétaire de la mine ; elle fait face aux spéculations des compagnies métallurgiques très souvent en position de monopole ou d'oligopole. Globalement, la stratégie des PED de se doter de capacités pour traiter une part plus importante de leurs minerais s'est progressivement affirmée dans le temps. La Conférence des Nations Unies pour le Commerce et le Développement CNUCED IV (Genève 1975) présentait ce sujet comme un des axes d'industrialisation à privilégier dans les PED, mais la matérialisation de cette intention n'a pas suivi.

LES PAYS EN DÉVELOPPEMENT EN POSITION DE FAIBLESSE

Le processing local des minerais dans les pays en développement est un problème qui résiste aux essais de solutions du fait que les firmes minières généralement triadiques et véritables oligopoles intégrés en amont n'ont aucune volonté de se diversifier en aval. La décision de délocaliser la transformation dans les lieux d'extraction procède d'une politique plus globale qui ne relève pas de la simple rentabilité des projets miniers pris individuellement et encore moins du désir des pays propriétaires de gisements. Fondamentalement, la stratégie des firmes de ce secteur est d'accroître leur taille, leur compétitivité, leur résistance aux secousses conjoncturelles de type boursier, aux fluctuations de l'activité économique (élasticité à court et moyen terme de l'offre et de la demande) focalisée sur la triade (Europe de l'Ouest, Amérique du Nord, Asie du Sud et de l'Est), ainsi qu'aux mutations dans les technologies. Il s'agit en fait de rechercher le maximum de puissance qui corresponde à la dimension critique à partir de laquelle, elles peuvent peser dans le jeu concurrentiel, dans les négociations internationales ou avec les pouvoirs publics des pays propriétaires de minerais, et tirer profit des conflits éventuels.

La recherche d'économies d'échelle est aussi un argument massif pour ces firmes dont la tendance est d'élever les barrières à l'entrée de l'industrie dont elles aspirent à contrôler tous les segments du processus économique. Yves Morvan donne son point de vue sur cette problématique en ces termes : « Les politiques de filières et d'intégration verticale poussent les firmes dominantes à contrôler divers stades du processus économique, de façon à internaliser de nombreuses fonctions ainsi qu'à réduire la concurrence actuelle et potentielle[99] ». Il s'agit ainsi d'un mode de protection contre les ruptures brusques d'approvisionnements comme ce fut le cas du pétrole en 1973 et en 1979-80. Pour René DUMONT,

> *Se réserver ainsi des gîtes métallurgiques de premier ordre est une nouvelle forme de brigandage capitaliste. Tous les profits se situent, comme pour le pétrole, dans la transformation et non dans l'activité extractive. Le contexte des relations Afrique-France-Europe, empêche l'apparition actuelle de vrais pôles de développement, capables d'animer toute l'économie du continent noir*[100].

L'EXPLOITATION DISCRIMINANTE DES MINERAIS D'UN GISEMENT : RUTILE, ILMÉNITE OU ZIRCON ? COBALT OU NICKEL... ?

Juridiquement, les gisements minéraux sont la propriété de l'État et font partie de son domaine stratégique. Les conventions de recherche et d'exploitation minières sont conclues entre l'État et des entreprises, lesquelles sont tenues d'appliquer son régime minier. Et pourtant, les

---

[99] Yves Morvan (1991), *Fondements de l'économie industrielle,* Paris, 2e édition, page 154.

[100] Dumont, René : *l'Afrique noire est mal partie* ; Seuil, 1962. Édition revue et corrigée en 1973.

choses se passent différemment. Le rôle des pouvoirs publics d'orienter la valorisation minière en tenant compte de la soutenabilité fiscale, sociale et environnementale, se trouve contrarié par la complexité naturelle des gisements et par des barrières techniques et financières érigées par des firmes globales. Aussi convient-il de relever que les sables contenant des minerais sont souvent **polymétalliques,** c'est-à-dire composés de métaux complémentaires ou concurrents dans une perspective industrielle ou commerciale.

Au Cameroun, les gisements de rutile contiennent également de l'ilménite et du zircon, tous les trois minerais de titane, extractibles par le même processus technique et pour des applications industrielles identiques ou complémentaires. Il en va de même du choix alternatif entre le cobalt ou le nickel. Le chrome, le zinc, le manganèse, l'étain, le fer, l'aluminium, ou le cuivre... se retrouvent très souvent dans un même bassin minier, à des taux de concentration variés. Dans ces cas, la décision d'exploitabilité d'un minerai incombe à la firme transnationale détentrice des procédés, des capitaux et d'un grand pouvoir de négociation. La maîtrise des stades de transformation, la valeur marchande des produits intermédiaires ou finaux et les circuits de commercialisation échappent presque entièrement à l'État propriétaire.

En conséquence, il lui est difficile, faute d'outils et d'expertise de vérification appropriés, de contrôler ou d'auditer l'exploitation exclusive d'un minerai dont le processus est fatalement lié ou non à un autre. Bien plus, le sort du minerai dont l'extraction est différée, est également un sujet de préoccupation. Dès lors, l'objectif régalien que l'État se fixe de stimuler la recherche et le développement minier sur son sol pour s'affranchir des groupes globaux est soumis à la dure réalité géoéconomique. C'est dans ce contexte d'accaparement externe du patrimoine qu'apparaissent les coûts d'opportunité et de transaction du fait que l'État n'est pas maître du jeu industriel et notamment, celui relatif au secteur minier. En l'état actuel de la gouvernance industrielle mondiale, ce secteur réputé intensif en moyens technologiques, financiers et infrastructurels, développe des asymétries et un pouvoir d'éviction des propriétaires de leurs sites miniers, au bénéfice des exploitants. Ces abus sont éloquemment analysés par A. Chieng (1989) :

Les États cherchent à se protéger des excès auxquels ont donné lieu les formes anciennes d'exploitation minière : détention de concessions pour des durées très longues, exploration insuffisante, rétention d'information sur les découvertes effectuées, exploitation exclusive des gisements les plus riches, pertes de profits considérables en raison de la sous-évaluation des exportations et la surévaluation des importations d'inputs.

À ce tableau pathétique, il ajoute « les faibles efforts de formation du personnel local, la faible valeur ajoutée locale et le refus d'effectuer la transformation sur place, même si elle se justifie au plan économique[101] ».

TRANSFORMATION SUR SITE OU EXPORTATION DU MINERAI BRUT ? UNE VISION BINAIRE EN FAVEUR DES MULTINATIONALES

Le marché des métaux est généralement un oligopsone fortement concentré en aval parce que les firmes de transformation minière redoutent les ruptures d'approvisionnement susceptibles d'induire des coûts marginaux très élevés sur les achats. Dans cette logique, les firmes impliquées préfèrent négocier la valeur retenue en matière de salaires, d'impôts et taxes, de dépenses induites par l'utilisation des infrastructures et des services facteurs (eau, électricité, téléphone, transports). Or, le pays producteur pense qu'il pourrait améliorer son pouvoir de captation des retombées et sa prégnance sur les rentes si l'infrastructure de transformation se développait à proximité du bassin minier.

L'argument défendu par les nationaux est que l'exportation des produits transformés améliore le solde extérieur ; mais c'est sans tenir compte du fait que la fusion et le raffinage sur site ne sont possibles qu'au prix de lourdes et coûteuses importations d'intrants et d'équipements miniers indispensables et dont la dépense est susceptible d'annuler les rentes espérées. Il faudrait également considérer que l'approvisionnement en intrants miniers s'accompagne dans certains cas, d'un endettement sur les marchés financiers et bancaires qui obère les résultats de l'entreprise nationale ou nationalisée. C'est dire que la question de transformation minière ne devrait pas s'analyser sur la base d'un nationalisme frileux, mais au vu des enjeux nationaux, sectoriels

[101] A.Chieng (1989) : Entreprise chinoise, une gestion-système. Une contribution à l'Encyclopédie de gestion, sous la direction de Patrick Joffre et Yves Simon, Paris, Economica, pp. 985-992.

ou globaux, et des impacts sur le commerce, la société et l'environnement. Pour cela, il reste fort compréhensible que le pays propriétaire de la ressource revendique le droit de contrôler l'aval de la filière. Mais, l'entrée dans l'industrie minière ne s'effectue pas sur une base patrimoniale ou sentimentale. De nombreuses barrières financières et scientifiques existent ou peuvent apparaître dans chaque segment du processus et siphonner tous les gains attendus par l'État. René Dumont pense à ce sujet qu'

> *Avec ses ressources naturelles, il serait possible de produire en Afrique - en des points rationnellement choisis -des centaines de tonnes de métaux. Les énormes investissements que cela nécessite risqueraient d'être gaspillés si chaque État tenait à posséder son industrie lourde, pour satisfaire son désir de prestige. Les hauts fourneaux et les aciéries d'Afrique tropicale exigeront, pour fonctionner économiquement, de l'énergie bon marché, un marché assez large, des techniciens formés, des transports de matières premières non prohibitifs*[102].

CONCLUSION

Le problème du choix alternatif de minerais à exploiter à partir d'un gisement polymétallique relève à la fois de l'économie industrielle internationale, de la géopolitique et de la géoéconomie. La connaissance de ces logiques globales permet d'éviter des analyses romantiques ou politiciennes développées par des États-nations. Comme le constate Ekani Onambélé, « la première grande leçon est que l'État porte dans les pays sous-développés modernes, une immense responsabilité dans la lutte pour le développement économique et social ».

---

[102] Dumont, René ; L'Afrique noire est mal partie. Édition du Seuil, 1962. Édition revue en 1973 ; page 104.

QUATRIÈME PARTIE

LA VISION 2035 : UNE UTOPIE SUR FOND DU ROCHER DE SISYPHE

INTRODUCTION

Dans les chroniques de l'histoire économique du Cameroun, on peut relever la récurrence de quelques programmes :

1°) L'amélioration de l'accès à l'énergie électrique ;

2°) La création des infrastructures de communication et de télécommunication ;

3°) La modernisation des filières agricoles ;

4°) La transformation industrielle locale des produits de rente ;

5°) La construction des logements sociaux ;

6°) La réduction de la pauvreté.

Ces programmes ont bénéficié des préférences budgétaires dans l'espoir que les effets multiplicateurs attendus seraient diffusés sur le corps économique et social en créant des opportunités et du potentiel pour l'investisseur industriel. Dans le passé, bien des choses ont été essayées ou presque pour atteindre le sommet. Mais, le rocher redescendait chaque fois au pied de la montagne. La vision de l'émergence peut être considérée comme une reprise de souffle pour un autre départ ; cette fois, en se servant de nouveaux muscles et d'un élixir différent pour doper les acteurs impliqués dans la réussite de ce pari.

Encadré N°5 :

Utopistes (du grec *ou* préfixe privatif et de *topos* « lieu », signifiant « ce qui n'est d'aucun lieu »), adeptes d'un concept d'une société idéale. Le terme « utopie » fut forgé par Thomas More dans son ouvrage *l'Utopie* (1516). Dans la société qu'il a imaginée, la rationalisation et la planification sont poussées à l'extrême ; il décrit une société dépourvue des inégalités de statut et d'argent. Aujourd'hui, le concept d'utopie a perdu son caractère totalitaire et sa connotation péjorative, grâce notamment au philosophe allemand Ernst Bloch (1885-1977), qui considérait que dans une logique marxiste, le besoin d'imaginer de nouvelles perspectives sociales ne relève pas de l'aliénation, mais d'une conscience réflexive de l'homme. Karl Mannheim démontra dans *Idéologie et Utopie* (1927) que les deux termes ont pour point commun la volonté de transcender l'être humain, le quotidien vécu. On peut établir une typologie des utopies rêvées et des utopies réalisées.

La République de Platon, décrit la société idéalisée de Sparte, ses principes dirigistes et ascétiques, l'idéal d'une rationalité sociale absolue.

CHAPITRE XXI

L'ÉCONOMIE CAMEROUNAISE PEUT-ELLE ÉMERGER À L'HORIZON 2035 ?

La Vision de l'émergence économique du Cameroun à l'horizon 2035[103] n'est ni un rêve autoréalisable ni une démarche exclusivement camerounaise ; elle fait partie d'un certain effet de mode. La CEEAC ayant fixé cet horizon en 2025, il est même paradoxal que le Cameroun, locomotive économique supposée de la sous-région, mette plus de temps à atteindre un objectif dont il est au centre de la formulation. Effet de mode ? L'émergence est devenue un slogan, comme jadis le PAS : « il y a des gens qui n'auraient jamais été amoureux s'ils n'avaient jamais entendu parler d'amours[104] ». Au plan industriel, la Vision 2035 annonce « l'ambition du Cameroun de faire passer son économie de la phase primaire à la phase de deuxième import substitution, avec une production manufacturière contribuant à 25 % au PIB, contre 11 % actuellement (2010) et un secteur secondaire dans son ensemble (y compris les industries extractives) représentant plus de 40 % du PIB ». Pour y parvenir, elle

> *Retient la nécessité d'un saut technologique industriel avec un accent sur la valorisation des matières premières locales, une modification de la structure de l'économie qui devra passer d'une dominance des activités primaires (agriculture et extraction) et tertiaires informelles, à un stade où le secteur secondaire sera prépondérant, le primaire intensif et le tertiaire professionnel, spécialisé et créateur d'emplois décents*[105].

Ainsi, à l'émergence qui est le stade final de cette Vision, *l'économie camerounaise sera intégrée à l'économie mondiale aussi bien d'un point de vue commercial (exportations et importations), que financier (ouverture des marchés financiers locaux aux capitaux extérieurs).* S'agissant du rythme et de la méthode, la Vision opte pour

---

[103] DSCE, p. 14.

[104] La Rochefoucauld (1613-1680) ; Maximes.

[105] DSCE.

l'accélération de l'investissement comme moteur de la croissance, le développement de l'industrie et une politique commerciale ambitieuse.

La stratégie d'industrialisation conçue pour atteindre le stade de Nouveau Pays industriel repose sur trois grands axes. Au plan industriel, la Vision 2035 annonce : « L'ambition du Cameroun de faire passer son économie de la phase primaire à la phase de deuxième import substitution, avec une production manufacturière contribuant à 25 % au PIB, contre 11 % actuellement (2010) et un secteur secondaire dans son ensemble (y compris les industries extractives) représentant plus de 40 % du PIB ». Pour y parvenir, elle « retient la nécessité d'un saut technologique industriel avec un accent sur la valorisation des matières premières locales, une modification de la structure de l'économie qui devra passer d'une dominance des activités primaires (agriculture et extraction) et tertiaires informelles, à un stade où le secteur secondaire sera prépondérant, le primaire intensif et le tertiaire professionnel, spécialisé et créateur d'emplois décents[106] ». En particulier, la production manufacturière bénéficiera de fortes incitations. De même, le poids des exportations de produits manufacturés dans la structure des échanges sera modifié au détriment des produits primaires. Rénovation stratégique ou un grand bond en arrière ? Sans doute les deux, puisqu'il s'agit de s'appuyer sur :

- La révolution agricole ;
- Le développement des industries extractives ;
- La compétitivité des filières à fort potentiel de croissance et d'emplois ;
- L'amélioration du climat des affaires ;
- Le développement de la recherche, de l'innovation et de la normalisation.

Ces actions ont déjà été programmées dans un passé récent ou lointain, mais sans succès. Cette fois, il est sans doute question de marcher sur les traces des Nouveaux Pays industriels ; or, cela est-il possible alors que les erreurs du passé ne sont ni reconnues ni corrigées ? Bien plus, comment s'engager dans une voie de rattrapage sans puiser dans les ressources culturelles locales qui diffèrent aussi largement de celles des pays de référence ?

---

[106] DSCE.

Tableau 50 : Les principales données macroéconomiques (en %) de la première phase de la Vison 2035

INTITULÉ	2010	2011	2012	2013-2015	2016-2020
PIB réel	3.1	4.8	5.3	6.1	5.9
PIB non pétrolier	3.8	4.5	5.1	6.2	6.2
PIB réel par habitant	0.2	1.9	2.4	3.1	2.9
Recettes non pétrolières/PIB	12.6	12.5	12.5	12.4	12.8
Taux d'investissement	18.6	19	19.3	19.7	22
Taux d'investissement public	2.4	2.4	2.4	2.4	2.2
Recettes fiscales/PIB	11.2	11.1	11.2	11.3	11.8
Impôt sur le commerce international	1.7	1.7	1.6	1.3	0.8
Recettes publiques totales	15.5	16 .5	17.2	16.8	15.8

Source : DSCE, 2009.

L'évolution monotone du PIB et des autres agrégats laisse voir une croissance haletante, qui s'essouffle dès 2014, en rupture avec les prédictions de taux qui approcheraient ou atteindraient les deux chiffres pour que les objectifs définis puissent se réaliser. Tout le défi est dans les recettes publiques totales hors pétrole qui diminuent depuis 2012, et sur les ressorts de leur résilience.

UN COÛT DES INVESTISSEMENTS DIFFICILEMENT SOUTENABLE

Le coût global du programme décennal de construction des ouvrages de production et de transport d'électricité est d'environ 5 853 milliards F CFA ; la création et la réhabilitation des réseaux coûteront 663 milliards F CFA à l'horizon du DSCE (2020). Le linéaire kilométrique des routes bitumées passerait de 5 250 en 2010 à 8 500 en 2020 ; soit une augmentation de 3 250 km (62 %). Noble ambition ; mais il faudra compter avec l'ampleur de la corruption et des coûts de transaction qui renchérissent la construction des infrastructures. Le Bureau Afrique Centrale de la Commission économique pour l'Afrique (BAC/CEA), dans son mensuel HIGLIGHT N° 27 de septembre 2009, rapportait que le kilomètre linéaire d'une route bitumée coûte 300 millions F CFA en Afrique de l'Ouest, entre 900 et

1 000 millions F CFA au Cameroun. Mentalement, le coût des routes à bitumer reviendrait à 3 250 milliards FCFA ; s'y ajoutent les infrastructures et les équipements d'aménagement du territoire dans les secteurs de la santé, de l'éducation, de l'eau potable, ainsi que les subventions aux établissements et entreprises du portefeuille de l'État. Le financement de l'investissement entre 2010 et 2020 se situerait autour de 20 000 milliards F CFA, c'est-à-dire deux fois le montant du PIB de 2010. Le problème est moins dans le volume des crédits à mobiliser (bien que cela représente tout de même un réel challenge), que dans la passation et l'exécution des marchés relatifs à ces projets : **du pain béni pour les acteurs du système** !

L'ÉQUATION NON RÉSOLUE DU FINANCEMENT DES PROJETS

La question est aussi de savoir quels seront les générateurs des ressources pour le financement de ces coûteux programmes alors que la tendance est à la stagnation des recettes fiscales depuis 2012, et pétrolières dès 2015. Les financements extérieurs restent l'ultime solution ; or à ce niveau également, il y a des verrous et le Cameroun ne peut à nouveau s'endetter comme il le veut, quelle que soit la pression de ses besoins. L'encadrement de son endettement par la communauté financière internationale date de l'atteinte du point d'achèvement de l'initiative PPTE en 2006. Des mesures conservatoires sont prises pour empêcher au pays de s'endetter à nouveau de manière insoutenable.

Même si les critères de convergence en matière économique contenus dans le règlement CEMAC n° 12/07-UEAC-186-CM-15 du 19 mars 2007 portant cadre de référence de la politique d'endettement et de gestion de la dette publique donnent au gouvernement d'importantes marges de négociation de nouveaux emprunts pour financer son développement, il doit tenir compte de l'avis de son parlement au plan interne et au plan externe, des donateurs internationaux. En application dudit règlement, le Cameroun a déjà mis en place un comité national de la dette publique pour coordonner sa politique en la matière, en lien avec les autres politiques macroéconomiques. Le défi est que ce comité soit libre de fonctionner de façon indépendante, responsable et professionnelle !

Le document de stratégie de l'endettement désormais annexé à la loi des finances demande au gouvernement de faire ressortir :

- La justification de l'emprunt ;
- Les plafonds d'endettement et les garanties accordées par l'État ;
- La structure du portefeuille de nouveaux emprunts ;
- Les termes indicatifs des emprunts ;
- Le profil de viabilité de la dette sur un horizon de 15 ans.

Le Parlement est alors appelé à donner son accord (comme s'il avait la latitude de faire autrement) sur la volonté du gouvernement à contracter de nouveaux emprunts. Les pressions de l'Exécutif en moins, c'est tout de même un pas important vers la sincérité, la transparence et l'appropriation démocratique des domaines jusque-là réservés aux initiés des administrations centrales. Cependant, le passage au budget-programme depuis janvier 2013 est loin de simplifier les choses pour des parlementaires qui ne bénéficient pas toujours de la coopération d'une administration réputée zen, arrogante et peu nerveuse tant que ses intérêts sont menacés. La recherche des ressources sûres pour l'investissement ne sera pas épargnée de l'éventualité des chocs économiques et technologiques, ni par la volatilité des cours des matières premières et des devises, et encore moins par des mutations industrielles, sociales et politiques à l'échelle mondiale, régionale ou nationale.

L'AIDE AU DÉVELOPPEMENT PEUT-ELLE FINANCER L'INDUSTRIALISATION DU CAMEROUN ?

La réponse à cette question passe par l'évocation sommaire de l'histoire de l'Aide publique au Développement (APD) et son intervention dans quelques opérations industrielles au Cameroun. Historiquement, l'aide aux colonies faisait déjà l'objet des critiques d'Adam Smith qui y avait consacré une vingtaine de pages dans son ouvrage *La Richesse des nations* paru en 1776. Pour lui et pour le courant des économistes libéraux, l'aide est une transaction perverse en tant qu'allocation de ressources hors marché ; le marché étant considéré comme l'unique mécanisme efficace de coordination des agents et d'allocation optimale des ressources. Elle est allouée pour la première fois à travers le programme américain d'assistance aux citoyens du Venezuela en 1812. Sous la pression des lobbies de producteurs, les

Américains se serviront de leurs excédents agricoles en 1896 pour aider d'autres pays qui avaient de la peine à combler leurs déficits alimentaires (Hjertholm et White, 2000). Les dons de riz, de blé et de lait américains feront ensuite le tour du monde en développement. Mais, ce n'est qu'au lendemain de la Deuxième Guerre mondiale que l'appareil de l'APD se structure, et l'idée d'une solidarité internationale prend corps ; elle sera ensuite guidée par des intérêts politiques et géostratégiques au cours des années 1950 et 1960.

Les années '70, '90 et 2000 sont marquées par l'obligation morale des pays développés du Nord d'aider ceux du Sud dans leurs efforts de réduction de la pauvreté et de la dette publique. Grâce à l'encadrement idéologique, technique et financier de la Banque Mondiale et du Fonds Monétaire International, les années '80 sont celles de la mise en place des Politiques d'Ajustement structurel et de relance économique dans les pays en développement surendettés. Les débats sur la question de l'aide au développement sont nombreux et souvent passionnés. Pour P.T. Bauer (1984), idéologue engagé, « aider les responsables sur la base de la pauvreté de leur population a plus de chance d'encourager les politiques d'appauvrissement que d'y faire obstacle ». Cette hostilité à l'égard de l'aide apparaît également dans l'analyse néo-marxienne du développement qui trouve en l'APD, un instrument du mode de reproduction global des rapports d'exploitation centre-périphérie, et un moyen de renforcement de la dépendance des pays du Sud vis-à-vis de ceux du Nord.

Pour Samir Amin, cette dépendance tient au fait que l'aide constitue un biais à l'allocation sectorielle des investissements en même temps qu'elle privilégie les activités qui renforcent l'insertion du pays bénéficiaire dans une DIT de type impérialiste. Pour resituer l'APD dans sa complexité dialectique, Jean Michel Severino et Pierre Jacquet rappellent que :

> *L'aide au développement est la seule véritable politique publique globale à dimension financière, même si sa mise en œuvre est et demeure éparpillée entre de très nombreux acteurs bilatéraux, multilatéraux ou non gouvernementaux. Elle est le fruit de la Seconde Guerre mondiale, de la décolonisation et de la guerre froide*[107].

[107] Severino J.M. (ancien directeur général de l'Agence française de Développement : AFD) ; Jacquet, P. (Chef économiste à l'AFD) : « l'aide au développement, une

Mais cela ne l'empêche pas d'exprimer quelques scepticismes : « Refonder une légitimité de cette politique publique en en faisant un instrument de gestion de la mondialisation n'est pas suffisant. Il faut non seulement que ses fondements conceptuels soient solides, mais aussi que ses modalités de gestion soient performantes[108] ». Au plan doctrinal, l'acheminement direct de l'APD aux projets industriels des pays récipiendaires a été soigneusement évité. Cependant, on peut établir que l'aide accordée aux secteurs des infrastructures, de l'agriculture, de la santé et de l'éducation soit considérée comme indirectement adressée à l'industrie. Au Cameroun, des bailleurs bilatéraux non traditionnels : Chine, Inde, Brésil, Turquie, Afrique du Sud, Maroc, Tunisie... interviennent directement dans des projets/programmes d'investissement négociés au niveau sectoriel ; d'où la question : l'aide extérieure peut-elle contribuer à modifier la structure industrielle et des échanges ?

Pour Cindy Williams, elle ne le peut pas, car il s'agit « d'aider l'économie d'un pays à dépasser le stade où il en est réduit à consommer ses semences. La majeure partie de l'aide aux pays les plus pauvres ne parvient même pas à leur faire franchir ce cap ; elle se borne à les hisser au niveau de l'économie de subsistance[109] ». Pour franchir ce cap, J-M Severino et P. Jacquet proposent que l'aide au développement ait désormais pour but « d'assurer des transferts financiers et de connaissance, et de contribuer à la fabrication d'une gouvernance légitime de la mondialisation, en lui permettant d'atteindre des objectifs économiques qui seuls la rendront durable ». De ce point de vue, les parties prenantes devraient refonder l'aide dans une perspective de progrès économique et social, et d'équilibrage des relations Nord-Sud. Pour cela, elles devraient vérifier que les conventions de financement en négociation ou en exécution soient assorties des modalités de transfert du savoir ou tout simplement de technologie, pour emprunter au langage consacré. En ceci, la gouvernance des programmes et projets de

---

politique publique au cœur du développement durable et de la gouvernance de la mondialisation ». Article paru dans la Revue de l'Économie Financière, n° 66, 2002.

[108] Idem.

[109] Cindy Williams, directrice adjointe de la Division Sécurité nationale, au ''Congressional Budget Office :''Evaluation de l'incidence de l'aide extérieure sur le développement'', article paru dans *Perspectives économiques*, revue électronique de l'USIA Volume 1, N° 11, août 1996. Extrait de son exposé en mai 1996 devant la sous-commission sénatoriale chargée des affaires africaines sur le rôle de l'aide extérieure dans le développement économique.

développement devrait se préoccuper de la création de valeur dans l'industrie et le commerce, impacter l'économie dans son processus de connexion à une globalisation respectueuse des droits humains. Autrement, « notre pays restera durablement hors de l'échiquier de l'économie mondialisée, et donc, réduit à une économie de mise en valeur » (Professeur Georges Ngango, 1990).

Dans le Cameroun des années '70, les entreprises publiques plus généralement, et assez souvent celles du secteur privé, ont bénéficié d'importants transferts extérieurs au titre de la dette rétrocédée ou avalisée. Malheureusement, l'insolvabilité réelle ou artificieuse de ces emprunteurs de second rang a contribué au surendettement de l'État au cours des années 1980. Le tableau qui suit présente un échantillon de ces sociétés qui en raison de leurs pauvres performances, n'ont pas réussi une sécrétion de valeur dans leur processus d'exploitation pour aider l'État à rembourser la dette contactée.

Tableau 51 : Investissements (en milliards F CFA) et emplois dans certains complexes industriels ou agro-industriels

SOCIÉTÉS	Coût des investissements en 10^9	Nombre d'emplois créés
SOCAME	30	380
CELLUCAM	75*	2 200
ALUCAM	23,2	77
CAMSUCO	23,7	3 126
SODEBLE	10*	500
SEMRY II	13,6	7000 (prévus)
SONARA	66	302

Source : IDA, J. C. Willame[110].

LA CELLULOSE DU CAMEROUN : LE GRAND GÂCHIS DU SIÈCLE DERNIER

En dehors des 75 milliards F CFA engloutis au titre de l'investissement, la société traînait un endettement de long terme de 88 milliards, et environ 9 milliards F CFA de charges financières. Aux yeux du gouvernement et des opérateurs économiques, il était insupportable d'abandonner des infrastructures industrielles et le capital fixe acquis à un coût historiquement élevé. Plusieurs initiatives de sauvetage sont nées. L'une d'elles consistait à restructurer cette

[110] "Report and recommendations of the President of the International Development Association (IDA) to the Executive Directors". Report n° P-3074-CM. Washington, 1981. Cité par J. C. Willame : « Cameroun, les Avatars du Libéralisme Planifié ».

entreprise en liquidation controversée depuis l'arrêt de ses activités en 1986. Une nouvelle firme, REETONE, tentera de la reprendre en 1991 ; elle mourra en gestation deux ans plus tard, et l'espoir sera reporté vers la CPPC (Cameroun Pulp and Paper Company) SA. Mais des douleurs d'avortement aboutirent à la mort de cette jeune mère et de son fœtus. Le groupe indonésien LAFIMAR Holding domicilié au Luxembourg, candidat à la reprise, essayera de ressusciter ce rêve qui sera à nouveau brisé. L'aventure n'a pas prospéré en raison de la crise économique qui sévit en Asie de 1997 à 1998. CRAFTON Ltd prend le contrôle de la CPPC SA par le rachat des droits de LAFIMAR Holding. Ainsi depuis 2002, CRAFTON Ltd domicilié aux Pays-Bas tentera vainement de mobiliser un pool d'investisseurs pour réhabiliter le site industriel par injection de 338 milliards dans la CPPC SA, pour une création virtuelle de 2 300 emplois (BABIKOUSSANA, 2004). Cette autre initiative s'est évanouie dans le brouillard des montages financiers fumeux.

Cet imbroglio ne va pas faciliter le traitement politique de ce dossier au sein des instances gouvernementales. L'interruption de ces stratégies ruineuses était impossible par une expertise nationale aux compétences limitées. Le suspens perdure pendant que les infrastructures se décomposent sous les intempéries, les vandales ayant réussi à piller ce qu'ils pouvaient. L'affaire CELLUCAM est loin d'être un cas isolé de gaspillage dans le paysage industriel du Cameroun.

LA SOCIÉTÉ DE DÉVELOPPEMENT DU BLÉ

Le cas de cette entreprise est décrit de façon pathétique par Sophie BESSIS :

> *Les investissements nécessaires au lancement de la SODEBLE en 1975 atteignaient 10 milliards CFA. En 1978, cent hectares de blé seulement furent récoltés et les rendements ne dépassaient pas 200 kg/ha malgré une mécanisation à outrance, l'application massive d'engrais…et la présence de 500 salariés permanents dans l'entreprise. En septembre 1988, la société avait englouti des sommes gigantesques pour des résultats à peu près nuls*[111].

Ces expériences et bien d'autres, ont surendetté le Cameroun et catalysé l'occurrence d'une grave crise économique. L'accumulation des dettes va s'accélérer dès 1975, comme il apparaît dans le tableau suivant :

[111] Bessis, S. : « La faim dans le monde ». REPÈRES ; Édition La Découverte ; p. 52.

Tableau 52 : Évolution dette extérieure exprimée en millions de dollars US

ANNÉES	EN-COURS	NON DÉBOURSÉ	TOTAL
1973	236,8	194,6	431,4
1975	371,7	321,1	692,8
1977	823,6	543,7	1 367, 3
1978	1 135,6	787,3	1922,9
1979	1 636,3	1 071,8	2 708,1
1980	1 998,7	612,5	2 611,2
1981	2 020,5	544,3	2 564,8
1982	1912,0	679,4	2 591,4
1983	2 260,8	1 106,6	3 367,4

Source : Jeune Afrique Économie 56, déc. 1984.
Fin 1983, 1 dollar = 417, 1 F CFA.

Au gâchis financier consécutif aux investissements improductifs, parce que maladroitement aiguillés et mal gérés, s'est ajouté le coût social payé par la communauté, notamment des milliers de travailleurs venus de tous les coins du pays se retrouvant sans emploi. Plusieurs carrières se sont brisées et l'incertitude, doublée du déblocage tardif des dédommagements en trompe-l'œil, n'a permis ni la reconversion professionnelle ni la création de nouvelles sources de revenus. Pour beaucoup, c'était la fin d'un rêve, et très souvent, d'une vie ! Ces exemples pris parmi tant d'autres montrent à quel point les voies de l'industrialisation du Cameroun sur financement extérieur sont semées de drames. Il faudrait donc faire les choses différemment. Mais comment ? Tant que la gouvernance des affaires n'est ni efficace ni redevable ?

LA CONCENTRATION SECTORIELLE DE QUELQUES BAILLEURS DE FONDS

Depuis 2006, la concentration sectorielle des bailleurs de fonds se fait de plus en plus précise. Les principaux créanciers multilatéraux (FMI, FAD, IDA, BID, BADEA, FONDS DE L'OPEP, FIDA et UE) ou bilatéraux membres ou non du Club de Paris (Allemagne, France, Belgique, Espagne, Pays-Bas, Chine, Koweït et Arabie Saoudite), n'interviennent pas directement dans le secteur industriel.

Tableau 53 : Concentration sectorielle de l'Aide en milliards de F CFA

Nom du sous-secteur	Programmes/Projets	Période	Montant
Secteur éducation de base	8	2006 - 2013	81,4
Secteur santé	10	2003 - 2013	85,6
Secteur eau et assainissement	11	2005 - 2012	58,06
Secteur bonne gouvernance	13	2005 - 2011	39,1
Secteur appui à la décentralisation	5	2003- 2010	52,6
Secteur énergie	3	2008 - 2013	65
Secteur agriculture et sécu alimentaire	26	2004 - 2010	81,6
Secteur forêts et environnement	29	2002 - 2014	113,5

Source : matrice sectorielle du Comité Multi Bailleurs, 2009.

Ce repli idéologiquement marqué des partenaires techniques et financiers dans leurs secteurs de prédilection peut être géré de façon hautement profitable si le gouvernement se l'approprie stratégiquement. Mais le paradoxe réside dans l'utilisation des décaissements d'aide que l'on désigne pudiquement par capacité d'absorption. En novembre 2011, le Cameroun avait de nouveau franchi le seuil des 2 000 milliards de F CFA d'endettement, 2 700 milliards en 2014, puis 4 000 en 2019 alors que les taux de décaissement et de transformation de cette dette ne s'amélioraient guère. Nombreux sont des programmes et projets dont le report des dotations budgétaires s'effectue sur plusieurs exercices. La lenteur dans le décaissement des ressources, doublée de la sous-optimisation de l'utilisation des fonds reçus dans un pays en stress de liquidités comme le Cameroun est tout simplement incompréhensible, voire troublant.

La question d'absorption de l'aide extérieure[112] a été abordée en 2010 par un Think Tank, GPPi (Global Public Policy Institute). La

[112] ''Analyse des facteurs limitant la capacité du Cameroun à absorber l'aide extérieure''. Rapport rédigé par Jenny Sharrer du Cabinet Global public Policy Institute (GPPi) et traduit en français par Ghislaine Nsangou ; février 2010.

pyramide inversée des contraintes de décaissement donne plus de détails sur le phénomène :

Graphique

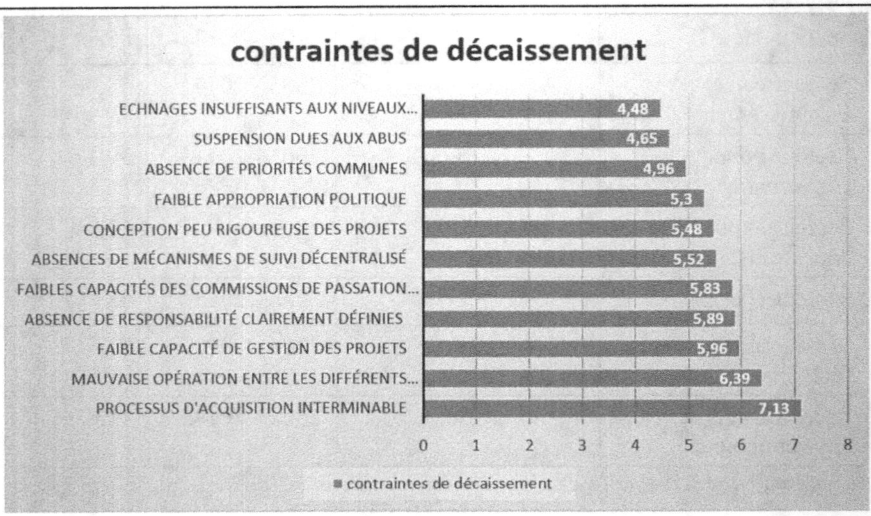

Source : GPPi 2010.
NB : la notation varie de 1 à 10.
1 = impact négatif minime sur les décaissements ;
10 = impact négatif considérable sur les décaissements.

D'autres contraintes considérées comme majeures existent, à l'instar de :

- la faiblesse des capacités institutionnelles et managériales ;
- une planification et une programmation inefficaces des projets ;
- des retards graves dans les acquisitions et les défauts de conception des infrastructures ;
- l'incertitude juridique en cas de contentieux sur les marchés publics.

Tout cela conditionne la capacité ou l'incapacité d'absorption, une expression quelque peu réductrice et faussement pédante, qui banalise un gravissime phénomène de leadership et de management. Ce terme laisse sous-entendre que les ressources pour le développement sont destinées à une consommation mécanique. Une des voies de sortie de cet engrenage est proposée par l'Union européenne.

LE CODE DE CONDUITE DE L'UNION EUROPÉENNE POURRAIT-IL PERMETTRE DE CHANGER LA DONNE ?

La difficulté d'acheminement de l'aide et sa transformation en investissements corporels ou incorporels sont des sujets de grande préoccupation. Le 15/05/2007, la Commission européenne a adopté le Code de conduite sur la Division du Travail dans la Politique de Développement pour accroître les performances de sa politique de coopération. Ce code suggère une répartition volontariste des tâches entre donateurs de l'UE (Communauté et États membres) dans les pays en développement, pour renforcer leur complémentarité. Quatre des onze principes énoncés visent à :

- réduire les formalités administratives ;
- utiliser les fonds là où ils sont le plus nécessaires ;
- mutualiser l'aide ; et,
- répartir les tâches pour fournir une aide plus importante, plus efficace et plus rapide.

Ce document constitue depuis lors la matrice de consolidation du principe d'harmonisation, une des clefs de voûte de la Déclaration de Paris de mars 2005 sur l'efficacité de l'aide. L'innovation de ce code repose sur quatre niveaux complémentarité des donateurs aux niveaux : - international - intersectoriel - vertical- des modalités et - des instruments. La démarche de coopération déléguée permet un arrangement en vertu duquel un donateur principal ou chef de file est habilité à agir pour le compte d'un ou de plusieurs bailleurs dits donateurs silencieux. Cette approche fait son chemin au sein du Comité multipartenaire au Cameroun, même si l'effectivité de son application se fait attendre. Elle continuera d'ailleurs à se faire attendre tant que le gouvernement n'exercera pas son leadership sur l'orientation et la coordination des financeurs et des financements en fonction de sa propre perspective.

D'autres partenaires au développement ont élaboré des logiques spécifiques. Le PNUD a choisi d'intervenir dans quatre domaines critiques liés entre eux :

- la gouvernance ;
- les moyens d'existence durables pour les pauvres ;
- l'avancement des femmes ;
- la régénération de l'environnement.

On note que depuis l'adoption de la Déclaration de Paris en 2005, un effort de consolidation des ressources est en cours pour faire du PNUD, la faîtière du Système des Nations unies (SNU) au niveau des États et des Régions. Du côté des donateurs asiatiques, le Japon pilote sa politique à travers la Tokyo International Conference on Africa Development (TICAD), un mécanisme qui met en œuvre un partenariat de type triangulaire entre l'Afrique, les Dragons d'Asie, et le Japon ; l'accent est porté sur la nécessité pour l'Afrique de développer des infrastructures régionales et des projets transfrontaliers, d'investir dans l'agriculture et d'œuvrer pour la réalisation des OMD.

Le développement du secteur énergétique, la promotion du commerce entre pays d'Afrique et d'Asie, l'amélioration des capacités des petites et moyennes entreprises et le renforcement des investissements directs étrangers sont au cœur de cet agenda. Le PNUD et la Banque Mondiale sont coorganisateurs de la TICAD et font partie du comité conjoint de surveillance de cette facilité en même temps que le Japon, les pays africains et l'Union africaine. En outre, le Cameroun a ouvert ses portes à la coopération chinoise qui semble lui apporter des réponses visibles, rapides et apparemment inconditionnelles à ses besoins en infrastructures. Même si ce partenariat opaque fonctionne parfois dans une logique de troc, tout au moins, chacun semble obtenir ce qu'il veut et le jeu est dénué de considérations idéologiques. En tout état de cause, les populations soutiennent le partenariat avec la Chine en raison de la visibilité des réalisations, et s'intéressent peu aux contreparties, puisque les grandes puissances et leurs multinationales qui pillent le pays depuis des lustres, n'ont pas toujours fait du développement leur souci majeur. Répondant à la question de savoir pourquoi la Chine restera-t-elle pendant longtemps sur le continent africain ? Jean-Michel Severino répond :

> *Parce qu'elle en est dépendante : elle va y chercher un certain nombre de ses solutions. Elle est acheteuse et donc elle doit être vendeuse, car l'un ne va pas sans l'autre. Elle sera la première ou la deuxième fournisseuse africaine, c'est inévitable. Et pour y parvenir, elle va être investisseuse. La Chine a commencé à délocaliser en Afrique une partie de son activité industrielle, et elle va continuer*[113].

[113] Severino, J-M. (2011), ancien directeur général de l'Agence française de développement (AFD) ; entretien au bimensuel Problèmes Économiques n° 3 010 du 5 janvier 2011.

Ces quatre expériences démontrent qu'avec une volonté politique et le leadership du pays bénéficiaire, l'APD peut intervenir directement ou indirectement dans le processus industriel ; mais il faudrait redoubler de vigilance sur la corruption, la prolifération des canaux alternatifs d'acheminement, et la fragmentation de l'aide.

LE GLISSEMENT VERS UN MIX BILATÉRAL-MULTILATÉRAL

États-Unis, Japon, Grande-Bretagne, France, République fédérale d'Allemagne, Canada, Italie et les pays nordiques considérés comme donateurs traditionnels, ont des politiques de coopération et des interventions directes vers les pays récipiendaires. Ces mêmes pays, membres d'organisations mondialisées ou communautaires, mènent en leur sein des politiques de type multilatéral basées sur des compromis et des visions négociés. Chaque système se distingue par ses propres acteurs, mécanismes, institutions, administrations, procédures et cibles. Ainsi, bien que ces pays soient contributeurs des fonds globaux, communautaires ou des « Basket Funds », ils mettent également des ressources dans les processus bilatéraux qui ont pour finalité d'accroître la visibilité et la proximité de leur influence. La contrepartie attendue des bénéficiaires se situe au plan commercial, stratégique ou idéologique ; une modalité peu lisible dans un processus multilatéral.

Analysant le comportement des institutions d'aide au développement, F. Parquement reconnaît en ce qui concerne la salubrité du système que

> *Les aides bilatérales sont parfois décidées de manière multilatérale. Ainsi, le débat entre bilatéral et multilatéral évolue-t-il en direction de la recherche d'une coalition efficace à résoudre les défis globaux, puis ceux associés aux biens publics mondiaux, le bilatéral assurant l'ancrage dans l'opinion, le multilatéral s'établissant comme le lieu de masse critique à l'efficacité propre, et comme celui où s'exerce la pression par les pairs*[114].

L'APD devient ainsi un outil de régulation de la globalisation, de géostratégie, en même temps qu'elle garde son caractère financier, technique et social. Du reste, les questions qui fâchent telles que la

[114] Ibidem.

transparence, la fragmentation, la prévisibilité, la division du travail, la corruption, la coordination et l'intermédiation dans l'acheminement de l'aide, sont rarement abordées avec sincérité et franchise dans le dialogue entre donateurs et bénéficiaires. Aussi, l'architecture administrative et les subtilités de la gestion fiduciaire sont-elles autant de difficultés managériales à surmonter ; mais, le problème est que l'on en parle si peu que la solution ne pourrait couler de source. Pour davantage complexifier le régime de l'APD, son architecture[115] s'est fortement enrichie à l'échelle globale au cours des dernières années.

Des sources du Comité d'Aide au Développement (CAD) de l'OCDE, 81 % de l'APD provenaient de 22 pays membres de l'OCDE dans les années 80. Au cours des années 2000, au moins 286 agences bilatérales, 242 programmes multilatéraux, 24 banques de développement, 40 agences des Nations Unies collectent et gèrent les fonds d'aide. S'y ajoutent les ONG, les fonds verticaux[116] ou spécialisés qui interviennent essentiellement dans les secteurs sociaux et sur des bases thématiques.

CONCLUSION

Le problème à résoudre pour porter le Cameroun au firmament des pays émergents restera bien évidemment celui de l'efficacité de son leadership et du management dans les sphères économique, administrative, financière et sociale. Pour cela, les acteurs du système doivent accroître les cadences de réalisation des programmes qui dépendent bien évidemment d'un système des marchés publics à assainir sur les plans de la transparence et de l'intégrité. De ce point de vue, une mobilisation systématique de tous les acteurs est plus qu'un vœu pour mieux gérer les sources de financement qui s'additionnent. Il faudrait également œuvrer pour que l'APD apporte une réponse industrielle directe ou indirecte au pays.

---

[115] Tous les acteurs, instruments et cadres politiques ou stratégiques régissant le développement et la mise en œuvre de l'aide destinée aux Pays en Développement. Organisation de Coopération et de Développement Économiques, mars 2009.

[116] Les fonds verticaux sont des initiatives internationales qui distribuent des fonds axés sur des objectifs thématiques. En 2008, un millier de fonds fiduciaires agissaient en tant que donateurs.

CINQUIÈME PARTIE

L'ÉMERGENCE ?
OUI, MAIS… PAS À L'HORIZON 2035 !

« On peut avoir la nostalgie des grands conquérants comme Cyrus (Roi de Perse), Alexandre Le Grand (Roi de Macédoine), Gengis Khan (Empereur de Mongolie) , Isabelle de Castille (Reine d'Espagne), Napoléon Bonaparte (Empereur de France) , Askia Mohammed (Empereur du Songhaï), Nchare (fondateur du royaume Bamoun), Abla Pokou (Reine du Baoulé), Saba (Reine d'Ethiopie), Soundiata Kéita (Roi Malinké), Moshoeshoe 1er (Roi du Lesotho), Shaka (fondateur du royaume Zoulou), *et tous ceux que nos manuels d'histoire portent au pinacle comme ayant mené leur peuple à la gloire...Avec ce monde actuel, il va falloir à ses leaders comme à ses citoyens, courage, énergie mentale et résolution..., pour puiser dans sa propre intelligence et dans sa propre créativité, les moyens de vaincre dans un combat contre les forces de l'inconnue dont nous commençons seulement à ressentir l'immensité et la capacité de destruction*[117]»

---

[117] Samuel Pisar (Le Sang De L'espoir, 1979)

INTRODUCTION

Critiquer ce qui est désormais reconnu comme vérité biblique, à savoir l'émergence à l'horizon 2035, ne signifie pas se livrer à un nihilisme exagéré, ni à une fantaisie intellectuelle comme celle de Lewis Carroll dans, *Alice au Pays des Merveilles*[118]. Il s'agit simplement de la recherche d'une voie de sortie des mauvaises pistes qui ont empêché la naissance du Cameroun industriel en dépit des multiples tentatives. La vérité est que l'émergence a un contenu social et culturel qui n'est pas traduit dans les slogans imprégnés de pédanterie qui meublent le discours politique. Elle n'est ni la fin de l'histoire d'un pays ni son accession au stade d'économie développée. Il s'agit d'un mouvement que la quasi-totalité des pays en développement a amorcé, avec des agendas différents, pour atteindre le niveau de pays à revenu intermédiaire de la tranche supérieure. Il est même possible d'envisager que l'émergence soit atteinte à l'horizon 2035, mais la condition est que le pays change totalement son logiciel de gestion de politique industrielle, en y mettant du rythme et des cadences appropriées, mais surtout, du volontarisme. Il devra s'appuyer sur l'audacieuse ambition d'investir massivement et qualitativement sur les vraies locomotives du train de l'émergence.

L'histoire reconnaît qu'au cours des cinquante dernières années, les dynamiques industrielles du pays ont été accrochées à une relative prospérité urbaine, aux productions agricoles fluctuantes au gré des intempéries, à l'importation d'inputs industriels et de l'assistance technique pour la manufacture et les grands chantiers. Actuellement, les choses ont fondamentalement changé au niveau global. L'économie de l'intelligence, les réseaux et les flux d'information et de communication, les mutations dans les modes de consommation, les menaces sécuritaires et écologiques produisent chaque jour de nouveaux défis tant locaux, nationaux que mondiaux auxquels il faut apporter des réponses.

---

[118] . Lewis Carroll (1832-1898) est un écrivain, mathématicien et logicien anglais, devenu très célèbre grâce à son roman *Alice aux pays des merveilles*, publié en 1865.

CHAPITRE XXII

POURQUOI L'ÉMERGENCE N'AURAIT-ELLE LIEU QU'À L'HORIZON 2035 ?

Hormis Douala, Edéa, Yaoundé, Kribi et Limbe dans une certaine mesure, les autres villes du Cameroun abritent très peu d'activités industrielles d'importance ; d'où la nécessité de faire des anticipations susceptibles de configurer un autre avenir pour l'industrie camerounaise. Cette inquiétude part d'un constat affligeant selon lequel les villes camerounaises s'agrandissent de manière tellement anarchique qu'il est difficile de leur donner un profil de modernité. Le gâchis de ressources économiques et foncières des cités actuelles ou en création est tout aussi absurde. Visiblement, l'option prise par les institutions en charge des politiques urbaines est d'agir par à-coups, à défaut de reculer devant la pression sociale. Ceci a fini par installer le pays dans une sorte de fatalité caractérisée par l'impossibilité réelle ou supposée d'implémenter des plans directeurs d'urbanisation (quand ils existent). La volonté politique de restructurer des villes ne fait pas l'objet de communication permanente ni de compromis entre les pouvoirs publics, le secteur privé et les organisations citoyennes. Et, comme les décisions sont prises de façon discrétionnaire ou autoritaire, elles ne sont pas acceptées par les populations visées, mais engendrent le rejet ou le courroux.

Pour certains analystes qui trouvent impossible l'urbanisation de la ville de Yaoundé suivant les normes, l'alternative serait la création d'une nouvelle capitale politique ; ce qui est loin d'être une invention camerounaise. Toutefois, il est encore possible de faire les choses plus méthodiquement en dépit du coût politique, financier, social et environnemental du reformatage des grandes cités. Cela peut se faire grâce à un leadership courageux, de bonnes stratégies et une planification intelligente, qui libèrent le pays des contradictions d'un système hérité de la colonisation. En effet, l'occupation de l'espace urbain est toujours marquée par la proximité sociologique des migrants issus des tribus et agglutinés dans la périphérie, la création d'activités économiques communautarisées et une constante référence à la coutume. Cette forme d'urbanisation dépendante a été qualifiée par

Milton Santos *d'urbanisation démographique* par opposition à *l'urbanisation technologique* dans les pays développés. Sophie Bessis trouve qu'il n'existe pas « de scission très nette entre la ville et la campagne. La survivance fréquente d'activités agricoles et d'élevage dans la ville ou à sa périphérie traduit cette intégration de la campagne dans la ville[119]».

L'autre fait marquant de la réalité urbaine au Cameroun est l'existence à côté d'un secteur moderne atrophié (9,1 % des emplois en 2008), d'un foisonnement d'activités d'un secteur informel débridé (23,1 % des emplois en 2008). Le secteur non documenté qui abrite des petits métiers, fait survivre une masse de plus en plus importante de la population qui n'a aucune possibilité d'accéder aux emplois modernes dits décents. Les inégalités sociales et économiques y sont flagrantes, autant que la misère la plus indescriptible qui côtoie une insolente opulence d'une petite bourgeoisie opportuniste faite des profiteurs de l'opacité du système des marchés publics. Des îlots de quartiers résidentiels sont donc habités par de nouveaux riches, une classe de privilégiés majoritairement arrivistes, ayant acquis fortune grâce aux positions parasitaires occupées dans l'appareil de l'État.

POUR L'ATTEINTE ÉVENTUELLE DE L'ÉMERGENCE

Depuis la deuxième moitié du XXe siècle, les villes modernes ont commencé à se ressembler à l'Ouest comme à l'Est, au nord comme au sud de notre planète. Les signes extérieurs de cette modernité sont les tours, les gratte-ciel et les autoroutes. Les métropoles plus anciennes présentent une architecture duale où l'on distingue la vieille ville de la nouvelle. Paris avec sa tour Eiffel et ses 150 musées ou encore Londres avec son imposant Big Ben et ses 240 musées rivalisent en coquetterie, en nombre de touristes et de visiteurs. Moscou, New York, Pékin, Le Caire…Mexico, Chicago ou Los Angeles, ont également des monuments qui les distinguent de façon singulière. Par contre, Yaoundé ou Douala n'ont ni la physionomie de villes historiques ni celle de villes modernes, encore moins des villes futuristes que des experts qualifient déjà d'intelligentes. Ce sont plutôt des bidonvilles traversés par des voies d'accès sommairement aménagées, de fragiles réseaux d'assainissement et d'approvisionnement en eau ou en électricité, des modes de transport non structurés et traumatisants. Les bidonvilles

[119] Sophie Bessis (1991) : *La Faim dans le monde*, édition La Découverte.

côtoient, parfois sans la moindre discontinuité, les quelques enclaves de quartiers aux immeubles d'apparence luxueuse, mais qui connaissent de sérieuses difficultés d'approvisionnement en eau, électricité, internet.

Cette bidonvilisation progressive des agglomérations est commentée par Sophie Bessis pour qui « les inégalités sociales se reflètent dans la ségrégation spatiale de l'habitat. Des quartiers populeux, pauvres, se développent partout et s'opposent aux paysages des quartiers résidentiels de haut standing. Les villes du tiers monde se ''bidonvillisent'' d'année en année[120] ». Ces immeubles de grand confort sont surtout bâtis à des fins de spéculation pour abriter des enclaves territoriales (ambassades, agences de coopération internationale, bureaux de grandes entreprises...) ou des services publics qui paient cher un loyer négocié dans l'opacité et la connivence. En prenant à cœur l'urgence de réduire cette logique d'insularité, il faudrait doter chaque ville d'immobilisations reflétant une architecture inspirée de sa géographie, de son histoire, de sa culture et de ses projections sur le futur.

Un modèle d'industrialisation alternatif basé sur le BTP (bâtiment et travaux publics) en tant qu'une branche de l'industrie manufacturière est l'objet de notre choix stratégique dans le présent essai.

Ce projet consiste à débarrasser le pays de ses immenses taudis, à créer des cités plus conviviales et des voies de communication normalisées, pour stopper les métastases d'une urbanisation réputée cancéreuse. Mieux maîtrisé, le BTP devra entraîner l'économie entière dans un mouvement d'industries industrialisantes, en même temps qu'il apportera une solution aux dégâts écologiques occasionnés par une extension par bourgeonnement des extrémités des agglomérations actuelles. La dispersion de l'habitat urbain induit bien évidemment un gâchis économique dû à l'accroissement des dépenses de transport et de construction des réseaux d'accès aux services essentiels.

L'autre argument qui milite pour l'amorce de ce virage est que la population du Cameroun atteindrait les 40 millions en 2050 ; elle a plus que doublé en 30 ans (1976 et 2005), passant de 7,7 millions à 17,5 millions d'habitants. Sur la base du recensement général de 2005, la population du Cameroun atteindrait 27,5 millions en 2025 ; 30.6 millions en 2030 et 33.9 millions à l'horizon 2035. En conséquence, les

---

[120]. Sophie Bessis, op. cit.

politiques d'urbanisation et d'habitat actuelles devraient être reconsidérées et reformulées pour concevoir les villes dotées de réseaux et de liaisons soutenables par route, rail, air et eau.

Encadré N°6

Les avantages de la grande ville. Cournot et Husson estiment que « d*ans les mégalopoles, le principal atout dont bénéficient les pauvres est leur haute visibilité : un gouvernement peut laisser mourir de faim quelques milliers de paysans confinés dans une région reculée du pays, mais peut plus difficilement se permettre des émeutes de la faim au cœur de la capitale. Aussi, l'approvisionnement urbain est-il plus diversifié, régulier, et souvent meilleur marché grâce aux subventions*[121] ».

Dans ce contexte, un projet pharaonique de création des cités devrait mobiliser gouvernement, architectes, urbanistes, géographes, ingénieurs de tous profils, sociologues, historiens, juristes, économistes (micro, méso et macro), banquiers, investisseurs, financiers, environnementalistes, paysagistes, élus locaux, pouvoir traditionnel, société civile. D'importants effets multiplicateurs et induits se propageraient grâce aux salaires des travailleurs, profits des entreprises de tous les secteurs. Les travaux d'assainissement, la densification du réseau routier et ferroviaire y compris l'aménagement des voies navigables, devraient accélérer l'implantation d'unités industrielles.

L'INDUSTRIALISATION PAR LE BÉTON ET LE BITUME

Trois inputs dominent le secteur de l'habitat au Cameroun : le ciment, le fer et la tôle ondulée qui riment avec modernité, alors que la matière première de ces matériaux de construction provient des importations. C'est dire que la politique sociale du logement aurait dû signifier, recours massif aux matériaux locaux améliorés : la brique de terre cuite et la tuile, comme l'ont fait jadis les premiers missionnaires catholiques et protestants pour l'érection des temples, écoles et dispensaires. Un inventaire sommaire des composantes du BTP établit que cette industrie est directement portée par au moins une vingtaine de branches que sont : le ciment ; le béton préfabriqué ; l'aluminium ; le fer et l'acier ; le cuivre ; le verre ; le bois ; les plastiques ; le plâtre ; la céramique ; l'ardoise ; les argiles ; le sable ; le granite ; les calcaires ;

---

[121] Sophie Bessis (1991), op. cit.

les marbres ; le kaolin ; la chimie : chaux, peintures… ; l'architecture intérieure et extérieure ; le bitume.

Chacun de ces inputs constitue un projet de création de plusieurs unités de production ou d'agrandissement des capacités installées à travers le pays. Il s'agit donc d'une industrie multifactorielle, avec possibilité de valorisation et d'utilisation croisées des intrants identifiés. L'avantage de l'investissement dans ce secteur est aussi et avant tout son faible taux de risque et la facilité du recouvrement des coûts à travers le péage (pour les routes), la mise en location et la vente (pour les logements). Ainsi, même si le Cameroun aspire à créer des « Silicon Valleys ou des Beverly Hills », il doit commencer par ce qui est le plus à sa portée, c'est-à-dire des « Sand, Limestone & Clay Valleys » (vallées de sable, de calcaire & d'argile) et des « Laterite, Gravel Hills » (collines de latérite et de gravier) dont les BTP ont tant besoin. C'est évidemment dans ce secteur que le Cameroun est en mesure de créer de nouveaux avantages comparatifs indispensables à son décollage industriel. Ceci permet de mettre en formule l'équation suivante : Industrialisation = f (béton, bitume, μ).

Cette factorisation laisse entendre que la construction de bâtiments et de routes va impulser la création d'un grand nombre d'entreprises, favoriser la sous-traitance et augmenter la demande de divers types de matériaux ; mais il faudra tenir compte de l'incertitude que représente le symbole μ. Le coût des matériaux devra diminuer grâce aux économies d'échelle espérées ; une baisse significative du coût des immobilisations en sera la conséquence. En tout état de cause, le calcul économique permet de prévoir que l'augmentation de la demande solvable des salariés de l'industrie du BTP va entraîner l'accroissement dans l'offre des produits alimentaires et des services divers. Les revenus agricoles en général seront entraînés dans cette tendance haussière. Les effets de ruissellement issus du BTP vont structurer et stimuler la production rurale. L'offre globale sera appelée à se réorganiser en se diversifiant pour améliorer la réponse à une demande en mutations. De même, la main-d'œuvre qualifiée ou dèqualifiée sera-t-elle massivement sollicitée en raison de la diversité des opportunités créées.

Empiriquement, l'on peut construire des matrices d'échanges intersectoriels, interindustriels ou interbranches pour mesurer les coefficients techniques traduisant les incidences secrétées dans une sphère productive tirée par le BTP. L'avantage d'investir dans le BTP est d'abord et avant tout, son faible taux de risque et ensuite, sa connexion à d'autres branches d'activité. La spécialisation polyvalente ou flexible de la main-d'œuvre employée dans différents corps de métiers sur la longue durée augmentera la productivité des entreprises engagées dans le secteur, en même temps que s'élèvera la courbe d'expérience nécessaire à la maîtrise d'œuvre et à la maîtrise d'ouvrage. C'est ainsi que se mettront en cohérence des séquences entraînantes et créatrices de nouveaux avantages comparatifs qui limitent l'incertitude dans un environnement potentiellement instable et sous-optimal. Sur cette base, l'appareil industriel prendra son décollage sur une rampe moins glissante.

ROMPRE AVEC LA PÉRIPHÉRISATION ANARCHIQUE DES CITÉS

Selon la Déclaration d'Istanbul (1995) et le Programme Habitat II (juin 1996) : « la situation du logement et des établissements humains continue de se détériorer ». En réponse, des États se sont engagés à renforcer entre autres : « *-le droit à un logement convenable ;-l'égalité d'accès à la terre pour tous, y compris les femmes et les pauvres ;-la fourniture des équipements et services essentiels ;-le renforcement des mécanismes existants de financement des logements* ».

Le Cameroun, dans sa *Déclaration de stratégie urbaine* de janvier 2000, a inscrit des priorités dans son plan d'action national en matière de logement dont trois d'entre elles annoncent : « *-une meilleure maîtrise de l'occupation du sol ; -un accroissement de l'offre en logements accessibles et décents ; -la prise en compte des problèmes spécifiques des groupes sociaux vulnérables* ». Le Rapport national d'évaluation d'Habitat II : Istanbul + 5 (août 2000)[122] accuse l'urbanisation accélérée et la densification excessive des zones inconstructibles et du périurbain non structuré. Cette situation a pour conséquences :

> *L'enlaidissement du paysage urbain, l'insalubrité, la destruction et l'exploitation abusive des milieux naturels à forte valeur écologique entraînent des discontinuités et des ruptures du paysage urbain. L'insalubrité est due aux déversements des eaux usées dans la nature, la prolifération des exutoires naturels dans les villes, le mauvais drainage des eaux de ruissellement, la prolifération des dépotoirs de déchets solides, etc.*[123].

[122] Rapport gouvernemental, Yaoundé, août 2000.
[123] Idem.

De ce constat, une solution est suggérée dans la Vision 2035 : *« promouvoir l'émergence des grandes agglomérations périphériques*[124] *»*. Cette solution peut être contestée pour trois raisons au moins :

- Des bidonvilles qui occupent le cœur des cités dévalorisent un espace qu'il faudrait radicalement restructurer ;
- La distance entre la périphérie, le centre administratif et des affaires augmente le temps des trajets et donc des coûts de transport ;
- Une colonisation prédatrice de nouveaux espaces pour la création des nouveaux quartiers porte atteinte à la soutenabilité écologique.

Conséquemment, la rationalisation de l'occupation de l'espace urbain est bâclée et, faute d'une fiscalité dissuasive, des terrains non construits prennent une valeur marchande au fil des ans, au grand bonheur de leurs propriétaires. L'absence de rationalisation et d'esthétique laisse pousser des clôtures de toute taille, de tout matériau et de toute forme. Celles-ci servent aussi à camoufler des magasins de contrebande, des activités criminelles ou non autorisées en ville comme les élevages, la micro industrie polluante par des nuisances sonores ou olfactives ; d'où l'intérêt de normes juridiques, sociales et environnementales à décliner en pacte national sur la construction.

CRÉER DE NOUVEAUX AVANTAGES COMPARATIFS

Le Cameroun a des atouts pour se frayer un raccourci vers son émancipation industrielle. Il lui suffit de revisiter son itinéraire et d'innover son approche stratégique et opérationnelle. Il n'y a pas de *table de la loi* qui serve de référence dans ce domaine. La dynamique d'industrialisation se déroule suivant un processus de *trial jumps (sauts d'essai)* et, comme il n'y a pas d'essai gratuit, il faut en payer le prix, c'est-à-dire, mettre les moyens appropriés pour progresser vers des objectifs clairement fixés. La roue stratégique de Michael Porter pourrait opportunément servir de boîte à outils pour des entreprises du BTP en quête de positionnement concurrentiel.

---

[124] Idem.

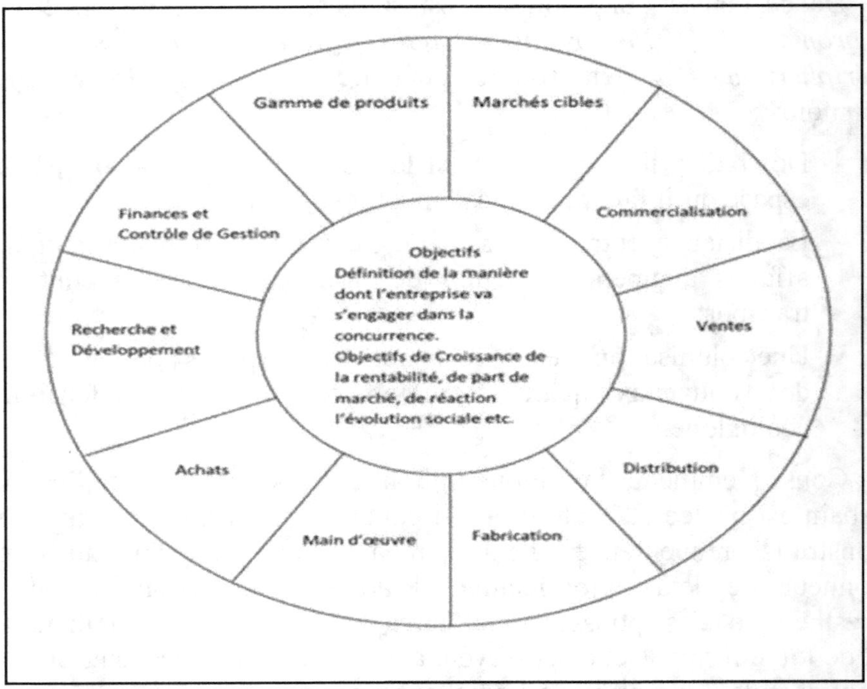

Source : Michael Porter, Choix stratégiques face à la Concurrence ; la roue stratégique, page XIII

La partie centrale de la roue, le moyeu, reflète la typologie d'objectifs qu'une firme entrant dans l'arène concurrentielle doit préalablement définir. Les rayons de la roue sont les principales mesures opératoires par lesquelles la firme cherche à atteindre les objectifs qu'elle s'est donnés : ces rayons partent des objectifs et sont liés les uns aux autres par la circonférence qui permet à la roue de tourner de façon efficace et cohérente.

Dans le secteur des BTP, la MIPROMALO (Mission de promotion des matériaux locaux) pourrait se trouver au cœur de la chaîne de valeur pour vulgariser les matériaux testés en vue d'une utilisation à grande échelle. L'ANOR (Agence des Normes et de la Qualité) interviendrait pour labéliser et standardiser les divers agrégats, matériaux, procédés, technologies et ingénieries. Les architectes et urbanistes feraient partie de la technostructure pour concevoir le profil et la prospective des cités, l'occupation rationnelle de l'espace, l'agencement harmonieux, la fonctionnalité et l'esthétique des infrastructures. Toute cette trame d'acteurs et d'opérations devra s'inscrire dans un cadre juridique et institutionnel à définir en collaboration avec tous les stakeholders. Des organisations de veille citoyenne feront partie d'un dispositif décentralisé pour permettre à l'accountability de s'inscrire à l'échelle sociétale.

Les marchés visés par le développement du BTP sont multiples ; ils partent de la fourniture d'agrégats pour la construction de logements individuels, aux grappes de logements sociaux, des campus et cités universitaires, en passant par les bâtiments administratifs, des immeubles à usage commercial, culturel ou stratégique, des ouvrages d'art, des monuments. Au total, ce sont des milliards en devises qui seront dépensés et gagnés dans la durée. La factorisation des atouts sectoriels reconfigurant le croisement des inputs identifiés nécessite le recours à de nouvelles qualifications du travail. La production des BTP sera labour intensif, tandis que le capital financier deviendra un facteur d'accélération de la construction immobilière et de diminution consécutive des délais d'exécution des chantiers. Cette inflexion stratégique peut surprendre alors que des opinions et pas des moindres, continuent de fantasmer pour le secteur de l'agroalimentaire sur lequel de vains espoirs ont été jadis fondés. La mobilité socioprofessionnelle inscrite dans les gènes du BTP est appelée à bouleverser les rapports économiques et stratégiques, les modes d'organisation et de management des ressources naturelles, humaines, financières et logistiques. L'émergence ne rime pas seulement avec la flambée des taux de croissance du PIB ; elle l'est tout aussi dans la capacité de transformation des atouts naturels pour améliorer le cadre et la qualité de vie.

UN CADRE IDOINE DE CRÉATION DES JOINT-VENTURES

La stratégie d'accueil des partenaires pour la coentreprise doit s'élaborer dans une perspective d'amélioration du climat des affaires. La mise en œuvre d'un vaste programme d'acquisition d'immobilisations constituerait un bassin d'opportunités en matière d'emplois et de revenus ; toutefois, pour les opérateurs économiques nationaux, il faudrait créer des entreprises de taille critique pour éviter la spécialisation dans des tâches marginales de ramasseurs de pierres, de livreurs de sable ou de simples manutentionnaires, positions qui augmenteraient leur vulnérabilité face aux aléas conjoncturels ou aux mutations technologiques. Les entreprises du bâtiment devront s'intégrer verticalement en amont, avec les groupes métallurgiques ou d'exploitation des carrières, et en aval, avec les producteurs des matériaux de finition et d'embellissement des bâtiments. Horizontalement, elles pourront développer des accords de conquête des marchés sur le territoire et dans la sous-région. Il apparait ici trois défis stratégiques : l'optimisation des capacités de production, la spécialisation flexible ou polyvalente et la mobilité géographique des entreprises.

L'utilisation optimale des capacités et la spécialisation cadrent avec l'industrie du bâtiment qui est du domaine du temps long. L'impact des variations brusques des technologies sera atténué par la capitalisation des moyens de production et les habitudes de consommation des biens du secteur qui savent résister aux effets de mode. La mobilité géographique aidera aussi à pénétrer le marché sous régional ou international grâce à des investissements directs sous forme de délocalisation, d'opérations d'alliances ou de joint-ventures. Ainsi donc : l'augmentation de taille, la spécialisation et l'internationalisation sont des stratégies auxquelles les entreprises camerounaises du BTP pourront recourir pour améliorer leur compétitivité interne et externe, et se mettre à l'abri des turbulences économiques, technologiques ou sociales.

SIMULER DES SCÉNARIOS SECTORIELS.

Selon M. Porter (l'Avantage concurrentiel, 1986), un scénario sectoriel est une vision cohérente de la structure future d'un secteur ; il ne s'agit pas d'une prévision, mais d'un paquet d'hypothèses quant aux incertitudes les plus lourdes de conséquences sur l'avenir du secteur.

Figure : La procédure d'élaboration de scénarios sectoriels.

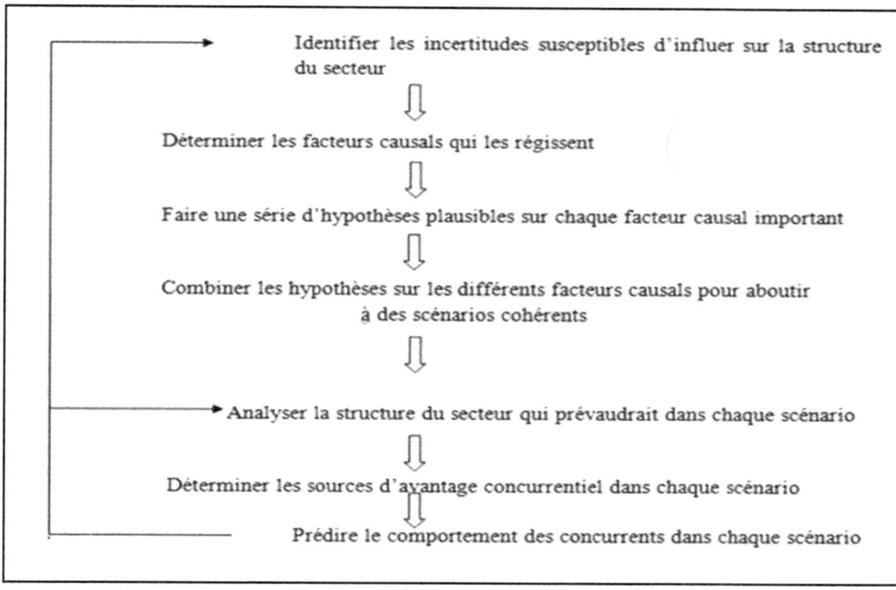

Source : Michael Porter, ''l'Avantage concurrentiel'', p. 527.

L'auteur propose d'analyser quelques scénarios préliminaires pour identifier les incertitudes qui pourraient handicaper la stratégie des entreprises. Pour cela, il faudrait se servir de plusieurs itérations et de nombreux jugements de valeur pour bâtir un scénario sectoriel.

CHAPITRE XXII

LES RAISONS DU POSITIONNEMENT SUR LE BTP

Selon Laurent Dumarest, « la meilleure réponse à la crise ? L'audace[125] ! » Pour ce médecin de l'entreprise, il faut oser forer au cœur des activités et savoir détecter les gisements de métiers insuffisamment exploités. Il constate « qu'aujourd'hui, la tendance semble plutôt au repli sur les savoir-faire historiques », alors que : « tout devient possible dès lors qu'on est prêt à redessiner les frontières de l'entreprise[126]». Or pour réussir dans un contexte d'incertitude économique, il faut des entrepreneurs bagarreurs et boulimiques, mais aussi, de véritables stratèges. Cette orientation a pour but d'éviter des logiques par trop sophistiquées et de privilégier la praxis (pour parler comme les philosophes) en tant qu'activité transformatrice et créatrice de valeur et de progrès. L'inversion des inefficacités héritées des crises économique, psychologique et managériale qui se superposent depuis la deuxième moitié des années '80 ne peut se faire que par l'action, le pragmatisme, le courage ! La crise de management a déjà été abordée dans le présent essai ; par contre, celle de nature psychologique, la plus sournoise, continue de ronger en profondeur la pierre principale de l'économie qu'est sa ressource humaine.

Le manque de réussite des mesures économiques a rendu sceptiques de nombreux acteurs. Ainsi, très peu de risques sont pris en matière d'innovation industrielle ; d'où la reproduction des anachronismes. L'industrie du BTP sur laquelle nous posons notre dévolu est réputée pour l'utilisation massive et qualitative du capital humain. EKANI ONAMBELE (1965) s'invite dans cette appréciation pour rappeler que « la richesse d'un pays, en définitive, réside non pas dans les ressources naturelles, mais dans les hommes ; ainsi le gaspillage qui caractérise tous les pays en voie de développement est avant tout un gaspillage de capital humain[127] ». Cette affirmation est assortie de la

---

[125] Dumarest Laurent (2003), spécialiste de la stratégie, directeur général du cabinet conseil ATKearney France ; dans un entretien avec Thierry Del Jésus du périodique MANAGEMENT ; juillet-août 2003.

[126] Idem.

[127] Op cit.

proposition suivante : « une véritable promotion économique exige une transformation préalable des structures de la société et des mentalités, afin que puissent apparaître l'incitation individuelle, le désir d'adaptation et de rupture avec les routines et que s'accroisse la productivité du corps social[128] ».

Bien sûr que le Cameroun regorge de compétences et d'expertises dans le secteur public et privé, et dans sa société civile ; mais ce sont la mauvaise gestion, la faible utilisation de cette ressource et le déficit d'impulsion qui l'installent dans la torpeur ou l'indifférence.

LE LOGEMENT SOCIAL : L'ÉTERNELLE SOLUTION À PROBLÈMES !

Le bouleversement des équilibres macroéconomiques amorcé depuis 1986 fit prendre conscience aux concepteurs des politiques publiques et aux acteurs du secteur industriel de la fragilité des bases d'une économie administrée. Des mesures d'urgence prises dans la précipitation, sous la gesticulation des bailleurs de fonds et sans test d'efficacité, ont débouché sur un Programme d'ajustement structurel assorti d'une réduction draconienne des dépenses de l'État. Cet ajustement n'a pas épargné les structures sociales et notamment, l'habitat.

À l'échelle de l'histoire du Cameroun, l'effort de normalisation de l'habitat ne concernait que les résidences des administrateurs coloniaux et les locaux abritant les services publics. Les quartiers qui les entouraient étaient une reproduction de l'habitat rural traditionnel, prédateur d'espace et vulnérable aux intempéries. Les survivances des modes de vie ruraux dans la ville ont de la peine à disparaître après plus d'un demi-siècle de tentative de structuration urbaine. L'alternance des constructions spontanées à géométrie variable et des logements conventionnels fait obstacle à une architecture urbaine harmonieuse. La ville au Cameroun est aussi un bassin d'activités ludiques ou symboliques : religions, croyances, cultes, rites, cérémonies festives dans des chefferies qui impactent la gestion de l'espace vital. Le développement urbain est aussi influencé par une opposition sournoise des intérêts entre autochtones et allogènes, comme ce fut jadis entre colons et indigènes.

---

[128] Ibidem.

Le passage du statut rural de la propriété de la terre au régime foncier urbain s'accompagne aussi de conflits aigus entre le principe lignager et le dispositif législatif et réglementaire de morcellement et d'immatriculation des parcelles. La précarité du revenu des populations et la transition forcée vers l'économie monétaire retentissent sur le type d'habitat à développer dans les cités. C'est pour cela que l'administration française qui remplace celle des Allemands en 1916 décide de construire des logements pour la transition vers l'émancipation sociale des indigènes désormais éduqués suivant les canons occidentaux.

Philippe BISSECK aborde la problématique de l'habitat « comme un phénomène total, qui engage plus que la simple technique, un phénomène qui orchestre croyances et représentations, procédures et institutions, où se jouent la vie et la mort[129] ». Il s'interroge par la même occasion sur le sens de l'expression *logement social*. Le logement social peut-il dire populaire, de masse, du grand nombre, bon marché, provisoire, à loyer modéré comme les HLM en France ? Est-ce un logement pour la promotion ou la transition sociale ? Ou le logement d'émancipation réservé aux indigènes évolués ? Soit ! Au sens de l'administration française, social signifiait largement subventionné ou aidé, pour faciliter l'accès des catégories de salariés indigènes à un logement de type moderne, fait de parpaings et de tôles galvanisées.

UN DÉFICIT EN LOGEMENTS SOCIAUX DEVENU CHRONIQUE

En 2010, Douala et Yaoundé, respectivement métropoles économique et politique, concentrent à elles seules 40 % de la population urbaine du Cameroun. S'y ajoute une dizaine de villes de plus de 100 000 habitants. Les défis et les enjeux sont tout aussi nombreux. Face à la persistance des taudis, de la promiscuité et de l'insalubrité dans les agglomérations, l'administration camerounaise cherche des solutions pour accueillir et loger la masse des ruraux attirés par le mirage de la ville. C'est ainsi qu'en 1952, elle crée la Société Immobilière du Cameroun (SIC), avec l'appui de la Caisse française d'outre-mer dont les prêts constituent avec les allocations budgétaires de l'État, les ressources de fonctionnement et d'investissement de la jeune entreprise publique. Pour résoudre la question de l'urbanisation

[129] Bisseck P. (1994) ; *Habitat et démocratisation au Cameroun* ; Édition Karthala.

désordonnée, l'État créa un cadre de planification et de normalisation des lotissements et des constructions ; mais la lente évolution des capacités productives de logements fera que l'offre soit très vite dépassée par la demande.

La croissance rapide de la population urbaine accentuera ce déséquilibre et la pression sur l'infrastructure existante ne fera que s'aggraver. La pénurie de logements favorisera l'occupation anarchique de l'intra et du périurbain, d'où la prolifération d'un habitat informel et sommairement aménagé. Le développement de cet habitat spontané et précaire rendant problématique l'exécution des programmes d'assainissement et d'équipement urbains, le cadre juridique de l'habitat social sera enrichi à la fin des années '70 par :

1°) Le CFC (Crédit Foncier du Cameroun, créé en 1977) qui finance l'accès à la propriété foncière, la construction des logements par des personnes physiques ou morales ; et

3°) La MAETUR (Mission d'Études et d'Aménagement des Terrains urbains et ruraux créée en 1979) qui gère le portefeuille foncier de l'État, acquiert les terrains à lotir, indemnise leurs propriétaires, viabilise les parcelles et les commercialise.

Les relations triangulaires entre ces opérateurs institutionnels se sont soldées par un endettement excessif de la SIC et de la MAETUR vis-à-vis du CFC, et le sort de l'habitat urbain fut transféré contre toutes attentes aux spéculateurs privés, incapables par ailleurs de combler les déficits abyssaux en logements. : En l'an 2000, le bilan des réalisations faites en commun par ces trois organismes se prévaut de 24 000 parcelles aménagées et 24 000 logements bâtis, dont 12 000 par la SIC.

En 2010, ces constructions sont dans un état avancé de vieillissement faute de maintenance et le déficit en logements se chiffre à 1 000 000 (un million) ; il s'aggrave de 10 % (100 000) annuellement alors que la production de nouveaux logements par les programmes gouvernementaux est d'à peine 1 000 unités/an. L'habitat non structuré aura repris ses droits et les taudis, promis à un bel avenir. Pour changer fondamentalement de politique, de stratégie et d'instruments, il faut créer un choc capitalistique pour financer l'industrie du BTP.

CHAPITRE XXIII

FINANCER L'INDUSTRIE DU BTP PAR UN CHOC CAPITALISTIQUE

L'économie camerounaise est financée de façon très monotone. Les ressources d'origine budgétaire sont réparties avec la contrainte de ne léser aucun secteur, quitte à procéder au saupoudrage. Le financement indirect de l'industrie par la dette publique et les fonds fiduciaires dégage un effet multiplicateur limité. L'impact des dépenses en capital est peu ressenti sur la croissance qui peine à atteindre les taux annoncés. Il faut donc monter en gravité sur l'échelle financière par un recours massif aux ressources alternatives. Les financements dits innovants, alternatifs ou émergents sont portés à la fois par les investisseurs institutionnels (fonds de pension, compagnies d'assurance), les banques classiques, les États et des citoyens à travers le *crowdfunding* (financement par la foule).

Les rôles des mécanismes de transfert de fonds, des établissements de micro finance et des opérateurs téléphoniques se trouve amplifiés dans l'intermédiation financière. Le défi pour le Cameroun se situe dans l'optimisation de ces modes de financement dont le fonctionnement appelle des dotations en compétences institutionnelles, organisationnelles, managériales, juridiques et technologiques appropriées. Plus concrètement, il s'agira d'une panoplie de mesures visant à :

ACCROÎTRE LE VOLUME ET LA QUALITÉ DES TRANSFERTS DE FONDS DE LA DIASPORA

Selon la Banque Mondiale, les transferts de fonds de la diaspora constituent la deuxième ressource en devises de nombreux pays africains. Un rapport conjoint de la Banque africaine de Développement (BAD) et de la Banque Mondiale (BM) a révélé « qu'en 2010, les transferts financiers vers le continent des 30 millions d'Africains vivant hors de leurs pays d'origine, ont atteint 40 milliards de dollars US ; ce qui est comparable au volume d'aide étrangère reçue chaque année par ce continent le plus souvent, sous des conditions très contraignantes ». Identifiée dans le DSCE comme source de financement de l'économie, la mobilisation plus accrue des fonds de la diaspora apparaît également comme un axe d'amélioration du poste des transferts courants. Des sources diplomatiques et consulaires, le nombre d'émigrants de nationalité camerounaise est estimé à 4 000 000 (quatre millions) au moins, avec pour principales concentrations : le Nigéria (2 000 000), les États-Unis (700 000), le Gabon (50 000), la France (40 000), la Guinée Équatoriale (16 000) et l'Allemagne (7 000).

Du point de vue financier, le montant réel de l'envoi des fonds s'avère toujours difficile à évaluer compte tenu de l'importance des transferts informels. Toutefois, les données de la BM (2009) font état d'une progression du montant des transferts des Camerounais de l'étranger qui est passé de 11 millions USD en 2 000 à 167 millions en 2008. Bien que substantiels, ces flux (0,8 % du PIB de 2008) comparés à certains pays africains restent très faibles :

- 832 millions d'euros sont transférés par la diaspora sénégalaise soit 12 % du PIB (BCEAO, 2008) ;
- 212 millions de dollars (3,3 % du PIB) transférés au Mali (BM, 2008) ;
- 24 % du PIB du Lesotho ;
- 14,1 % du Cap-Vert ;
- 8,1 % du PIB pour le Maroc (Docquier et Marfouk, 2006).

Les transferts enregistrés en 2008 au Cameroun sans accompagnement institutionnel représentaient tout de même le tiers (33 %) des recettes douanières, 50 % des emprunts multilatéraux et bilatéraux directs, et 75 % de l'IRPP (impôt sur le revenu des personnes physiques) ; ce qui représente un incontestable gisement de ressources. Des données issues d'une autre source : Ratha et Mohapatra (2010) avancent le chiffre de 800 millions USD (3,8 % du PIB) transférés par 300 000 migrants camerounais en 2009[130]. Doquier et Marfouk, dans le Global Skilled Migrations Data Base (2010), précisent que 10 à 25 % des Camerounais de l'étranger sont hautement qualifiés et disposent de revenus confortables. Ceux qui vivent en Occident sont à 42 % jugés comme très qualifiés. 25 % des Camerounais de la diaspora ont un diplôme professionnel et plus de

[130] The World Bank (2009), The Potential for the Diaspora Savings in African Countries, by Sonia Plaza & Dilip Ratha, editors.
Autres sources: http://www. multiplecizenship.com/countrylist.htl
http://www.cic.ca/english/resources/publications/dual-citizenship-asp
http://africa.com/stories/201001200400.htl

35 % ont une licence ou un diplôme équivalent (MATTOO, NEAGU et OZDEN, 2008). Le nombre des médecins camerounais travaillant à l'étranger a doublé, passant de 8 % en 1991 à 15 % en 2004 (BARGHAVA, DOQUIER et MOULLAN, 2010). Selon Clemens et PETTERSSON, un peu plus de 20 % de Camerounais de l'étranger exercent le métier d'infirmier. C'est dire que les flux financiers de la diaspora camerounaise auraient pu être plus importants si cette communauté était autorisée à acquérir la double-nationalité comme c'est le cas pour un bon nombre des pays africains. Selon la Banque des Règlements internationaux (BRI), les dépôts placés par des Camerounais dans des banques privées à l'étranger correspondraient au revenu moyen par tête de 1 800 000 habitants[131]. En tablant sur une moyenne dérisoire de 10 000 dollars, cela correspondrait à 18 milliards de dollars, soit environ 9000 milliards F CFA, plus du double du Budget de l'État de 2015. L'amélioration du niveau des transferts passerait par une série d'incitations à la sécurisation de l'épargne. À cet effet, des mesures devraient être prises pour encourager le secteur financier et bancaire, les fonds d'investissement, groupements d'investisseurs, à rivaliser de créativité dans l'intermédiation et le placement de ces fonds.

Encadré N°7 :

Supposons que 1 000 000 (25 %) de Camerounais sur les 4 000 000 recensés de la diaspora transfèrent annuellement 2 000 euros chacun au pays, ceci correspondrait à 2 milliards d'euros, soit plus de 1 300 milliards F CFA. Cette somme correspond à 50 % du budget de l'État de 2011, 16 % du PIB, à peu près le cumul des budgets alloués aux trois départements en charge de l'éducation, des travaux publics et de la santé publique.

Pour être atteint ou dépassé, cet objectif demande un accompagnement institutionnel, stratégique et opérationnel par l'autorité publique qui fournit des garanties en matière de sécurité et de risque pays. L'implication des juristes affairistes, avocats, notaires, financiers, banquiers, investisseurs, renforcerait l'efficacité d'un dispositif générateur d'emplois qualifiés. Toutefois, la question de la diaspora ne se réduit pas à la démographie ou à la comptabilité financière ; elle relève d'un enjeu : associer des citoyens nantis d'expertise et gérant d'importants réseaux relationnels, au développement de leur pays.

Un ministère chargé des questions de la diaspora ou toute autre institution spécialisée devrait prendre à bras le corps l'actualisation des données sur la concentration géographique, la programmation du retour de certains de ces Camerounais bardés des savoirs, pour favoriser le transfert de technologies et les IDE. L'on pourra ainsi freiner le lancinant souci de la fuite des cerveaux.

---

[131] Michel Henry Bouchet, Document 19.14 – Rapport des dépôts bancaires privés expatriés au revenu national par tête international. cf. Banking and financial market developments, BRI, BIS ; Quaterly Review, Bâle, 2005.

ATTIRER DES INVESTISSEMENTS DIRECTS ÉTRANGERS ET LES FONDS SOUVERAINS

Des États en excédent d'épargne nationale décident de la rentabiliser dans des investissements à l'étranger sous forme de bons de trésor, d'actions, d'obligations et dans l'acquisition ou la construction immobilière. Ces capitaux issus des ressources étatiques sont désignés par fonds souverains (*Sovereign Wealth Funds*). Créés en 1953, ils connaissent une rapide expansion depuis 2005 grâce à l'activisme de leurs détenteurs qui en font un instrument stratégique au service de la diplomatie. Ils sont à la conquête d'opportunités notamment dans le secteur des infrastructures et du bâtiment. Des sources officielles, les actifs souverains mobilisés par une trentaine de pays sont estimés à 3 000 milliards de dollars en 2010. Une infime part de ces capitaux est placée sous forme d'IDE.

Bien que représentant 40 % du poids économique de la sous-région en 2010, le Cameroun attire moins de 15 % des IDE de la CEMAC. Des sources de la BEAC (Banque des États de l'Afrique Centrale), le ratio par pays des IDE de la sous-région entre 2 000 et 2006 est le suivant : Cameroun : 12 % ; Congo : 28 % ; Gabon : 1 % ; Guinée Équatoriale : 37 % ; RCA : 1 % et Tchad : 30 %. L'essentiel de ces IDE est absorbé par l'exploitation pétrolière ou minière. La qualité des infrastructures d'un pays, sa gouvernance et la qualité de ses ressources humaines déterminent son attractivité en IDE. Si l'environnement des affaires est adressé en premier, la réputation des institutions et l'ampleur de la corruption font du Cameroun, une destination peu privilégiée des flux d'IDE. Cependant, la contrainte majeure pour l'ensemble de la zone Afrique centrale est le faible niveau de développement des marchés financiers qui freine les investissements de portefeuille notamment. Une bonne politique d'investissement adossée sur des leviers de compétitivité de site de production, qui priorise les actions horizontales visant l'optimisation des projets de création du potentiel (ressource humaine, eau, électricité, téléphone, routes, rails, aéroports, ports…) permet d'attirer les IDE.

APPLIQUER LA TAXE SUR LES TRANSACTIONS FINANCIÈRES

La Société civile camerounaise revendique depuis plusieurs années la maternité de la taxe sur les opérations financières ; mais cette réclamation n'a jamais fait l'objet de considération ni au niveau gouvernemental ni à l'échelle internationale. Qu'à cela ne tienne, un prélèvement symbolique et à la limite indolore sur les transactions financières au départ ou à destination de chaque pays est de nature à accroître substantiellement les ressources d'investissement. Cette taxe dite Tobin en Europe : 0.1 % à 0.2 % de taux de prélèvement sur toutes les transactions en devises, aide à réduire les déficits des finances publiques et à relancer la croissance. Le gouvernement camerounais devrait saisir cette opportunité en restructurant et libéralisant les métiers du secteur financier. Mais il faudrait aussi rester vigilant sur le caractère criminel de certaines transactions financières qui obtiendraient leur légitimité par la taxation.

DOMESTIQUER LA FISCALITÉ ENVIRONNEMENTALE

En vertu de La Convention Cadre des Nations Unies sur les Changements climatiques (CCNUCC), les pays développés se sont engagés à fournir aux pays en développement, des ressources financières additionnelles pour les aider à faire face aux coûts d'adaptation aux effets néfastes des changements climatiques, à apporter les ressources financières nécessaires au transfert des technologies écologiquement rationnelles.

S'agissant du volume des financements mobilisables, il existe plusieurs estimations : le Département des affaires économiques et sociales des Nations Unies estime que 500 à 600 milliards USD sont annuellement nécessaires aux PED pour soutenir des mesures de lutte contre les changements climatiques. L'économiste britannique Nicholas Stern[132], a estimé que le coût annuel de la lutte mondiale contre les changements climatiques représente 2 % du PIB mondial qui était de 1000 milliards en 2006, et s'élèvera à 2000 milliards de dollars en 2050. Il a été préconisé que les pays développés apportent 130 milliards de dollars par an aux pays en développement à travers l'échange de droits d'émission de carbone. Rien que pour les mesures

[132] Rapport sur l'économie du changement climatique pour le gouvernement britannique. *Stern Review Report on the Economics of Climate Change*, est une revue produite par une équipe dirigée par N.Stern. Dans l'édition d'Octobre 2006, il décrit le changement climatique comme une externalité économique. Stern a par la suite adressé le changement climatique comme le plus grand échec jamais connu en matière économique. Le problème du changement climatique met en échec les fondamentaux du marché : ceux qui détruisent en émettant les gaz à effet de serre et qui généralement ne paient pas, et les autres qui subissent et paient.

d'adaptation, le Secrétariat de la CCNUCC a évalué les coûts annuels globaux entre 40 et 170 milliards ; les coûts de protection des écosystèmes s'élevant à 350 milliards. Le groupe africain a estimé ses besoins en financement à 5 % du PIB mondial (50 milliards USD en 2006), pour faire face aux changements climatiques.

Des mécanismes pluri-investisseurs (un mix d'instruments publics et privés) ont mis en place dès 2009[133], une prolifération de guichets-carbone dotés de montants importants (en millions dollars US) :

- GEF: 250;
- World Bank (IBRD/IDA/IFC/MIGA): 1 900;
- World Bank Trust Funds from Bilateral Donors: 10 ;
- Other MDB financing: 3 000 ;
- GFDRR: 15;
- Climate Investment Funds by all MDBs: 5 000 to 10 000 for 3 years;
- Adaptation Funds : 100 ;
- Carbon Market (CDM/JI) : 5 000.

Le ministère en charge des questions de changements climatiques et celui des finances devraient forer ce gisement et éclairer l'opinion sur les fonds reçus et les contreparties espérées de la protection de l'écosystème et de la biodiversité au Cameroun.

INTRODUIRE UNE TAXATION SUR LES CLÔTURES ET RENFORCER LA TAXE FONCIÈRE

Dans des quartiers résidentiels des agglomérations urbaines, c'est la taille des clôtures bâties par les propriétaires immobiliers pour des besoins de sécurité qui frappent le plus. Pourtant, ces forteresses ne visent pas seulement une légitime aspiration sécuritaire ; elles permettent de masquer l'insolence d'une richesse acquise dans l'illégalité et l'opacité. Une fiscalité modulaire basée sur les dimensions et le matériau de ces enclos aurait un double effet : la dissuasion à en construire de nouvelles, et l'incitation au redimensionnement voire à la

[133]. Université Pierre Mendes France de Grenoble : les Instruments de financement de la protection de l'environnement, nouvelles ressources pour le développement. Presses Universitaires de Grenoble, 2009.

démolition. En outre, la spéculation foncière devrait être découragée par une taxation ciblée d'immeubles non bâtis au cœur des cités.

OPÉRER DES CONSOLIDATIONS BUDGÉTAIRES RÉDUCTRICES DE LA PRODIGALITÉ DANS LE SECTEUR PUBLIC

Le financement institutionnel de l'entreprise connaissant des difficultés depuis les années de crise, le Gouvernement a imaginé une idée généreuse pour allouer des ressources aléatoires au secteur productif : des micro subventions distribuées par des mécanismes créés au niveau ministériel pour appuyer les détenteurs de projets. Plusieurs programmes gouvernementaux financés par des bailleurs de fonds sont dotés des ressources qui se gèrent dans une opacité certaine. Ces fonds irriguent l'économie sociale à travers des groupements d'intérêt communautaire, les coopératives et les associations, soit une masse d'activités de débrouillardise sans aucune perspective de viabilité. Très souvent, des fonds mis à leur disposition ne servent pas aux activités pour lesquelles ils sont attribués.

Des sources de différents audits, les bénéficiaires des prêts de 500 000 ou 1000 000 F CFA (760 à 1520 euros) n'arrivent jamais à démarrer le business pour lequel ils reçoivent ces fonds, parce qu'ils ont des préoccupations de survie. Cet emprunt sera dans le meilleur des cas, affecté aux besoins alimentaires, de santé, d'éducation, de logistique et surtout aux évènements familiaux (mariages, obsèques, funérailles, baptêmes...). L'allusion à la socialisation des financements accordés par ces mécanismes cache mal leur manque d'efficience et donc, de résultats et d'impact. C'est le cas entre autres du Projet d'Appui à la Jeunesse rurale et Urbaine (PAJER-U) et du PIAASI (Projet Intégré d'Appui aux Activités du Secteur Informel). Ces structures de valorisation du capital dont la gestion est confiée à des cadres de l'administration choisis parmi la clientèle politique, font tout sauf du financement de la micro industrie. Impossible donc d'en faire de véritables Fonds d'Investissement aptes à accompagner des producteurs dans leur aventure entrepreneuriale. Mieux aiguillés, ces fonds pourraient compléter les ressources de la Banque des PME pour plus d'efficacité et un meilleur suivi.

FAIRE DE LA FISCALITÉ MINIÈRE ET PÉTROLIÈRE UNE VARIABLE D'AJUSTEMENT DE L'INVESTISSEMENT

Le gouvernement dispose d'un régulateur alternatif des tensions financières et sociales à travers l'ajustement du revenu tiré des ressources du sous-sol. La fiscalité et la parafiscalité sur les minerais apporteraient au Gouvernement une importante partie du financement de son programme d'industrialisation. La flexibilité du prix des carburants à la pompe pourrait siphonner une liquidité potentiellement nocive et porteuse de risques inflationnistes.

PROFITER DE L'AUBAINE OFFERTE PAR LE CROWDFUNDING

Né comme bien d'autres mouvements aux États-Unis, le Crowdfunding met en relation un porteur de projet en quête de financement avec une communauté de financeurs. Légiféré par Barack OBAMA le 5 avril 2012, le *crowdfunding* se déploie à travers une plateforme numérique pour des projets à visée caritative ou avec retour sur investissement, plus particulièrement, des Start-up ; celles-ci y trouvent des fonds grâce à une communauté d'internautes, sous forme *d'Equity Crowdfunding*, où le public devient actionnaire de l'entreprise par acquisition des parts sociales (actions) en échange des fonds investis. Il se crée de ce fait une relation de coproduction. Le *Lending Crowdfunding* ou prêt participatif, fait du public des créanciers de l'entreprise contre remboursement sur les profits attendus du projet. Le CROWDFUNDING permet ainsi aux PME/PMI de :

- S'affranchir du formalisme des banques systémiques ;
- Démocratiser l'actionnariat ;
- Participer de manière indolore et rapide au capital de l'entreprise ;
- S'adresser à un public extrêmement vaste à travers la toile ;
- Catalyser le potentiel d'investissement de n'importe quel secteur.

En l'absence de sédimentation des bonnes pratiques à cause de la jeunesse de ce mécanisme, le crowdfunding se signale toutefois comme une réponse forte aux porteurs de projets qui vont révolutionner l'industrie et les relations financières à l'échelle sociétale portées par la toile. Il appartient donc au gouvernement de créer un environnement propice et de mettre en place des réformes en matière de libéralisation du secteur financier et la sécurisation du cadre juridique. De même, l'autorité des marchés financiers et l'autorité de contrôle prudentiel doivent surveiller la mise en œuvre du processus qui est créateur de nouveaux métiers : celui des conseillers en investissement participatif (CIP) et des intermédiaires en financement participatif (IFP), il y a donc un grand besoin d'accompagnement institutionnel, légal et réglementaire, pour l'appropriation des modalités du crowdfunding. La création de richesse au XXIe siècle pourrait avoir pour levier le crowdfunding, bien qu'il apporte des financements en miettes et/ou fragmentés.

CONCLUSION

Le potentiel du Cameroun à produire des ressources alternatives pour le financement de son industrie permet de faire quelques rappels :

Primo, 60 % des recettes budgétaires proviennent des sources fiscales depuis 2012 et garantissent la pérennité du fonctionnement de l'État ;

Secundo, le taux d'accroissement des ressources budgétaires consolidées demeure faible et donc, insusceptible de soutenir le développement industriel ;

Tertio, le Cameroun dispose des marges de manœuvre qui s'amenuisent pour s'endetter et financer son industrie ;

Quarto, la faible capacité d'absorption des financements extérieurs et les bas taux d'exécution du budget d'investissement constituent une tare gravissime.

Quinto, le recours aux financements dits innovants permettra d'exploiter la réserve financière qui se trouve dans les instruments identifiés et bien d'autres que l'intelligence nationale ou internationale est susceptible d'inventer.

SIXIÈME PARTIE

LES CONDITIONS DE RÉUSSITE DE L'ÉMERGENCE À L'HORIZON 2035

« Habituez-vous à regarder les choses différemment. Un changement de perspective apporte tout un nouveau monde d'opportunités* ».

CHAPITRE XXIV

UNE SYNTHÈSE DES MODÈLES ET DES INSTRUMENTS

De la revue sommaire des politiques industrielles des pays ou groupes de pays, l'on peut déduire que le modèle le plus achevé aux plans stratégique et opérationnel, et sans doute le plus élaboré dans son architecture est celui allemand. Fondé sur la solidité et l'efficacité des relations triangulaires État-Banque-Entreprise, ce modèle permet un approfondissement du dialogue social et la lutte contre les inégalités par la redistribution du revenu. La diversité et la performance de son système assuranciel pour les travailleurs garantissent la sécurité de l'emploi industriel. Le consensus recherché dans une démarche triangulaire minimise les risques de conflits, facilite la détection des dysfonctionnements ou l'appréciation de l'ortho fonctionnement, l'anticipation des résultats et des révisions stratégiques ou managériales opportunes. L'efficacité économique et sociale est inscrite au cœur de ce processus, tout comme la coordination des synergies intra et intersectorielles. La cohérence de l'action gouvernementale y est évaluée dans l'allocation des aides multiformes aux PME/PMI implantées dans des Länders.

Le soutien aux champions nationaux relève du modèle français. L'État français accompagne stratégiquement et financièrement des entreprises qui se distinguent dans leurs résultats, leur potentiel à créer de la richesse et des emplois, et qui ont une maîtrise managériale éprouvée. Les entreprises candidates au championnat national dans leur branche ou secteur sont supposées structurer la sphère productive par la satisfaction du marché intérieur, l'exportation, la diffusion des opportunités de sous-traitance et des externalités positives aux plans technologiques ou financiers. Des success-stories sont célébrées à l'échelle nationale, régionale ou locale ; de même que la promotion des PMI/PME innovantes et des START UP qui réussissent.

Le modèle italien se distingue par son ancrage dans la création et l'accessibilité des bassins industriels grâce à de lourds travaux d'aménagement du territoire. Les politiques italiennes de développement industriel au niveau local sont basées sur des incitations flexibles et diverses facilités en faveur des PME/PMI. Une coordination stratégique horizontale par les collectivités décentralisées des dynamiques industrielles et commerciales aide à l'efficacité du partenariat public-privé.

La Grande-Bretagne a pris option pour les politiques technologiques en direction des PME/PMI. C'est une expérience unique et difficile d'imitation par des pays qui ne créent pas l'outil de production industrielle et qui se contentent des transferts de technologies parfois obsolètes. De la version industrielle de l'*american way of life,* le rôle important des Universités comme promotrices de centres d'excellence industrielle est un bon exemple ; mais il y a aussi le renouvellement du débat sur les politiques industrielles à l'occasion des cycles électoraux tant au niveau fédéral que des états. L'utilisation de la fortune publique pour soutenir l'industrie est une question épineuse pour les sorties de crises aux USA, comme ce fut le cas dès 2008 sous l'Administration de Barack OBAMA. Le retour à la compétitivité du secteur automobile aura nécessité d'énormes subventions remboursables au budget fédéral. Cela aura permis de réhabiliter l'emploi détruit par une crise bancaire causée par des prêts hypothécaires.

La position du Japon se rapproche de celle des États-Unis en ce qui concerne le débat sur les politiques industrielles. Mais le Japon s'en démarque parce que ce débat est permanent (pas seulement à l'occasion des scrutins), partisan et sans concession. Le Japon excelle dans la contraction des portefeuilles ministériels, la concentration de la gouvernance et des responsabilités proéminentes sur un seul département, le MITI, chargé de l'économie, des finances, de l'industrie et de la technologie. Ce schéma participe de l'amélioration de la visibilité sur l'ensemble de l'économie et minimise les difficultés de coordination et de supervision, mais la condition est qu'il faille avoir un bon leadership et des hommes politiques intègres, techniquement compétents, pour piloter des structures complexes et rendre compte aux électeurs. La question de responsabilité sociale est donc très importante dans cet empire, d'où l'instabilité gouvernementale et la succession des Premiers ministres à un rythme inimaginable dans d'autres pays.

De la brève revue de ces expériences, il se dégage que la propension à soutenir les PME/PMI est partagée par la majorité des pays, chacun y procède avec des instruments secrétés par sa culture et son parcours. De façon plus consensuelle encore, les politiques territorialisées et horizontales sont pratiquées dans l'ensemble des pays développés ou émergents. Partout, la Grande-Bretagne exceptée, et les USA dans une certaine mesure, l'État reste le maître du jeu industriel. Pour cela, le destin des gouvernements des pays démocratiques dépend largement des résultats économiques et particulièrement de la compétitivité industrielle. Il appartient donc à chaque pays de tracer sa trajectoire. Les commentaires d'un ancien Président français et d'un savant juif américain serviraient de conclusion au présent chapitre.

CONCLUSION

> *Les doctrinaires de l'économie nous proposent des recettes qui ne réussissent nulle part. Le libéralisme mené à son terme logique conduit à la faillite du système qu'il prétend protéger. On en connaît les effets : chômage, disparition d'entreprises, et soumission de tous à quelques-uns. Le dirigisme d'État et la bureaucratie n'ont abouti à rien non plus. Ce sont des systèmes engourdis qui répètent sans fin les notions fanées du siècle précédent*[134].

Samuel Pisar (1983) de préciser :

> *Chaque pays doit posséder tous les ingrédients propres à composer le mélange à partir des Universités, en liaison avec l'industrie, pour allumer la flamme de la créativité. Là est la vraie politique de demain. Ce qui compte est que chaque région soit équipée d'institutions de formation de la jeunesse qui sont susceptibles d'attirer l'implantation des entreprises.*

[134] François Mitterrand (1983), cité par Samuel Pisar in : *La ressource humaine*, éd. JC Lattès.

CHAPITRE XXV

LA RÉDUCTION DE LA VULNÉRABILITÉ SECTORIELLE

L'industrie du BTP au Cameroun est marquée par l'invasion des matériels issus de l'importation (plus de 80 %) ; ce qui constitue une source de vulnérabilité et d'exposition aux chocs exogènes. Ainsi, les belles perspectives de la demande interne sont systémiquement siphonnées par l'extraversion créée par l'importation des inputs, des produits intermédiaires et/ou finis ; d'où la nécessaire inversion des tendances par l'accroissement des capacités de production en lien avec l'évolution du marché et des compétences. L'insuffisance de capacités est doublement préjudiciable pour deux raisons :

1°) la croissance des parts du marché intérieur peut se transformer en contrainte du côté de l'offre et,

2°) face à la progression potentielle de la demande, elle deviendrait un facteur général d'inflation.

Ce point de vue est partagé par Christian PENDA EKOKA (1997) pour qui

> *La même extraversion est observée dans la construction des routes, ports, ponts, bâtiments, aéroports, stades, etc. à travers le recours systématique aux entreprises, aux technologies, et aux financements étrangers, sans perception d'une stratégie visant à y associer ou à développer les PME locales du secteur des BTP*[135] *». En outre, précise-t-il : « En dehors des salaires d'une main-d'œuvre peu qualifiée et de quelques matériaux de carrière, les autres services professionnels liés aux BTP (conception, études) proviennent de l'extérieur*[136] *».*

---

[135] Christian Penda Ekoka (1997) : *Cameroun : vers le 3e millénaire* ; EDI'ACTION, p.54.
[136] Idem.

ÉTENDRE LES CAPACITÉS, OPTIMISER LA SPÉCIALISATION ET LA MOBILITÉ GÉOGRAPHIQUES

L'augmentation de la taille des firmes doit avoir pour objectif l'efficacité et la compétitivité sur le marché tout en progressant sur les nouvelles opportunités véhiculées par les matériaux émergents. Cette expansion passe par l'intégration en amont des groupes sidérurgiques et métallurgiques et, horizontalement, par des partenariats avec des entreprises de construction. Ces partenariats visent à assurer une spécialisation sécrétrice d'économies d'échelle, d'amélioration de la division du travail et la profitabilité des chaînes de valeur. Les IDE sous forme d'implantations directes, de délocalisation des firmes étrangères, d'opérations d'alliance ou de coentreprise, de croissance externe ou de prise de participation au sein des firmes existantes ou à créer, faciliteront le renforcement des capacités de production. La restructuration des entreprises de production de matériaux s'inscrit dans une logique d'appropriation des technologies et des normes. La spécialisation de ces unités dans chaque segment de la chaîne de valeur serait soutenable à la condition d'améliorer leur pouvoir de négociation face à leurs fournisseurs et clients.

Le déséquilibre des échanges extérieurs dans le secteur des BTP au Cameroun est un signe incontestable de l'insuffisante agressivité des entreprises nationales, non seulement pour satisfaire le marché intérieur, mais aussi, à l'export. Le fort taux de pénétration des entreprises et des produits de l'étranger ainsi que l'érosion des positions concurrentielles sont des signes de fragilité sectorielle.

INTÉGRER L'ÉCOLOGIE DANS LES POLITIQUES INDUSTRIELLES

La compétitivité des entreprises du BTP est surdéterminée par l'investissement en innovation dans la qualité des matériaux. Les principaux indicateurs de compétitivité notamment la créativité, la productivité, la rentabilité du capital, la situation financière et la combinaison factorielle traduisent la solidité ou non de l'industrie au sein d'une économie. La prise en compte de la contrainte écologique dans le choix des sites et la conception des immeubles influencent désormais la R&D en techniques et matériaux de substitution. Le fonctionnement des entreprises du secteur et les échanges interentreprises (B to B) devraient diffuser une culture écologique visant un niveau de rejets inférieur à la norme et faciliter l'appropriation des procédés et technologies propres. Une politique globale d'anticipation face aux nouveaux enjeux de protection de la nature permettra de gérer efficacement les risques de nuisance. Toutefois, des actions en faveur de l'environnement ne doivent pas être simplement perçues comme des contraintes, mais aussi, comme des opportunités que les entreprises devront saisir dans leur démarche marketing et comme stratégie concurrentielle.

TRANSFORMER LES MENACES SECTORIELLES EN OPPORTUNITÉS

L'importation des inputs et des techniques pour le BTP constitue une menace sur les matériaux locaux. Le pouvoir de négociation étant déséquilibré en faveur des fournisseurs étrangers, les clients nationaux subissent la domination par les coûts des matériaux de haute technologie. La menace des produits de substitution dans le secteur de la construction trouvera sa solution dans la capacité d'inventer et d'innover. Cependant, l'incertitude que provoquent les matériaux de remplacement ne sera décisive qu'à long terme, car la transition technologique peut prendre du temps en raison de la lenteur des évolutions dans les préférences des ingénieurs et architectes. L'industrie du BTP étant du long terme, les moyens de production qui seront accumulés sur une vaste période et les habitudes en matière de confort immobilier constituent ainsi des facteurs de résistance aux mutations technologiques brutales. Les secteurs de la sidérurgie et des constructions métalliques devront alors s'intégrer verticalement pour assurer leur stabilité du point de vue de leurs approvisionnements. Horizontalement, ces secteurs pourront :

- Développer des capacités de production ;
- Se spécialiser en restant flexible ;
- Accroître la mobilité géographique.

Cette proposition est corroborée par Stuart BRUCHEY selon qui « aux États-Unis, l'industrialisation a contribué au développement de la spécialisation professionnelle et a conjugué ses effets avec ceux de l'amélioration des transports pour permettre un degré poussé de spécialisation des secteurs économiques et des régions géographiques[137] ». La mobilité est également de nature sociale : « L'accroissement de la mobilité verticale qui en a résulté pour la société a engendré des pressions concurrentielles fortifiées par le mode de vie urbain, qui incitaient à travailler dur et à épargner[138]».

Le défi pour les entreprises camerounaises est celui de la densification de l'implantation territoriale du réseau des PMI spécialisées, et la construction des capacités pour leur nécessaire internationalisation. La rénovation managériale et du leadership se feront par un recours au *hard et au soft Law*. L'encadrement sera assuré par des cabinets d'experts et des structures gouvernementales de diagnostic, conseil, audit et évaluation des entreprises du secteur.

EN MATIÈRE DE HARD LAW : CRÉER UN AUTRE TRIBUNAL PÉNAL SPÉCIAL (TPS) ET LE DÉCENTRALISER

L'exécution souvent cahoteuse du budget d'investissement et les distorsions dans le régime des marchés publics constituent des tares caractérisées par la corruption dans le régime des marchés publics ; le faible leadership gouvernemental sur les financements extérieurs ; la dépendance externe dans la réalisation des grandes infrastructures et l'impunité des auteurs de mauvaises réalisations ou d'abandon de chantiers dans le secteur des BTP. Le problème de la mauvaise utilisation des ressources financières internes ou externes devrait être *attaqué à la tronçonneuse, non pas à la lime à ongles.* Cette tronçonneuse sera sans nul doute, un autre Tribunal pénal spécial.

L'adoption d'un pacte de la construction serait utile pour l'efficacité de ce tribunal appelé à se décentraliser pour se saisir des affaires au plus proche des chantiers mal ou non exécutés. Il pourrait non seulement inculper les coupables de violation des règles du système des marchés publics, mais aussi promouvoir les comportements éthiques dans toute la chaîne d'exécution de la commande publique. Un conseil datant du premier siècle de notre ère peut être opportunément rappelé : « un homme, bâtissant sa maison, a creusé, creusé bien avant, et posé le fondement sur le roc. Une inondation est venue, et le torrent s'est jeté contre cette maison, sans pouvoir l'ébranler, parce qu'elle était bien

---

[137] Stuart Bruchey: « The Roots of American Economic Growth 1607-1861; an Essay in Social Causation. Harper & Row Publishers, New York City.
[138] Idem.

bâtie[139] ». C'est dire que la Sainte Bible ne donne pas que des leçons de spiritualité pour l'espérance d'une meilleure vie dans l'au-delà, mais aussi, celles touchant à la durabilité de l'habitat sur la planète terre.

S'AGISSANT DE LA SOFT LAW : INVESTIR DANS LA MARQUE CAMEROUN

L'image du Cameroun est fortement malmenée et écornée depuis ses multiples sacres au championnat des pays corrompus de la planète que Transparency international (TI) organise à la fin de chaque année. Malgré la contestation à laquelle se livrent certains hiérarques fanatiques, accusant cette ONG de conspirer contre le Cameroun, la pertinence de l'Indice de Perception de la Corruption (IPC) fait désormais autorité. Sa publication est souvent attendue avec angoisse. En fin de compte, ses pourfendeurs d'hier n'hésitent plus à exhiber les résultats en cas d'amélioration du classement. Pourtant, le déclassement d'un pays dans ce palmarès ne signifie pas toujours qu'il ait fait des progrès en matière de probité, mais simplement parce que certains pays ont fait pire au cours de l'année enquêtée.

Le problème est que nombre de Camerounais participent chaque jour à l'abaissement du prestige et à la dégradation de l'image de ce pays sur lequel les projecteurs ne se sont réellement braqués qu'à l'occasion de la Coupe du Monde de football de 1982 en Espagne. Depuis lors, il est resté sur le viseur d'une opinion internationale réactive à la corruption, aux violations des droits économiques et humains et aux restrictions des libertés. Les mauvais résultats sportifs causés par l'indiscipline et les disputes de primes au sein des équipes nationales n'échappent plus au regard des observateurs internationaux, tout comme l'insécurité, la mauvaise gouvernance et la contestation des résultats électoraux. Tout cela concourt à la déconstruction de l'image d'un pays. S'agissant de cette image, Pierre-Louis DEBOURDIEU et Maxime LECLERE (2011) recommandent de faire comme la Suède, la Corée du Sud, et des dizaines de pays lancés dans une démarche d'investissement sur la marque pays, et ont réussi à changer leur image aux yeux du monde avec de formidables effets de levier sur leurs économies.

Pour le cas de la France, ces deux chercheurs proposent de prendre au sérieux les influences culturelle, diplomatique et politique qui font ou défont le rayonnement d'un pays, favorisent ou non son attractivité

---

[139] **Second L.**, La Sainte Bible ; évangile selon Saint Luc, chapitre 6, verset 48.

aux yeux des clients et investisseurs. La réputation d'un pays représente un capital qu'il faut soigner, non par la propagande et la manipulation, mais par un sérieux travail de communication, d'information, de conviction sur le savoir-faire et le savoir-être des citoyens et des institutions.

> *Le capital de notoriété est le résultat des efforts de promotion effectués en faveur du renom d'une entreprise ou d'une marque ; les ressources humaines jouent un rôle central dans l'accumulation du capital immatériel des entreprises. Ce sont les hommes qui sont à l'origine des modifications quantitatives et qualitatives des actifs intangibles*[140].

Cela étant, un effort de réflexion sur la reconstruction du prestige du Cameroun, sur son attractivité et son rayonnement, mobiliserait les institutions, acteurs économiques et sociaux, agences de marketing social, designers, sociologues, chercheurs, enseignants, partis politiques et qualiticiens. Il s'agirait certainement de s'accorder sur des symboles et des valeurs que les Camerounais souhaiteraient porter et défendre.

SYSTÉMATISER LE RECOURS AUX NORMES & LABELS

Les lois et les réglementations ne suffiront pas pour assainir le climat des affaires. L'encouragement aux bonnes pratiques, l'éducation aux bonnes mœurs et l'appropriation des instruments élaborés dans le cadre du *soft Law* sont des atouts pour une bonne gouvernance des affaires. L'idée centrale est que les entreprises et les administrations prennent l'engagement d'éviter des comportements qui affectent négativement leur réputation. Il ne s'agit pas en cela de promouvoir un phénomène d'intégrisme religieux, d'angélisme ou de puritanisme, mais d'apporter une réponse à un projet sociétal apte à améliorer la gouvernance à tous les échelons, en s'appuyant sur des incitations et sur la volonté individuelle et collective de changement. Christine DRULLION pense à cet effet que la réputation est un élément essentiel de la stratégie des grandes entreprises pour « 94 % de patrons américains ; 86 % de patrons français, et 71 % de patrons allemands ».

Le recours systématique aux normes de la famille ISO servirait à favoriser un consensus sur les bonnes pratiques managériales fondées

---

[140] Daniel Soulié et Dominique Roux (1992), *Gestion* ; Presses Universitaires de France.

sur la qualité du produit et la satisfaction du client, à l'instar de la norme ISO 9001 :2008, qui fournit un ensemble d'exigences normalisées pour un système de management de la qualité, indépendamment du domaine d'activité et de la taille de l'organisme utilisateur. Elle permet d'adopter une approche systémique de gestion des processus de production qui stimule l'orthofonctionnement d'un organisme, en tant qu'outil générateur de confiance entre clients et fournisseurs. La certification ISO 14001 permet à une entreprise de faire attester la conformité de sa politique et de ses processus aux contraintes relatives à l'élaboration, la mise en œuvre, la maintenance et l'évaluation d'un système de management environnemental. La généralisation du respect des normes, codes de déontologie et codes éthiques vise à gagner la guerre contre le laxisme, les malfaçons, la fraude et la corruption sans tirer le moindre coup de feu.

Encadré N°8

La norme implique l'existence de principes plus généraux à la lumière desquels leurs prescriptions et leurs interdits peuvent être légitimés. Les normes représentent des attentes collectives liées à l'éventuelle application de sanctions qu'elles ont pour objet de justifier.

La déontologie est un ensemble de règles appliquées à un domaine professionnel (ordres des experts-comptables, des médecins, des ingénieurs, des pharmaciens, architectes, etc.). Le périmètre en est corporatif, communautaire, et les règles sont construites sur des valeurs non forcément explicites. Plus particulièrement, la déontologie imposée aux agents publics s'applique sous un contrôle hiérarchique.

Le code éthique a pour but d'aider au développement du sens des responsabilités, du caractère et du professionnalisme au sein d'une organisation. Il est un guide qui promeut les normes professionnelles en matière de conduite, encourageant ces agents publics à la spontanéité, à l'autodiscipline dans l'application des normes marchandes et sociales qui renforcent la confiance entre différents agents économiques.

EN FINIR AVEC UNE GOUVERNANCE DURABLEMENT DEPRIMOGENE

S'agissant de la gouvernance, la réputation du Cameroun est mondialement établie en ce qui concerne la gestion conflictuelle des processus électoraux, les entraves aux libertés individuelles et collectives, le rétrécissement de l'espace public en raison des lois sur le terrorisme, une lente promotion de l'égalité des sexes, des détournements de fonds publics, les collusions et les trafics d'influence.

Le diagnostic de l'Institut National de la Statistique (INS), un organisme étatique, n'est pas tendre sur ce sujet : « L'absence de gouvernance, le coût de la corruption, des institutions peu fonctionnelles brident les affaires et freinent l'essor économique. La fiscalité, l'accès inégal au crédit, et les relations avec les administrations sont des contraintes majeures au développement des affaires[141] ». Pour Thomas WOLF et EMINE GÜRGEN, « la corruption au plus haut niveau doit être réduite au maximum, car elle fait obstacle à la croissance et a un effet corrosif sur la société en général, puisque ce sont fondamentalement les plus hautes autorités qui sont le guide moral du reste de la société[142] ». Et l'INS de préciser qu'« un mauvais environnement des affaires constitue un frein à la compétitivité des entreprises et un frein à l'attrait des IDE dont le Cameroun a besoin[143] ».

Tableau 54 : Appréciation (en pourcentage) de la gouvernance par types d'entreprises.

Types d'entreprises	Bonne	Assez Bonne	Mauvaise	Sans opinion	ND	Ensemble
TPE	4.0	19.9	57.5	10.5	8.1	100.0
PE	4.4	20.2	55.2	10.3	10.0	100.0
ME	2.9	23.5	52.2	10.9	10.3	100.0
GE	4.3	31.1	42.6	12.5	9.6	100.0
Ensemble	4.4	22.8	52.4	10.8	8.5	100/0

Source : INS/RGE 2009.

Ce tableau indique qu'il y a moins de 4.4 % de bonne opinion contre 52.4 % de mauvais jugement sur la gouvernance de l'ensemble des entreprises. « Les obstacles les plus fréquemment cités par les entrepreneurs sont par ordre d'importance la fiscalité : 58.8 % ; la corruption : 50.6 % ; l'accès au crédit : 37.6 % ; les formalités administratives : 35.2 % ; la concurrence déloyale : 25.8 % ; les infrastructures : 18.4 % et le coût du crédit : 18 % [144]».

---

141 Recensement général des Entreprises ; Rapport Thématique ; 2009 ; p. 89.

142 Thomas Wolf et Emine Gürgen : *Gestion des Affaires publiques et lutte contre la corruption dans les États baltes et les pays de la CEI : le rôle du FMI* ; juillet 2004.

143 Recensement général des Entreprises ; Rapport Thématique ; 2009 ; p. 8.

144 Institut National de la Statistique/Recensement général des Entreprises 2009.

Tableau 55 : les principaux obstacles à l'entrepreneuriat par sous-secteur

Obstacles	Extraction	Industries alimentaires	Autres indust. Manufacturières	Électricité, eau et gaz	Construction
Fiscalité	61.5	74	66.2	50	66.4
Corruption	46.2	63	57.3	47.6	61.6
Accès au crédit	46.2	37.6	42.9	45.2	56.8
Formalités administratives	30.8	38.7	37.9	35.7	38.4

Source : INS/RGE 2009

Les indicateurs de gouvernance et la cotation par les organismes internationaux de rating et d'étalonnage des performances socioéconomiques convergent sur les mauvais records du Cameroun depuis la fin des années '80. Le pays s'est d'ailleurs payé le luxe de caracoler au sommet du palmarès des pays les plus corrompus de la planète pendant trois années consécutives. Depuis lors, cette image lui colle à la peau, ruine sa crédibilité et son prestige. En 2010, le Rapport Doing Business de la Banque mondiale, l'Indice de Compétitivité mondiale du WEF (World Economic Forum), l'Indice de Perception de la Corruption de Transparency International, le Rapport sur le Développement humain du PNUD, l'Indice de Transformation de la Fondation Bertelsmann sur les changements sociétaux des pays en développement en faveur de la démocratie et de l'économie de marché, s'accordent sur les faibles progrès enregistrés par le Cameroun en matière de gouvernance. Et pourtant, le pays était bien classé sur les principaux Piliers de Compétitivité du WEF : stabilité macroéconomique (15e / 133) ; dette publique (16e / 133). Mais les signaux se renversent dès qu'il s'agit du pilier institutions et détournements des fonds, où seulement quatre pays font pires que le Cameroun classé au 129e rang sur 133.

Paradoxalement, la réaction officielle à la publication des classements jugés décevants fait croire à un complot contre la République ; d'où la double question de savoir pourquoi des **Think Tanks** dont le sérieux, l'indépendance et l'expertise sont considérés et même redoutés par des états-majors des pays industrialisés dotés de contrexpertise, ont pu s'entendre pour s'acharner sur le pauvre Cameroun ? Et à quel dessein ?

Tableau 56 : Évaluation du risque pays en 2005 pour une sélection de pays

RATING (NOTATION)	INDONÉSIE	CAMEROUN	BRÉSIL	RUSSIE	ROUMANIE
Standards & Poor (S&P)	B+	CCC	BB-	BBB-	BB+
Moody's	B2	na	B2	Baa3	Baa2
COFACE	B	B	B	B	B
OCDE	7	7	6	4	4
FITCH IBCA	BB-	B-	BB-	BB+	BBB-
EUROMONEY	100/180	125/180	79/180	76/180	46/180
Liberté économique : Heritage Foundation	120/180	124/180	90/180	122/180	123/180
Indice d'opacité : PWCs Milken Institute	59/180	na	40/180	46/180	48/180
Corruption : Transparency International	137	129	59	95	89
Indice de Développement humain : PNUD	111/180	141/180	72/180	57/180	69/180

Source *: données extraites de La Globalisation (2005), Michel-Henry Bouchet ; page 294.*

La comparaison du Cameroun à deux pays émergents, le Brésil et la Russie, et à deux autres qui comme lui, sont candidats à l'émergence : l'Indonésie et la Roumanie, indique à quel point il y a du chemin à faire. Suivant l'évaluation du risque d'émissions obligataires sur le marché des capitaux (COFACE, S&P, Moody's) allant de A (meilleur) à D (pire), la position du Cameroun est contrastée ; elle va de bonne à très médiocre. Par contre, le Cameroun est le plus mal classé de cet échantillon à cinq en ce qui concerne le risque pays (EUROMONEY), la liberté économique (PWCs Milken Institute), la corruption (TI) et l'indice de développement humain (PNUD). La COFACE attribue la note « B » (environnement économique et politique incertain et susceptible d'affecter des modes de paiement souvent médiocres).

En tout état de cause, ces classements issus de la résolution de **simplexes**, avec des paramètres et variables de sources diverses, ne sont pas non plus un complot ou un acharnement dès lors que l'exercice touche annuellement la quasi-totalité des pays du monde. Le mieux pour les pays mal cotés est de faire des efforts pour améliorer leur classement qui influence l'accès aux marchés et renchérit le coût des capitaux à emprunter. Les pratiques illicites qui affectent le régime des marchés publics au Cameroun diminuent aussi sa capacité à produire des biens publics mondiaux nécessaires au développement industriel.

Encadré N°9

En faisant l'hypothèse que la corruption renchérit d'au moins 30 % le coût des commandes publiques rien qu'en ce qui concerne les pots-de-vin, et en se référant au BIP de 2014 doté de 1 000 milliards F CFA, il se trouve que 300 milliards F CFA au moins sont siphonnés par cette pratique. Or, pour être proche de la réalité, il convient de prendre en compte les livraisons non nécessaires ou fictives, la mauvaise qualité des prestations, les chantiers abandonnés après paiement partiel ou total, les coûts administratifs et de transaction lors des opérations de contrôle, de suivi, de réception et les coûts d'opportunité, pour au moins 20 % des montants alloués à la dépense d'investissement. L'incidence est ainsi portée à 50 % au moins, soit 500 milliards de pertes (il y a de fortes chances que cette estimation soit en deçà de la réalité, mais elle suffit largement pour traduire la gravité du phénomène).

Pourtant l'on peut faire les choses autrement, pourvu qu'on le veuille en reconnaissant les erreurs du passé. François de La Rochefoucauld disait : « *Quelque honte que nous ayons méritée, il est presque toujours en notre pouvoir de rétablir notre réputation*[145] ».

REFONDER LA CORPORATE GOUVERNANCE SUR LES MICROS CULTURES

Au Cameroun, l'adaptation des méthodes de management aux microcultures locales se pose dans toute sa gravité. Georges GALLAIS-HAMMONO découvre pour l'Afrique, un management décliné en quatre dimensions culturelles :

- « *Une autorité paternaliste de type féodal ;*
- *Un faible contrôle de l'incertitude, d'où un certain fatalisme ;*
- *Un esprit communautaire qui prime sur l'individualisme, l'entreprise étant vécue comme un village ;*
- *Une culture féminine qui privilégie le social sur le matériel, qui préfère une bonne ambiance de travail et la sécurité du salaire à la créativité*[146] ».

[145] François de La Rochefoucauld in, Réflexions.

[146] . Gallais-Hammono G. professeur à l'Université d'Orléans, directeur de l'Institut orléanais de finance in : *Entreprises publiques et développement : un panorama africain.*

Marc PENOUIL trouve que : « l'entreprise africaine est un lieu de pouvoir avant d'être un lieu de combinaison des facteurs[147] », tandis qu'ETOUNGA MANGUELE ironise en invoquant un nécessaire ajustement culturel.

FAIRE DE LA RSE ET DE L'ISR, LA CLEF DE VOÛTE DU MANAGEMENT

Au Cameroun, les concepts jumeaux de *Responsabilité sociale de l'Entreprise (RSE) et d'Investissement socialement responsable (ISR)* sont réservés à l'éloquence d'une classe de fonctionnaires, experts, consultants, universitaires ; pourtant, ils devraient agir sur l'attractivité et la confiance des investisseurs, mais aussi, humaniser les politiques d'industrialisation. La liberté d'entreprendre ne devrait donc plus créer une distance à l'égard des normes sociétales. Les entreprises dont la création est tant encouragée sont protégées pour les recettes fiscales qu'elles fournissent et les emplois qu'elles génèrent. Notablement, les entreprises du secteur stratégique bénéficient de quelques protections et profitent de la tolérance sinon de la complicité des pouvoirs étatiques pour échapper à leurs responsabilités sociales et environnementales.

Les firmes multi ou transnationales jouissent d'une liberté de facto vis-à-vis du respect des normes et de l'éthique en raison de leur pouvoir économique et de leurs capacités à négocier dans un rapport de force déséquilibré. Or, le discours que délivre la RSE n'est ni contre la liberté d'entreprise ni contre l'efficacité et la performance économiques, mais pour la pérennité de l'exploitation en harmonie avec son environnement et la société d'accueil. Selon Mc Hugh (1988), le courant de la RSE s'est d'abord manifesté au début du capitalisme industriel à travers des questionnements moraux concernant surtout les dirigeants d'entreprises : corruption, pots de vin. Sont ainsi questionnés, les impacts écologiques des activités industrielles, le positionnement de l'entreprise par rapport à la guerre, à l'égalité des sexes, à la discrimination raciale et aux droits humains. Vers la fin des années 1990, la RSE est devenue une dimension de la performance

[147]. Marc PENOUIL est professeur de sciences économiques, président de l'Université de Bordeaux I : « l'Avenir de l'Entreprise africaine » in, Mélanges en l'honneur de Jean –Guy MERIGOT, sous la direction de André LABOURDETTE. Gestion ; ECONOMICA.

corporative comme en attestent les bilans sociaux et les bilans écologiques (ECOBILAN) dressés par certaines entreprises.

De ce fait, la RSE n'est plus un choix stratégique, mais « un impératif inhérent à la nature de l'entreprise du nouveau millénaire, illustrée par le concept émergent de l'Entreprise Citoyenne » (Champion, 2003). Un son de cloche analogue vient de Bruno REBELLE, ex-directeur des campagnes internationales chez Greenpeace : « nous sommes d'accord sur le fait que les entreprises existent pour faire du profit, mais elles doivent avoir conscience des conséquences engendrées par la manière dont elles le font[148] ». La RSE se propose donc d'introduire entre la main invisible du marché et la main visible de l'État, l'influence des consommateurs de plus en plus informés, exigeants, et militants. Pour Logsdon et Yuthas (1997),

> *La problématisation stratégique de ce concept confirme-t-elle l'entreprise dans son rôle traditionnel de maximisation du profit, tandis que la problématisation moraliste pose la question de responsabilité sociale comme défi éducatif visant à faire d'une entreprise, un sujet dont il s'agit d'élever les compétences morales.*

Or, dans un contexte de corruption chronique, des entreprises surfent sur des complicités institutionnelles pour dérouler des activités irrespectueuses des droits humains, méprisant les impacts sociétaux et sans pression aucune à rendre des comptes. Au Cameroun, il serait fort utile de créer deux organismes indépendants du pouvoir politique : un observatoire national de l'entreprise et un centre de cotation des performances des entreprises, dotés de missions et d'instruments appropriés. Dans le même mouvement, l'ANOR devrait monter en influence, en capacités et en prégnance sur le contrôle systématique de toutes les activités dans leur échelle de valeurs industrielle, commerciale et sociale. Les recommandations de Jérôme Frantz (2010) incitent à la création d'un avantage compétitif durable basé sur l'implémentation de la RSE : - *tenir une base de données des organismes disposant de normes, standards et labels ; - recevoir de l'État l'exemplarité de pratique de la RSE et des bienfaits d'une gouvernance dans le cadre de politiques de financement assorties de clauses sociales et sociétales ; - créer un ministère et des observatoires*

---

148 . Bruno Rebelle, ancien directeur chez l'ONG internationale Greenpeace et conseil en politique et stratégie de développement.

de la RSE ; - favoriser le rapprochement des entreprises du territoire en participant aux projets à fort impact mutuel.

En dépit de leur large approbation, la RSE et l'ISR ont leurs contradicteurs ; parmi les plus virulents, le Prix Nobel de l'économie, l'américain Milton Friedman du courant néo-classique qui, dans les années 1960 déclarait que « peu d'évolutions pourraient miner aussi profondément les fondations mêmes de notre société libre que l'acceptation par les dirigeants, d'une responsabilité sociale autre que celle de faire le plus d'argent possible pour leurs actionnaires. C'est une doctrine fondamentalement subversive[149]». Au slogan « Business is Business », il ajouta : « Business of Business is Business », une sorte de darwinisme dans la pratique des affaires. Cette prise de position est d'ailleurs inscrite dans un programme dispensé à l'Université Warwick en Grande-Bretagne ; elle enseigne que la morale et les affaires ne marchent pas ensemble, que la corruption et la subornation sont considérées comme normales et acceptables dans diverses parties du monde et qu'ils sont nécessaires pour construire un réseau d'affaires avec les hommes politiques.

Du point de vue du Business Ethics, ces positions réductrices d'un monétariste fût-il chevronné et de quelques chercheurs isolés, sont considérées comme de la subversion. Elles n'ont pas empêché que la RSE et son jumeau, l'ISR, gagnent en notoriété et soient érigés en corpus théorique enseigné dans plusieurs Universités dans le monde. Ils sont référencés comme outil marketing, notamment par les firmes multinationales menacées par la pression militante des activistes de la société civile ou par des altermondialistes. C'est donc une thématique légitimée à l'échelle globale, plus particulièrement depuis le Sommet de la Terre de Rio de Janeiro en 1992 et l'adoption par 150 pays, de l'Agenda 21 dont le premier des 27 principes est : « Les êtres humains sont au centre des préoccupations relatives au développement durable. Ils ont droit à une vie saine et productive en harmonie avec la nature ». L'objectif mondialement partagé étant un développement économiquement viable, écologiquement durable, et socialement équitable, une synthèse des trois piliers du développement durable fondé sur le triple P : People, Planet, Profit (ou Prosperity), qui établit un lien entre la préoccupation macroéconomique de croissance du PIB et un management soucieux de l'homme et de l'écologie. C'est un

[149] Friedman, Milton: Capitalism and Freedom, 1962; traduit par University Press of Chicago, 1971.

développement économique inclusif. L'entreprise socialisée devient un laboratoire de démocratie pour les actionnaires, les citoyens organisés et les managers, pour poser et résoudre les problèmes sociétaux et réparer les dégâts industriels sur la nature, la société et les personnes.

CONCLUSION

Les pronostics de l'accession du Cameroun au gotha des nouveaux pays industriels peuvent varier en fonction des visionnaires. Sachant que ce sont les idées qui créent le monde, le regard doit se tourner vers la mobilisation des intelligences, des savoirs, des potentiels, du génie scientifique, organisationnel et managérial à l'échelle des individus, des organisations et de la nation ; le rêve devient réalité dès lors que des hommes sont déterminés à faire entrer leur pays dans l'histoire. Mais ce sont moins ceux dont la présence et le discours crèvent les écrans de télévision qui feront cette révolution ; cela pourrait être ces anonymes qui réfléchissent et s'appliquent à créer, inventer, conseiller, transmettre le savoir et l'audace, qui défient la fatalité et croient en la capacité de tout homme à pouvoir changer son destin. Les belles formules, les bonnes déclarations ou la critique ne suffiront jamais ! Seule compte la détermination à s'accomplir, à transcender ses peurs et ses envies.

SEPTIÈME PARTIE

LA CONTRIBUTION DES ACTEURS À LA RÉUSSITE DE LA POLITIQUE INDUSTRIELLE

« Nous dépensons des sommes inouïes pour renouveler nos fusées et nos bombes, parfois- trop peu déjà- pour l'équipement de nos usines ; mais nous rognons constamment sur l'enrichissement du capital humain - qui contient pourtant tout entier les promesses de demain. Chaque être humain a une capacité infinie d'endurance, d'invention et de création. Et j'y crois, pour demain, une société renaissante où la force du savoir, de l'intelligence, de la volonté, relèguera au Moyen Âge la sueur et le capital pour puiser dans la matière grise, inépuisable de chacun, les vraies richesses du monde[150] *».*

[150]. Samuel PISAR, 1983

CHAPITRE XXVII

LES COLLECTIVITÉS TERRITORIALES DÉCENTRALISÉES COMME TÊTES DE PROUES INDUSTRIELLES

Les communes et les régions du Cameroun sont surdimensionnées par rapport aux capacités organisationnelles, gestionnaires, logistiques et de coordination de leurs exécutifs. Les indicateurs du surdimensionnement sont visibles à travers la superficie des territoires communaux et régionaux, la démographie, l'ampleur des missions ; d'où la faible valorisation des compétences transférées en matière économique, sociale et culturelle dans le cadre de la décentralisation. Le territoire selon Passet est considéré comme « un espace de transmission et de capitalisation de la connaissance, où s'organise le lien entre l'apprentissage, la recherche et l'application. Le tissu productif s'y régénère à la base et le développement de l'industrie s'y opère par synergie locale[151] ». C'est au niveau local qu'il convient le mieux d'activer les dynamiques industrielles de proximité en privilégiant les logiques d'incubation et de pépinières d'entreprises ainsi que des financements horizontaux faciles à coordonner, à contrôler et à évaluer.

Cette première étape pourrait être suivie de la phase de construction des locomotives industrielles pour tirer la croissance, exploiter les niches sur le marché et affronter la rivalité internationale. La deuxième consiste à conjurer la mortalité à bas âge des entreprises jusqu'ici bénéficiaires d'un encadrement inefficace à travers les financements verticaux. Le but est de maîtriser la concentration des entités industrielles sur le territoire et dans tous des secteurs, l'évolution de leurs immobilisations et la rentabilité du capital investi. Il s'agit également de pallier l'émiettement et la désarticulation des structures productives déficitaires en matière d'organisation et d'améliorer l'articulation entre GE, PMI/PME et TPE. Le ciblage des opportunités et des priorités ne devrait plus être l'affaire des seuls états-majors ministériels, mais un mix des savoirs rationalisés,

[151] Passet, O., op cit.

inspirés de l'intelligence territoriale dans l'allocation des ressources publiques, communales, privées, associatives ou de la coopération au développement.

La France, l'inévitable référence des analystes africains a procédé à un découpage communal audacieux, objet d'une loi promulguée le 2 mars 1982 par le Président François Mitterrand, dix mois seulement après son élection. À l'occasion de cette réforme, le nombre des communes françaises a été porté à 36 527 dont 29 000 environ de moins de 500 habitants. Cette apparente atomisation résout les problèmes d'éloignement des citoyens des centres de décision, de proximité du service public et commercial, et du management participatif des ressources du territoire. Depuis 2005, le Cameroun compte 100 fois moins de communes que la France alors qu'il représente 87 % du territoire français. En faisant mécaniquement des proportions, il devrait créer sur la base de sa superficie, 31 927 Communes ou, 11 239 communes en prenant la démographie pour comparateur (65 millions de Français contre 20 millions de Camerounais).

Pour ne pas aller aussi vite ou aussi loin, il serait fort raisonnable que le nombre actuel des communes du Cameroun soit multiplié par 10 pour atteindre 3 660. Cet objectif est visé dans le scénario de l'émergence à l'horizon 2025, mais aucune action n'est amorcée jusque-là. Logiquement, les villes de Douala et Yaoundé devraient être érigées en régions ou en métropoles pour une meilleure élaboration des politiques d'industrialisation. Bien plus, tous les quartiers des grandes agglomérations seraient transformés en communes et les quartiers qui bourgeonnent dans la périphérie recevraient automatiquement une organisation de type communal. Pour tout cela, il conviendrait :

1°) d'accroître les capacités de programmation et de gestion urbaine des collectivités et,

2°) structurer la participation de la société civile et des populations au développement local.

Dans le même mouvement, le nombre des régions du Cameroun devrait au moins passer de 10 à 20. C'est dans ce contexte que la fonction publique territoriale inscrite dans le DSCE pourrait naître, avec un personnel à statut particulier ayant des perspectives de carrière stimulantes. L'histoire rappelle que pour accélérer son développement, le seul État de New York comptait plus de 315 municipalités en 1830 ; « les autorités municipales ont participé aux projets d'amélioration plus intensément encore que ne l'avaient fait des États, surtout pendant les dix années qui suivirent la Guerre de Sécession[152] ». Une décentralisation réussie constitue un gisement d'opportunités industrielles pour les investisseurs, les prestataires de services et les travailleurs.

[152] Bruchey Stuart, op cit ; p.116.

CHAPITRE XXVIII

L'INTELLIGENCE TERRITORIALE AU SECOURS DE L'INDUSTRIALISATION… POURQUOI PAS ?

Pour que nul ne soit exclu du champ des opérations sur les mutations économiques, sociales, environnementales et culturelles, le concept d'intelligence territoriale, peu disséminé dans le monde et au Cameroun, se présente comme une curiosité intellectuelle à découvrir et une opportunité tout à la fois. Instrument alternatif de repérage des problèmes, de combinaison des savoirs et de valorisation des gisements d'expertises locales et de la périphérie, l'intelligence territoriale permet de construire un système collaboratif de diagnostic, d'analyse, de synthèses, d'évaluation et de solutions aux défis communautarisés. Concept vraisemblablement pédant, sans doute savant et quelque peu abstrait, ce qui donne envie de le décrypter, l'intelligence territoriale est à la fois une activité de veille, d'anticipation et de prospective qui se sert des moyens électroniques de collecte de l'information d'un espace géographique délimité pour faire participer l'ensemble des acteurs au processus de prise de décision en toute transparence et en toute responsabilité.

Le territoire dans ce contexte ne renvoie pas à une division administrative. C'est un construit, une appropriation à la fois économique, idéologique et politique d'un terroir à travers un projet fédérateur. Le territoire est aussi un lieu de coopération et de convergence des relations multiacteurs (État, secteurs marchand et non marchand). Les contenus territoriaux relèvent donc des pratiques et des interactions institutionnelles, citoyennes ou économiques. En France, la notion d'intelligence territoriale a été proposée en 1998 pour illustrer une approche du développement des territoires fondée sur une démarche scientifique, systémique et pluridisciplinaire. Dans Le Journal *Le Monde* du 18 mai 1999, on peut lire que

> *Le territoire n'est plus considéré comme un cadre naturel, plus ou moins contraignant, doté d'un patrimoine historique plus ou moins enrichissant, mais comme une construction des acteurs.* Concept polysémique donc, *« l'intelligence territoriale désigne aussi*

l'ensemble des connaissances pluridisciplinaires qui, d'une part, contribuent à la compréhension des structures et des dynamiques territoriales et d'autre part, prétendent être un instrument au service des acteurs du développement durable des territoires[153].

Intelligence collective, intelligence économique et intelligence territoriale sont des représentations voisines, issues toutes les trois de la société de l'information et de la connaissance avec ses trois piliers : transparence, participation et collaboration. Autrement dit, l'intelligence territoriale est « un processus informationnel et anthropologique, régulier et continu, initié par des acteurs locaux physiquement présents et/ou distants qui s'approprient les ressources d'un espace en mobilisant puis en transformant l'énergie du système territorial en capacité de projet[154]». Le problème que l'intelligence territoriale veut contribuer à régler est celui de l'insuffisance de vision, des données synoptiques et de synergie pour des solutions durables au développement d'un terroir de taille variable. Il se pose bien sûr le problème de délimitation du territoire et du porteur de la vision territoriale. S'agissant de la délimitation, l'espace que constitue le territoire est à la fois physique et virtuel. Mais, il est davantage symbolique en tant que construction basée sur l'histoire et le sentiment de participer à la résolution d'un problème de survie d'un groupe sociologiquement distinct ou d'une communauté dont on partage le sentiment d'appartenance.

En tant que mode de coordination non hiérarchique, l'intelligence territoriale questionne le porteur de vision et pose le problème de mobilisation des acteurs, de synthèse de l'information recueillie, du leadership et des forces qui influencent la convergence du processus vers la prise de décision, le pilotage de l'action, l'évaluation des résultats/impacts ainsi que leur appropriation. C'est dire que l'approche par intelligence territoriale, séduisante par sa cohérence et la logique de son contenu, peut corriger les lacunes des initiatives de développement au niveau local et devenir un lieu de partage de vision et de mutualisation des savoirs et des ressources pour relever les défis locaux ou sectoriels.

---

[153] Girardot, J.-J. *Principes, méthodes et outils d'intelligence territoriale. Évaluation participative et observation coopérative* ; 2000.

[154] Bertacchini, Yann., « Entre information & anthropologie : le processus d'intelligence territoriale », Revue *Humanisme & Entreprise*, Les Cahiers du Centre d'études et de Recherches, La Sorbonne Nouvelle, Paris, 2004.

PROLÉGOMÈNES DUNE 'INTELLIGENCE TERRITORIALE AU CAMEROUN[155]

On pourrait évoquer la faisabilité de ce concept dans le cadre des comités locaux de développement, un instrument créé par décret présidentiel du 24 mars 1977. Les unités administratives (villes, départements, provinces) délimitaient le périmètre de ces comités dont la compétence portait sur le recueil des doléances des populations et leur traduction en plans d'action de développement. Les projets d'investissement identifiés de façon participative étaient priorisés et inscrits au budget de l'État. Toutefois, des crispations sont apparues dès lors que les projets retenus tardaient à trouver une source de financement ou ne l'obtenaient pas du tout. C'est ainsi que des élites lobbyistes avaient donc pris les affaires en main pour obtenir l'inscription des projets au Budget d'Investissement public. Cette pratique favorisant la pression sur les institutions a fait le lit de la corruption par trafics d'influence et modifié la géographie des réalisations.

Pendant les années de crise, l'État n'étant plus en mesure de financer les projets venus des territoires, une autre version des comités de développement a émergé dans les villages, cantons, arrondissements, départements et provinces, à l'initiative de certaines élites. C'était en fait des associations de clans taillées sur des visées sociopolitiques, fonctionnant sous le modèle de tontines pour la création des infrastructures ou des équipements collectifs. Cette forme de riposte citoyenne n'a pas réussi à pallier les carences de l'action publique ; au contraire, elle a brillé par son manque de démocratie et de transparence. Ces comités de développement se sont alors transformés en champs clos d'affrontements des élites pour le contrôle politique et social du terroir. Les assemblées générales électives des organes de direction et de sélection des projets étaient devenues des moments de déchaînement des passions et de règlements de comptes sur fond de rivalité politique ou communautaire.

La revitalisation des comités de développement fut à nouveau décidée en août 2001 par une instruction du Premier ministre adressée au ministre des Investissements publics et de l'Aménagement du

---

[155] Biroki, S. « le rôle des organisations de la société civile dans la gouvernance et l'amélioration de la gestion des finances publiques ». Extrait de ma communication au séminaire organisé par la Chambre des Comptes du Cameroun ; Yaoundé, 08 Mai 2014.

territoire (MINPAT), pour tempérer les querelles qui avaient fragmenté le territoire. La coordination de ces comités de développement fut à nouveau confiée à l'autorité administrative. Des commissions furent constituées sur une base sectorielle, dix en tout ; un agenda et des outils de sélection des projets complétèrent leur feuille de route.

La société civile entendue comme les pouvoirs publics qui prirent part aux travaux étaient composés des : élus locaux, ONG, élites, associations, chefs traditionnels, autorités religieuses. Un exercice de planification participative aura permis de sélectionner des projets suivant leur impact sectoriel présumé et leur localisation géographique. Des banques de projets furent constituées au niveau provincial et notifiées aux administrations centrales pour consolidation. Malheureusement, cette initiative n'a pas prospéré, les membres du gouvernement n'ayant pas voulu s'approprier les projets validés par les commissions ad hoc pourtant présidées par des députés de l'Assemblée nationale pour l'élaboration du Budget d'Investissement. Le non-respect des priorités établies à la suite d'un coûteux et laborieux processus participatif a retenti au niveau des acteurs territoriaux qui en ont tiré les conséquences. Ainsi fut à nouveau suspendu le processus d'investissement public adossé sur les comités de développements.

Et pourtant, l'avantage de cette démarche est la prise en compte des expertises issues de tous les corpus résidant sur le territoire ou se reconnaissant de ce territoire. Il donne au peuple le pouvoir de travailler ensemble et de promouvoir la transparence et partager la confiance à travers la participation et la collaboration pour la construction des biens collectifs. Vaste sujet de recherche s'il en est, l'intelligence territoriale est aussi une piste à frayer vers l'atteinte des objectifs de développement industriel.

CHAPITRE XXIX

LES ACTEURS NON ÉTATIQUES AU CŒUR DU PROJET INDUSTRIEL

Les images, symboles et perceptions que renvoient les acteurs non étatiques que l'on désigne par société civile, organisations de la société civile (OSC) ou ONG[156]. Au Cameroun, la classe politique et administrative, l'élite des affaires et des médias, les dirigeants d'entreprises, sont de plus en plus surpris par la montée en influence des ONG et des associations, et s'interrogent sur le fondement de leur légitimité à s'exprimer sur des sujets y compris ceux de portée stratégique. Sur le terrain de la stratégie, les ONG affrontent les entreprises, non pas pour ravaler leur rôle de créateur de richesse à celui de protecteur de droits humains, mais pour les amener à internaliser les externalités négatives qu'elles diffusent sur la société et l'environnement. Cette demande de responsabilité est adressée aux firmes pour qu'elles prennent en charge la prévention et la réparation des préjudices.

Selon Antoine Mach, trois types de relations dominent la lutte que mènent les ONG face aux firmes : « *la pression, le partenariat et l'évaluation* [157] ». Les manœuvres séparées ou conjointes auxquelles elles se livrent pour obtenir des résultats selon leur perspective sont présentées dans le tableau qui suit.

---

[156] Organisations non gouvernementales qui dépendent des observateurs. On leur reconnait des actions de plaidoyer ; revendication ; lobbying ; éveilleur de conscience ; veille citoyenne ; contrepouvoir ; force de proposition ; agent du changement ; prestataire de service ; parti politique déguisé ; dénonciation ; détection d'insatisfactions ; ombudsman (Médiateur dans la résolution des conflits). Nous allons utiliser l'appellation ONG, internationalement reconnu, pour désigner l'ensemble des organisations de la société civile.

[157] Antoine Mach (2001) : « Le Pouvoir des ONG sur les entreprises : pression, partenariat, évaluation » ; Genève, Covalence SA.

Tableau 57 : Typologie des relations ONG et entreprises : pression – partenariat – évaluation

Type de relations ONG-Entreprise		Illustrations	Rôle des ONG
Pression	Institutionnelle	Lobbying dans les institutions nationales et internationales	Critique
	Informelle	Manifestations de Seattle à Gênes	
	Ciblée	Campagne de sensibilisation, boycotts	
Partenariat	Orientée vers l'activité de l'entreprise	Labels, codes de conduite, certification sociale, soutien aux initiatives individuelles	Soutien/ Expert
	Orienté vers l'activité de l'ONG	Sponsoring / marketing/co-branding, liés à une cause	Soutien
Évaluation	Indirecte	Les campagnes de pression et les partenariats reliant ONG et entreprise sont pris en compte par les organes d'évaluation de la performance sociale de l'entreprise.	Expert
	Directe	Des ONG créent, ou collaborent avec des organes d'évaluation de la performance sociale des entreprises.	

Source : Antoine Mach (2001).

LA PRESSION OU L'ATTAQUE ?

La pression est l'instrument privilégié des ONG dans leurs rapports avec les entreprises. Cette méthode produit des résultats différemment interprétés en fonction du niveau de développement du pays, et selon qu'il s'agit de firmes nationales, globales ou multidomestiques. Spécifiquement, les filiales des firmes transnationales (FTN) installées dans les PED bénéficient des complicités institutionnelles et de facilités à pénétrer les réseaux de la sphère politique et technocratique. Elles brandissent le prétexte de fournir des ressources fiscales à l'État et de générer des emplois.

La pression des ONG pour modifier le comportement de ces entreprises peut se traduire par l'occupation de la rue et des manifestations. Cette forme de pression dite informelle a historiquement produit des résultats parce que les firmes sont très susceptibles en ce qui concerne leur image. C'est le mode d'action préféré des syndicats et des altermondialistes qui savent que des manifestations conjointes sont redoutées par les firmes parce qu'elles risquent durablement leur réputation et leur crédibilité. Des campagnes de sensibilisation et de boycott en direction des firmes qui réagissent faiblement ou pas du tout aux attaques directes ou indirectes constituent une autre arme offensive des ONG. Cette catégorie de pression dite ciblée vise des produits ou services offerts par des firmes, pour leur qualité ou pour les conditions sociales et environnementales de leur production. Antoine Mach (2001) observe qu'en dépit du rapport de force asymétrique ONG/FTN : il existe une relation positive entre bilan social et pression sociale, qui indique que les entreprises les plus critiquées par les ONG sont celles qui présentent un bilan social plus consistant ; et de préciser, grâce à un test sur le Swiss Market Index (2001) : la pression amène les entreprises à s'engager dans des partenariats, les incite à agir de manière individuelle afin d'améliorer la perception et l'évaluation de leur performance sociale.

Toutefois, l'efficacité des pressions ou des attaques reste parfois limitée. Dans ce cas, des ONG parviennent à s'impliquer dans le management des firmes pour bâtir avec elles, un dialogue constructif et mutuellement satisfaisant. Le partenariat, en dépit du soupçon d'intelligence qu'il secrète, permet aux ONG de pénétrer le cœur de l'activité des firmes pour aboutir à un consensus. Cette démarche peut être perçue comme la paix des braves.

LE PARTENARIAT

La première variable d'ajustement des entreprises en difficulté est incontestablement la ressource humaine. Les conditions de travail et la stabilité de l'emploi sont toujours menacées dès l'apparition des premiers signes de crise. C'est dans ce contexte que s'inscrit la nécessité d'un dialogue fructueux inspiré de la soft Law. Le but n'est pas simplement d'introduire la morale dans les affaires (Business ethics) pour modifier la fonction de l'entreprise capitaliste, mais de lui montrer ce qu'elle gagne en entretenant des rapports apaisés avec toutes les parties prenantes. Le risque d'impopularité qu'encourent les firmes irrespectueuses des normes peut avoir des répercussions directes sur leur chiffre d'affaires et donc sur leur résultat économique. L'enjeu est donc de réussir la combinaison de la performance économique et sociale, sans sacrifier l'une pour l'autre. Pour participer à ce scénario à fort contenu savant et cognitif, les ONG s'appliquent à donner la preuve de leur expertise ou à défaut, à emprunter celle des consultants, organismes de cotation ou de certification pour mieux documenter leur plaidoyer à l'aide de l'audit de conformité des entreprises aux normes établies. Elles y parviendront aussi grâce à la coopération inter-ONG et à la mobilisation des compétences internes dont elles sont dotées.

Les ONG poussent ainsi les firmes à prendre des initiatives de sponsoring et de marketing pour défendre des causes sociohumanitaires. Cette attitude citoyenne favorise l'ancrage communautaire de la firme et l'amène à développer ses capacités d'écoute aux attentes sociétales. Ce consensus est défendu au sein des assemblées générales des grandes entreprises, grâce à l'activisme actionnarial de quelques détenteurs des parts sociales imprégnés d'éthique. L'activisme actionnarial aide à démocratiser le management des entreprises et à inscrire l'éthique dans la pratique des affaires. Le partenariat peut parfois évoluer jusqu'à la disparition des différences entre ces deux acteurs ; c'est le co-branding (Kristine Drullion, 2005). Suivant cette modalité, une ONG peut convenir de partager le cœur du métier de l'entreprise pour mener avec celle-ci, des campagnes de communication ou de marketing sur des produits dont l'utilité sociétale est établie ; c'est le cas de la promotion des préservatifs pour combattre le VIH/SIDA ou de la protection de l'environnement contre l'émission des gaz à effet de serre. La collaboration des ONG avec des entreprises qui produisent pour le commerce équitable fait également partie de ce type d'entente. Au-delà des pressions et du partenariat, certaines ONG empruntent la voie de l'évaluation ou de l'audit pour mesurer l'impact sociétal des entreprises et la transparence de leur management.

L'ÉVALUATION SOCIÉTALE

Selon Michel Capron, « la notation sociale des groupes est la plus ancienne formule. Mise en œuvre par le Cabinet KDL aux États –Unis et par le Council of Economic Priorities, elle évalue en externe et note par grands thèmes : dons, mécénat, promotion des femmes et des minorités, conditions de travail et respect des droits des travailleurs[158] ». Pour les ONG, le problème est l'accès aux sources de

[158] Michel Capron (1999) : professeur d'Université à Paris-IX - Dauphine et Paris – VIII-Saint-Denis, dans un article : « les grandes et petites manœuvres autour de

données susceptibles de les renseigner de façon pertinente sur l'orthodoxie des pratiques des firmes en matière socio-environnementale. Bien qu'il existe une diversité de méthodes d'audit et de démarches de normalisation, voire de certification sociale, le défi consiste à s'assurer que les résultats affichés aussi bien par les firmes que par les évaluateurs sont fiables et convaincants.

Le problème pour les ONG est de produire des rapports d'audit dont l'autorité scientifique s'impose à toutes les parties. Or, comment y parvenir dès lors que les normes sociales comportent un caractère hautement subjectif ? En effet, la sélection des critères les plus représentatifs dans la hiérarchie des normes sociales relève encore de la spéculation, tout comme la méthode de pondération des critères. Et on peut dire,comme au Parlement britannique : It depends where you sit. Pour autant, il y aurait un seuil d'acceptabilité sociale (en matière des droits sociaux, de respect de l'éthique ou de la sécurité des consommateurs) que l'opinion publique refuse de voir franchir lorsqu'il lui semble que les actions des firmes mettent en cause l'équilibre global, sectoriel ou sanitaire. Dit autrement, l'utilisation des ressources par les firmes et les conséquences socialisées de leurs externalités n'échappent pas au regard de l'opinion publique. En dépit du caractère pluriel des interprétations d'une évaluation et des évidentes subjectivités, il se trouve que cette démarche est à la fois utile et recommandable comme base de dialogue et de recherche du consensus.

L'APPORT DES TECHNOSTRUCTURES

Les états-majors des ONG et des FTN rivalisent de comparaison de leur degré d'éthique ; elles tentent de se convaincre séparément de la supériorité de leur vision, ou de la pertinence de leurs outils. C'est à ce niveau que s'installent à la fois la méfiance, la défiance, ou la coopération. Le fait pour les firmes de publier un bilan social de leurs activités constitue une avancée et une voie ouverte à la critique externe que les OSC savent si bien exploiter. Cependant, les acteurs du secteur privé et même du gouvernement reprochent à la société civile de manquer d'expertise ; ce qui n'est ni une vérité absolue ni une exclusivité. La société civile reproche également au gouvernement de disposer d'une *« science sans conscience »* ou de produire de mauvais résultats en se servant d'un personnel très souvent hautement formé. Il

l'éthique d'entreprise ». Sources : Cadres-CFDT, n° 390, décembre 1999, publié dans Problèmes économiques n° 2658 du 29 mars 2 000.

est tout aussi vrai qu'au nom de la transversalité des savoirs et de la spécialisation flexible rendues nécessaires par la multiplicité des champs de plaidoyer, quelques leaders associatifs passent pour des experts en généralités et n'arrivent pas à peser sur les débats techniquement exigeants face à leurs interlocuteurs, des technocrates souvent pointus ou rompus et maîtres de leur science. Mais ceci est loin d'être la règle parce que l'insuffisante qualification ou expertise n'est pas le monopole de la seule société civile ! En outre, la multiplicité d'instruments de mesure de la satisfaction sociale et les nombreux labels et normes créent aussi un besoin de formation pour les pouvoirs publics, le secteur privé et la société civile.

CONCLUSION

Les ONG et les entreprises sont engagées dans un processus aux multiples défis et enjeux. Les forces des deux parties sont à première vue asymétriques ; or, une mobilisation de l'opinion publique est un atout que nul ne peut sous-estimer dans un monde de concurrence impitoyable où la mauvaise image d'une entreprise constitue un désavantage compétitif. La victoire d'une partie sur une autre n'est pas un objectif. Ce qui oppose les producteurs de richesses aux acteurs sociaux, c'est la responsabilité à l'égard des dégâts que la roue de la fortune crée en tournant. La confrontation analysée sur le champ sociétal est loin d'être un duel. Elle intéresse aussi l'État régulateur et protecteur des droits des citoyens.

La peur des ONG permet aux firmes de coopérer, de s'autoréguler et d'adopter des comportements socialement redevables. Le champ d'affrontement OSC-Firmes se transforme progressivement en bassin d'expertises où fleurissent des disciplines et métiers émergents, notamment dans les domaines du conseil, de la certification sociale et de la normalisation, qui génèrent des emplois de haute qualification et sont confortablement rémunérés. Est-il donc possible d'espérer que des entreprises placées dans le viseur des forces citoyennes, parviennent d'elles-mêmes à intégrer le respect systématique des normes dans tous leurs projets, processus et produits, et qu'elles s'ouvrent librement à l'évaluation indépendante comme cela se fait dans la certification comptable par des cabinets d'experts ? De toutes les façons, elles auront de moins en moins de choix avec la révolution informationnelle et l'influence grandissante des organismes de notation dont l'expertise devient de plus en plus respectable.

Tout ceci est encore loin de se réaliser pleinement au Cameroun, parce que les rapports entre entreprises irrespectueuses des normes sociétales et ONG sont peu tumultueux en raison de l'interposition des pouvoirs publics au prétexte d'empêcher la perturbation de l'ordre public (qui semble ignorer l'ordre social). Pourtant, les affrontements isolés qui ont eu lieu dans le passé sont porteurs des progrès sociaux d'aujourd'hui et de demain.

CHAITRE XXX

ET SI L'ÉMERGENCE INDUSTRIELLE VENAIT DU GENRE ?

L'approche genre dans la Vision de l'émergence en 2035 se focalise sur l'autonomisation de la femme. Elle est abordée dans la sous-section consacrée à la stratégie d'industrialisation, en ce qui concerne le renforcement du rôle social et économique de la femme ainsi que celui des groupes marginalisés. Notablement, la Vision 2035 et le DSCE ne donnent pas suffisamment de perspectives sur la question en dépit d'un cadre normatif très élaboré : la plateforme d'action africaine (1995) sur l'intégration féminine dans l'ensemble des politiques, plans et mesures visant à réaliser l'égalité, le développement et la paix ; le pacte international relatif aux droits économiques, sociaux et culturels (1966), qui recommande d'assurer l'accès des femmes dans des conditions d'égalité aux ressources économiques, notamment à la terre, au crédit, à la science et à la technique ; la déclaration solennelle sur l'égalité entre les hommes et les femmes en Afrique (2004) réaffirme l'engagement au principe de l'égalité entre les hommes et les femmes contenu dans l'acte constitutif de l'union africaine et dans différents instruments et initiatives régionaux, continentaux et internationaux relatifs aux droits humains des femmes. Des orientations présentées de manière globale dans les sous-stratégies du DSCE visent indifféremment les hommes et les femmes comme en démontre cet extrait :

> *Le Gouvernement va poursuivre la sensibilisation des parents et de la communauté notamment dans les zones rurales à fortes pesanteurs culturelles et traditionnelles pour permettre à la jeune fille de bénéficier des mêmes conditions d'accès à l'éducation. L'État et la communauté veilleront à une représentativité équitable des filles, tous secteurs confondus pour ce qui est de la formation professionnelle, de l'enseignement supérieur et de l'accès à l'emploi.*

La question est alors de savoir si l'on peut considérer cette formulation comme une déclaration de politique susceptible de rétrécir les espaces de l'exclusion de la femme de l'appareil de production et du système de redistribution des richesses. Sans doute non ! Par contre, quelques solutions sont présentées sous l'angle opérationnel dans la matrice d'actions prioritaires du DSCE, à travers :

« *-L'accompagnement à l'installation des femmes et des jeunes dans les filières ciblées ;*

- l'épanouissement de la femme et sa contribution au développement socioéconomique ;

-l'encadrement aux techniques culturales et la réduction de la pénibilité des tâches réservées aux femmes[159] ».

Difficile d'apprécier un renouvellement instrumental pour la promotion de l'égalité et de l'équité sensibles au genre : le *gender mainstreaming.*

En ce qui concerne la concentration des métiers, les femmes sont sous-représentées dans le BTP. Dans le secteur informel agricole ou non agricole, elles y font encore face à de nombreux obstacles parmi lesquels : les préjugés socioculturels, la division sexuelle du travail, l'illettrisme, l'insuffisance de mécanismes facilitant l'accès aux financements, l'ignorance des techniques de négociation des partenariats au niveau national ou international, le manque d'information sur le fonctionnement et le comportement du marché et des filières, l'incertitude dans l'évolution du niveau des compétences, la contrainte des normes et de la qualité des produits et services.

Malgré tout, les femmes réalisent plus de 70 % du travail agricole et contrôlent 90 % de la chaîne alimentaire qui va de la production à la cuisson des aliments, en passant par la transformation et la commercialisation. Elles défient ainsi les barrières juridiques, les coutumes et toutes sortes d'archaïsmes érigés par la société pour pérenniser un système phallocratique qui réserve aux hommes, la propriété foncière et la gestion des revenus de la famille. En plus de la confiscation du temps de travail des femmes, les hommes se font accompagner dans leur réussite sociale, politique ou industrielle par celles-là à qui les corvées d'eau et les tâches ménagères sont historiquement échues. Toutefois, il existe quelques programmes

[159] Chapitre 3 : de la Croissance, Section 3.3 : Développement social, paragraphe 3.3.4 du DSCE, 2009.

gouvernementaux cofinancés par l'aide publique au développement et qui sont susceptibles de rendre les femmes capables de :

- S'aider elles-mêmes ;
- Aider ceux qui dépendent d'elles et leurs communautés ;
- Prendre part aux activités de création des richesses.

Des politiques d'encadrement et d'encouragement à l'entrepreneuriat féminin sont mises sur pied par des partenaires au développement avec un accent sur la microentreprise. Des lignes de crédit sont destinées à certaines coopératives pilotées par les femmes comme PRO-PME, MPPF-CAM[160]. Ces initiatives malgré tout, font face à l'absence de chambres de métiers et des structures d'intermédiation sensibles au genre. Par ailleurs, la Vision de l'émergence en 2035 vise à démanteler les discriminations sexuelles et à briser les multiples verrous hérités de l'histoire, pour démontrer que l'esprit d'entreprise existe chez la femme, mais n'est que partiellement valorisé. La problématique du genre est également abordée sous certains aspects par l'Institut National de la Statistique : « l'analyse statistique montre qu'il y a une relation entre le sexe du promoteur et l'affiliation de l'entreprise à un groupe patronal. Autrement dit, le fait d'être femme ou homme prédispose le promoteur à s'affilier à un groupe patronal[161] ». L'enquête menée par cet organisme fournit des données d'analyse utiles.

160 . Microprojets productifs en faveur des femmes camerounaises ; voir Rapport national d'évaluation D'habitat II : Istanbul + 5.

161 . Recensement des entreprises ; Rapport thématique, 2009 ; p. 159.

Tableau 58 : Répartition des entreprises selon la forme juridique et suivant le sexe du promoteur

Forme juridique	Masculin	Féminin	Total	% Masc.	% Féminin
Société individuelle	48 149	24 150	72299	66.6 %	33.4 %
SARL unipersonnelle	757	131	888	85.3 %	14.7 %
Sté à responsabilité limitée (SARL)	2 625	395	3 020	87 %	13.0 %
Société anonyme	1 245	184	1 429	87.2 %	12.8 %
Société en nom collectif (SNC)	35	7	42	83.4 %	16.6 %
Société en commandite simple (SCS)	28	6	34	82.4 %	17.6 %
Sté en commandite par action (SCA)	11	0	11	100 %	0.0 %
Société de développement	217	68	285	76.2 %	23.8 %
Coopérative	379	96	475	79.8 %	20.2 %
Groupement d'initiative (GIC)	29	2	31	93.6 %	6.4 %
Groupement d'intérêt économique (GIE)	176	25	201	87.6	12.4 %
Sociétés publiques et parapubliques	200	22	222	98.1 %	9.9 %
ONG	245	77	322	76.1 %	23.9 %
Autres à préciser	712	304	1916	84.2 %	15.8
Total	54 808	25 467	80 275	68.2 %	31.8 %

Source : INS/RGE 2009.

La diversification du portefeuille ne semble pas être l'affaire des Camerounaises. Elles préfèrent minimiser le risque entrepreneurial en évitant de placer leur épargne dans des actifs dont elles ne maîtrisent pas la rentabilité. La frilosité, la peur de l'incertitude, la méfiance vis-à-vis de l'avenir pourraient être un trait de caractère lié au genre.

Tableau 59 : Affiliation à un mouvement syndical.

	Réponse	Sexe			Total
		Masculin	Féminin	Manquant	
Le personnel participe à un syndicat	Oui	2 995	843	30	3 868
	Non	53 055	25 400	11 646	90 101
	Total	56 050	26 243	11 676	93 969

Source : INS/RGE 2009.

La concentration des entreprises dirigées par des femmes dans le secteur informel en tant que lieu de prolifération de la société individuelle justifie le faible taux de syndicalisation constaté par l'enquête.

Tableau 60 : Répartition des entreprises selon la tranche d'effectifs employés et le sexe du chef d'entreprise

Sexe du promoteur	- de 5 employés	5-9	10-49	50-99	100-349	250-499	500-999	+ de 1 000	Total
Masculin	46 389	3 493	1 835	211	131	50	19	21	52 149
Féminin	23 814	995	411	13	10	6	1	1	25 251
ND	7 866	1 719	1 021	52	61	17	5	3	10 744
Ensemble	78 069	6 207	3 267	276	202	73	25	25	88 144

Source : INS/RGE 2009.

L'ancrage massif du leadership féminin dans des entreprises de moins de cinq employés étonne quelque peu au regard du nombre de femmes formées dans les écoles d'ingénieurs, de commerce et dans les universités. L'on constate que le nombre de femmes dirigeantes diminue brutalement dès que l'entreprise monte en effectifs. Ceci constitue un autre sujet de recherche.

CHAPITRE XXXI

LA PME/PMI COMME SOLUTION ULTIME À L'INDUSTRIALISATION

Des sources de l'INS, neuf mille cinq cent soixante-neuf (9 569) nouvelles entreprises sont créées en 2012 ; preuve que l'équation de simplification des procédures administratives a trouvé sa solution grâce aux centres de formalités mis en place. Mais, il ne s'agit là que d'une solution à problèmes. La bataille de raccourcissement des délais n'est pas une mauvaise affaire, au contraire ! Toutefois et pour parler légèrement : les vraies choses commencent alors ! C'est-à-dire les difficultés, mais aussi les exploits/échecs de certains promoteurs. Le problème majeur consiste à faire passer ces nombreux nouveau-nés de l'enfance à la puberté et ensuite, à l'âge adulte en leur évitant, compte tenu de leur fragilité, les menaces d'une mort précoce.

Autrement dit, le financement, le management et un leadership éclectiques constituent la clef du développement et de la croissance de ces entreprises jeunes. Le problème est que la plupart de ces entreprises au lait sont qualifiées de cocktails de la mort, ou situées dans la zone de la vallée de la mort (Lachman, 1992). Pour éviter de glisser vers cette vallée de sinistre réputation, il faut s'appuyer sur une pédiatrie avisée et donc, sur des thérapies et stratégies éprouvées.

Encadré N°10

La stratégie est définie par Alain Marion comme « *l'ensemble des voies et moyens essentiels que le groupe dirigeant essaye de privilégier pour assurer, sur la durée, le renouvellement des compromis acceptables par les diverses parties prenantes en tenant compte de l'environnement et des capacités réunies*[162] ».
Cette définition mérite d'être soulignée, car, en matière de création d'entreprises, c'est moins sur l'enthousiasme que procurent les perspectives du marché qu'il faudra compter, que sur la stratégie. L'auteur précise que cette dernière *« s'efforce donc de combiner la réflexion et l'action, en refusant aussi bien la programmation automatique et rigide que l'improvisation activiste au jour le jour. Le Maréchal Foch résumait cela par trois verbes :* ***savoir, vouloir, pouvoir***[163] ***».***

Tableau 61 : Les deux modes fondamentaux (stratégique et opérationnel) de management de l'entreprise

Caractéristiques	**Mode stratégique**	**Mode opérationnel**
Finalité	Recréation du potentiel de l'entreprise	Exploitation du potentiel de l'entreprise
But	Efficacité : atteinte des objectifs sur longue période	Efficience : améliorer les rendements à court terme
Type de questionnement	« Fait-on les choses qu'il faut ? »	« Fait-on les choses comme il faut ? »
« Mot d'ordre »	Innover	Optimiser
Type de démarche	Entrepreneuriale	Incrémentale
Attitude	Créer, modifier, peser sur les règles du jeu concurrentiel	Gérer à l'intérieur des règles du jeu
Concrétisation	Décisions d'investissements	Actions quotidiennes

162 Alain Marion (1993) : « Le Diagnostic d'entreprise » ; Cadre méthodologique ; Édit. Economica, Paris ; pp 201-202.
163 Le Général G. Fievet in, *De la stratégie militaire à la stratégie d'entreprise,* InterEditions, 1992.

Les pôles de la stratégie

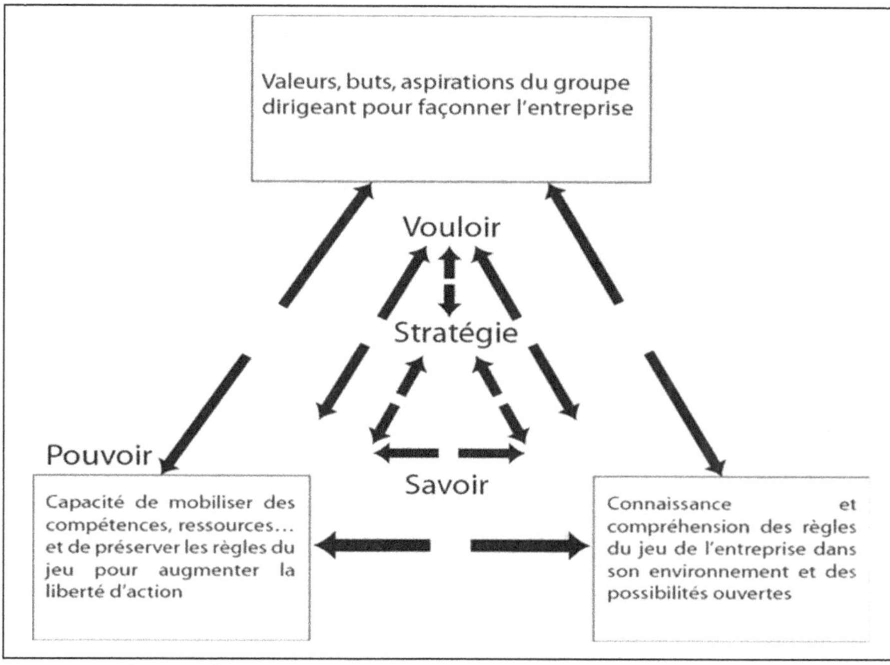

***Source** : Schéma adapté du Général G. Fievet, repris par A. Marion.*

Cette boîte à outils triangulaire peut être retournée dans tous les sens et aider la nouvelle cuvée de promoteurs à piloter sagement leurs projets.

LA PROBLÉMATION[164] DU FINANCEMENT DES PME

En même temps que les pouvoirs publics célèbrent le ***baby-boom*** des PME/PMI, ils annoncent la création d'une banque ad hoc, apte à répondre aux besoins *d'alimentation* de ces *nourrissons*. La question est : de quel volume de ressources dispose cette banque pour doter ces Start Up en fonds de roulement et en capitaux nécessaires à l'investissement dans toute la chaîne des besoins ?

Une réalité à ne pas occulter est que le financement de la production industrielle a connu trois décennies de navigation à vue. La persistance de ce vide instrumental faisait dire à Abanda Kpama (2009) « qu'il

[164] Néologisme emprunté à P. Lemaître ; permet de vérifier la rationalité de nos intuitions, et éviter que chacun ait une perception qui lui soit propre. Il s'agit d'identifier les champs de problèmes et d'élaborer des ébauches de solution.

n'existe pas d'institution financière spécialisée dans le financement des PME ; les banques commerciales ne leur accordent pratiquement pas de crédit, au motif qu'elles ne présentent pas les garanties suffisantes ». Ce problème de garanties s'est posé dès l'ouverture le 20 juillet 2015, de la Banque des PME dont la création a été annoncée en 2011 par le Président de la République au comice agropastoral d'Ebolowa. Dotée d'un capital de 10 milliards F CFA seulement, et pratiquant des taux d'intérêt proches des taux commerciaux, l'on se demande à quelle catégorie de PME cette banque va rendre service. En attendant la création entre autres du crédit industriel et commercial dont le projet remonte aux années '80, des modes de financement non conventionnels essaiment le paysage ; différents acteurs les ont transformés en système malgré leur faible résistance aux perturbations macroéconomiques. Ces modes sont : l'actionnariat de proximité, l'économie solidaire et l'économie souterraine.

L'ACTIONNARIAT DE PROXIMITÉ

Il existe à côté des pratiques médiévales en survivance au Cameroun, un pan de modernité dans la mobilisation des ressources pour l'entrepreneuriat. Celles-ci proviennent d'un actionnariat de double proximité : spatiale et sociologique. La démarche consiste en ce que les entreprises se créent sur des bases familiales, pas forcément de la fratrie, mais de la grande parenté africaine qui inclut les neveux, oncles, tantes, belles-familles, amis et connaissances. C'est au sein de ce relationnel croisé, complexe, mais très codifié, que se mobilisent les fonds que l'on peut qualifier de trusts stocks (actions de confiance) pour financer l'entreprise socialisée. L'initiateur ou le manager de celle-ci acquiert un rôle de leader, rassembleur, bienfaiteur ou mécène. Ce sont très souvent des élites en fonction ou à la retraite, qui ont profité des positions d'autorité et/ou de pouvoir pour siphonner les caisses publiques, qui créent ces entreprises ou en deviennent propriétaires majoritaires. Ce mode opératoire de type *love saving* (épargne de proximité, ou par amour), prospère dans des régions à forte prégnance traditionnelle (le Grand Ouest et le Grand Nord). Les ressources communautarisées sont souvent prêtées lors d'un cérémonial meublé de rites ou de serments dont la violation entraîne des sanctions sociales allant jusqu'à la damnation. Ce système dit réticulaire a, dans une certaine mesure, résolu la difficulté d'accès aux structures modernes de financement de l'entreprise.

L'INCONTOURNABLE ÉCONOMIE SOLIDAIRE

Depuis les années '80, les promoteurs de PME/PMI font recours aux guichets des associations ou réseaux d'associations, tontines, caisses de solidarité familiale ou clanique, voire corporative. Ces entrepreneurs débutent très souvent leurs activités par le commerce d'import – export, ou autres transactions plus rentables dans la courte période. L'accumulation des bénéfices de ces opérations permet de lorgner la proto-industrie légère, proche de l'artisanat, ou vers la commande publique. Bien que ces acteurs ne soient pas toujours aptes à exécuter les marchés publics, ils comptent sur leur proximité sociologique avec des gestionnaires de budgets des ministères ou des entreprises d'État. Ils n'ont pas toujours la spécialisation du métier, mais cela n'est pas déterminant, car il s'agit généralement **d'opérations commando** sécrétant des revenus de transition vers d'autres affaires.

LA RUINEUSE ÉCONOMIE SOUTERRAINE

En dehors de l'économie solidaire hautement spéculative en raison de l'incertitude et du risque que courent les épargnants, il existe des avatars tels que les vendeurs professionnels d'argent à des taux exorbitants, des usuriers qui financent surtout les opérations commerciales et d'importation de biens d'équipement faciles à hypothéquer : véhicules, meubles, friperie, brocante. Certains acteurs s'engagent dans cette modalité de financement pour blanchir des sommes détournées en fraudant le fisc. Ces formes d'accumulation financière sont caractéristiques du féodalisme dont parle ABISSAMA ONANA (2001) : ce système néo-féodal africain est tout à la fois souterrain, illégal, fondé sur l'oralité ou l'immatérialité, le secret et la dissimulation.

Encadré N°11

Dans l'oralité, la parole d'honneur est le principal support de confiance et condition de conclusion de contrats occultes. **Le secret** ou clause de clandestinité fait que l'information sur la négociation et la conclusion des transactions soient réservées aux seuls membres cooptés. **La dissimulation** veut qu'une fois la transaction dénouée, toutes les traces y afférentes soient détruites. **La clause de sécurité** est un mélange de trafics d'influence, de chantage et de menace pour sauvegarder le ''droit'' du plus fort.

La survivance de ces circuits de financement moyenâgeux et opaques est rendue possible par le manque de pertinence et d'efficacité des incitations et les faiblesses du système financier et bancaire du pays. Parlant de l'orthodoxie en matière financière, Olivier BURKART trouve qu'il n'y a que deux modes à savoir « les systèmes fondés sur le marché des capitaux, et ceux adossés sur les banques[165] ». S'agissant du Cameroun, ce sont les ressources d'origine budgétaire, privée, patrimoniale ou partenariale qui concourent directement ou non au financement de l'industrie.

UN MARCHÉ FINANCIER DANS L'IMPASSE

Une loi du 22 décembre 1999 crée et organise le marché financier au Cameroun. La Bourse des valeurs mobilières, la Douala Stock-Exchanges (DSX) voit le jour un an plus tard : le 18 décembre 2 000. Mais elle ne sera inaugurée que le 23 avril 2003 ; une autre preuve de l'impréparation et de l'insuffisante incubation des projets gouvernementaux. Comme par hasard (le hasard n'existe pas en matière de rivalité entre États), la bourse de Libreville était créée quatre jours auparavant (14 décembre 2 000) pour le compte de la CEMAC. Le Cameroun aura ainsi pris une mesure de rétorsion pour affirmer son leadership dans la sous-région. Cependant, la pertinence de ces deux places financières est très peu défendable du point de vue de l'efficacité économique et de la capitalisation boursière. Le nombrilisme frileux dont font preuve les États de la CEMAC ne parvient pas à faire ni de Douala ni de Libreville, de véritables moteurs du financement de l'entreprise. Il faudra des années ; mais combien ? Nul ne le sait ! Mais surtout, plus d'engagement des pouvoirs publics, de combativité et de boulimie des managers industriels. La zone UEMOA (Union Économique et Monétaire Ouest Africaine) par contre, fait montre d'une grande vitalité. En 2013, pendant que les bourses de la CEMAC peinaient à mobiliser quelques dizaines de milliards de francs CFA d'obligations, elle réussissait une levée de capitaux de 3 000 milliards FCA, garantissant ainsi sa capacité à emprunter sur le marché international.

---

165 Olivier Burkart (2000), « Comparaisons internationales des structures de financement » ; article publié dans la Revue d'Économie Financière et repris dans ''Problèmes économiques'' n° 2658 du 29 mars 2000, pp 6-12.

UN SYSTÈME BANCAIRE EXSANGUE

Avant la crise des années '80, la banque était le mécanisme privilégié de financement de la PME/PMI au Cameroun. Depuis lors, les choses ont changé avec la disparition de plusieurs organismes bancaires ou non. Les conditions d'accès au crédit se sont durcies et une distance s'est progressivement creusée entre le banquier et sa clientèle, deux acteurs pourtant complémentaires dans la scène financière et industrielle. Désormais, les prêts consentis aux PME se font sur le court terme ou dans le cadre de l'exécution de la commande publique. Et même dans ce contexte-là, les risques sont calculés et reflétés dans les taux d'intérêt pratiqués ; d'où le souhait d'opérationnaliser les banques annoncées et en créer de nouvelles.

DES STRATÉGIES FINANCIÈRES ADAPTABLES AU CYCLE DE VIE DU PRODUIT

Un changement de cap est nécessaire pour réussir le scénario de **l'émergence**, quel qu'en soit l'horizon. Ce cap consiste à bâtir une architecture financière inspirée du **cycle de vie du produit et** de **la cheminée de financement des entreprises. Le cycle de vie** caractérise les phases qui marquent la croissance d'un être vivant : naissance, enfance, adolescence, âge adulte, vieillesse et mort. Il en va de même pour une entreprise que pour un produit. En théorie, **le cycle de vie du produit** traduit un processus économique et technique, les problèmes associés ainsi que les moyens d'y faire face.

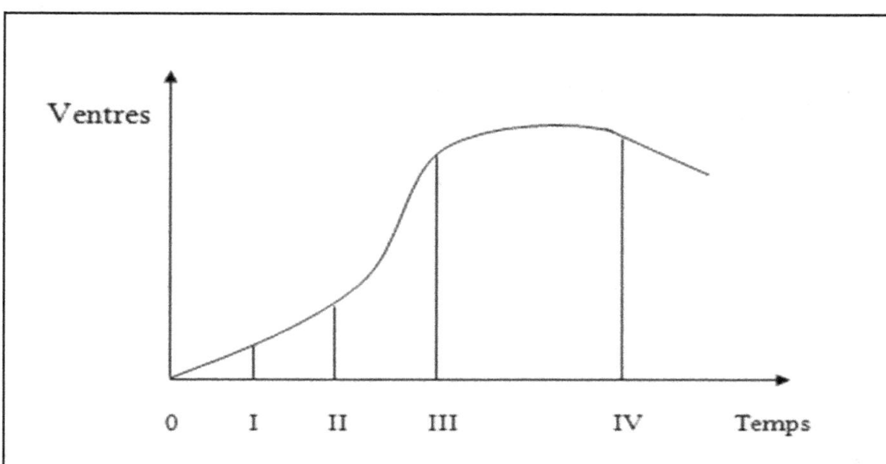

Le cycle de vie du produit

Phase 0	Phase préparatoire, d'incubation ou de mise au point (naissance).
Phase I	Phase de lancement (enfance).
Phase II	Phase de croissance (adolescence).
Phase III	Phase de maturité (âge adulte).
Phase IV	Phase de déclin (vieillissement et mort).

Dans la phase de gestation d'un produit, l'entreprise est entièrement dépendante de ses parents. C'est au géniteur que les choix sectoriels, de filière, de chaîne de valeur, de segment, de créneau, de site d'implantation, de statut juridique, des technologies, des clients et fournisseurs, du plan de financement, du type de partenariat, du marché, des ressources humaines incombent. Tout cela peut s'analyser dans une étude de faisabilité ou un business plan. C'est donc au promoteur de procéder aux consultations prénatales : frais d'études et d'établissement, investissements incorporels pour accueillir le nouveau-né afin de lui éviter une mort à la naissance. La phase de l'enfance n'est pas moins délicate ; elle est tout aussi porteuse de risques. Au stade postnatal, les difficultés de l'entreprise sont à leur niveau maximal. Pour cela, les pouvoirs publics devraient veiller à la mise en place d'une diversité d'outils et de mécanismes au plan territorial pour rétrécir la distance qui mène aux centres de soins (guichets de banques). Ainsi, des aides spécifiques, modulaires ou ciblées, verticales ou horizontales sont-elles nécessaires pour pallier la carence en liquidité de l'entreprise. Elles peuvent prendre diverses formes : seed capital (amont du démarrage, capital d'amorçage ou initial), venture capital (capital risque), early stage (démarrage, capital création), exonérations fiscales ou autres formes de concours institutionnels en espèces, en nature ou sous forme de conseil ou d'aménagement des sites de production.

Passée cette étape de grande fragilité, l'entreprise démarre sa vie d'adolescente et donc de croissance. Dès lors, peut-elle diversifier ses sources de financement et présenter ce que les banquiers appellent un bon dossier[166], par rapport aux autres, ceux qui ne l'ont pas. Les bons dossiers ont une perspective de rentabilité élevée et une bonne visibilité de leur futur développement. C'est tout le contraire des autres, qui présentent un fort taux de risque et des coûts de gestion trop élevés. Les

[166]. Jean Lachman (2000) : Le Capital-risque au cœur du financement de l'innovation des PME ; p. 3 consacrée à la « Levée des goulets d'étranglement ». Article paru dans Problèmes économiques n° 2 658 du 29 mars 2000.

fonds publics peuvent alors croiser les financements privés pour accompagner l'entreprise dans cette phase euphorique. Devenue mature, l'entreprise s'installe dans son métier et dispose de solutions pour son financement à court, moyen ou long termes. Elle peut solliciter de nouveaux appuis pour financer l'innovation, la diversification, la croissance externe ; sa taille et ses capacités productives peuvent efficacement répondre à un marché existant ou potentiel. L'entreprise peut retarder son déclin par un renouvellement stratégique et managérial ; mais la mort reste fatalement inscrite dans le génome de tout être vivant. Autrement dit, le produit ne meurt pas, il se transforme par différenciation en s'adaptant à la demande des consommateurs.

J. Lachman (2000) propose des solutions dans le **tirage de la cheminée.**

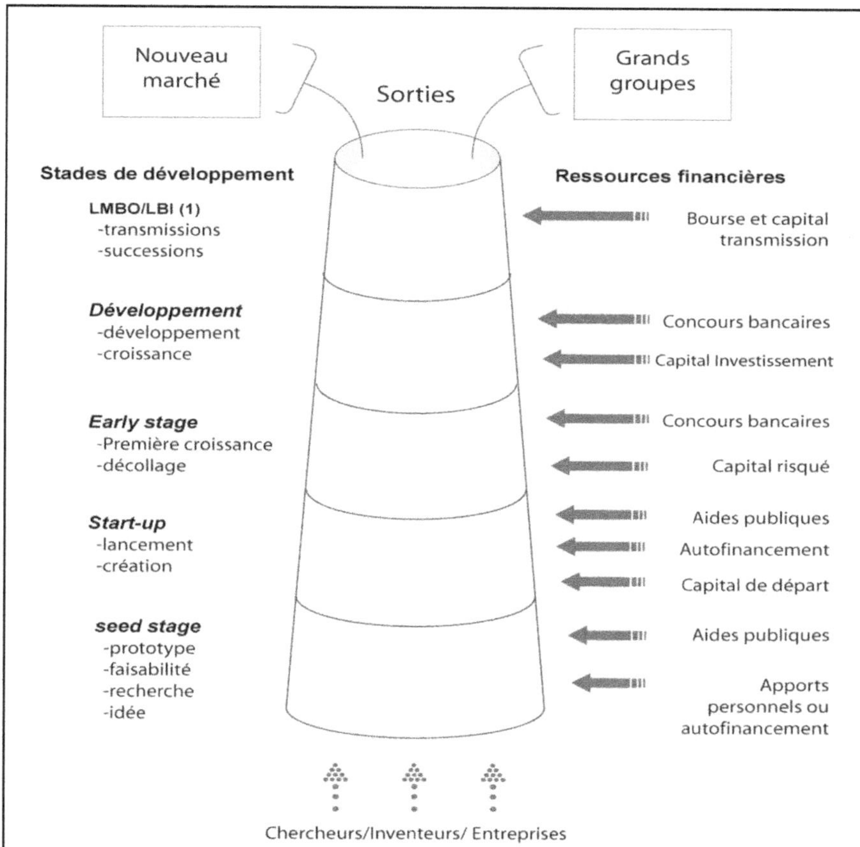

Leverage Management Buy Out (LMBO)/ Leverage Buy In (LBI).
Source : J. Lachmann.

L'effet cheminée que décrit J. Lachmann dans le processus de financement des PME/PMI est un outil pédagogique et une remarquable source d'inspiration. Il présente du bas vers le haut, la mue des entreprises et leur montée en échelle de maturité. Plus tard, elles peuvent devenir de grandes firmes ou de grands groupes industriels. La nature et les catégories de financement se modifient dans leur procès de croissance. À terme, l'entreprise qui a réussi son challenge, satisfait ses besoins en ressources auprès des institutions financières ou bancaires.

CHAPITRE XXXII

L'ÉTAT D'URGENCE INDUSTRIELLE POUR L'ÉMERGENCE

Le Cameroun éprouve de réelles difficultés de connexion à l'économie globale pour cause des langueurs de sa bureaucratie et ses traditions devenues rédhibitoires en matière d'expansion économique et de progrès social. L'intégration économique au sein de la sous-région Afrique centrale, l'une des plus lentes de toutes les Communautés économiques régionales (CER) au monde, est un facteur inhibiteur du développement industriel. Le niveau d'échanges intrazones est désespérément faible (1 % du total), des indicateurs sociaux au plus bas avec un IDH quasi stationnaire autour de 0,418 ; 45 % en moyenne de la population vivant avec moins d'un dollar par jour ; 20 à 35 % de taux de chômage et plus de 70 % de sous-emploi. Le plus surprenant est que moins de 5 % des eaux du bassin du Congo sont utilisées pour l'agriculture irriguée, et seulement 2 à 12 % des terres arables sont exploitées pour une contribution de 25 % au PIB ; le déficit alimentaire est comblé par une importation massive des denrées alimentaires hors du continent.

Tableau 62 : État d'avancement du processus d'intégration en Afrique Centrale

EXPORTATIONS	2 000	2 001	2 002	2 003	2 004	2 005	2 006
Vers CEEAC	87,5	95,8	81,7	115,7	93,3	76,0	100,4
Total Exports	1 083,5	1 099,3	1 062, 3	1 104,1	1 059,4	1 318,9	1 620,1
Ratio CEEAC/Total	8 %	8,7 %	7,7 %	10,5 %	8,8 %	5,8 %	6,2 %
IMPORTATIONS							
Provenance CEEAC	22,8	35	19,2	13,9	28,4	47	106,2
Total Imports	365,4	400,8	350,9	370,2	398,3	657,9	731,5
Ratio CEEAC/Total	6,2 %	8,7 %	5,5 %	3,7 %	7,1 %	7,1 %	14,5 %

Source : CEA/BSR. Prospectus 2009

De 2000 à 2006, le Cameroun a exporté en moyenne annuelle pour 1 193 milliards F CFA (2.4 milliards USD environ) de marchandises, dont 93 milliards (0,19 milliard USD environ) en zone CEEAC, soit 7,8 % de la valeur. En ce qui concerne les importations sur la même période, 39 milliards F CFA de marchandises provenaient de la CEEAC sur un total de 468 milliards F CFA ; soit un ratio de 8,3 %. Les marchandises échangées sont globalement des produits vivriers pondéreux, périssables et à faibles marges commerciales. Au plan industriel, on assiste à une neutralisation systémique des économies de la sous-région, chaque membre communautaire produisant des biens manufacturés identiques ou substituables, pour ne pas dépendre de l'autre.

Or, le Cameroun bien qu'étant voisin d'un pays comme le Nigéria dont la population dépasse les 170 millions d'habitants, manque de stratégie offensive de pénétration de ce marché, ne serait-ce qu'à travers des niches pour compenser ses importations massives de ce grand voisin en bien d'équipement, notamment les pièces automobiles de rechange et autres produits manufacturés. Le Cameroun accuse ainsi un grand retard dans l'adaptation au rythme des mutations technologiques ; bien plus, il développe une faible résilience aux crises économiques, alimentaires, énergétiques et financières contra-cycliques. En outre, du double fait des travaux mal exécutés et de l'absence d'entretien du capital fixe acquis, la faible durabilité des infrastructures fait perdre de l'argent au gouvernement tandis qu'il fait le bonheur des intervenants corrompus dans la chaîne d'investissements. Comme *l'on n'attrape pas les mouches avec du vinaigre,* l'exploitation en cours ou programmée des gisements miniers fera encore du Cameroun un champ de rivalité géopolitique des grandes puissances par multinationales interposées.

QUALITÉ DES ENTREPRENEURS FACE AU NOMBRE D'ENTREPRISES

Dans l'euphorie de la célébration des naissances (immatriculations d'entreprises), les chômeurs attendent avec impatience la publication des offres d'emplois, et les observateurs veulent voir celles des *Start Up* qui s'en sortent au plus vite. Dans ce *baby-boom* d'entreprises, les premiers jugements vont aussi porter sur le différentiel de croissance dans leur enfance (*Early Stage*). Mais le problème est beaucoup moins celui des entreprises que celui des entrepreneurs. Jacques GIROIRE, Président de l'Association Progrès du Management (APM), un démembrement du CNPF (Conseil National du Patronat français), déclarait :

> *Les chefs d'entreprises se forment peu. Ils ont toujours une excuse, alors qu'il faut des dirigeants compétitifs, ambitieux, volontaires. Notre idée est de prendre les meilleurs de ceux qui veulent se remettre en cause. Il existe d'un côté, la recherche-expérimentation qui fait appel à des conseillers ; l'intelligence et les scénarios du futur pour lesquels nous faisons appel à des visionnaires, des gourous en quelque sorte.*

Il appartient donc à chaque promoteur d'écrire son histoire, d'inventer une trajectoire industrielle singulière. De là naîtront des chevaliers dans ce métier à la fois noble et risqué de l'entrepreneuriat. Pour autant, le culturel, le casting, le coaching et le conseil sont convoqués dans l'arbitrage de ce match. Marc PENOUIL fait le constat suivant

> *Les entreprises modernes créées dans le contexte africain ont de plus en plus de mal à fonctionner de manière normale en raison de l'absence de véritables entrepreneurs. La transition vers des structures d'entreprises modernes, dans un contexte culturel qui n'était pas toujours prêt à l'accueillir, paraît être l'une des causes principales des échecs enregistrés.*

La difficile mutation de l'économie camerounaise s'explique aussi du fait que le paysage entrepreneurial du milieu des années 2010 relève à plus de 90 % du secteur non documenté, et que les entreprises viables du secteur structuré sont soit des coentreprises, soit la propriété du capital étranger en majorité. Au sein de la galaxie d'activités informelles, Marc PENOUIL distingue deux catégories : celles qui peuvent évoluer vers le secteur structuré et les autres, qui ne le pourront pas même dans le long terme en raison de leur caractère involutif. Des activités du secteur non moderne, il réussit à en extraire 7 groupes principaux dont les quatre premiers sont susceptibles d'involution et les trois dernières, de transformation évolutive :

- Une partie de l'artisanat traditionnel ;
- Les activités de survie ;
- Les sous-métiers de développement, créateurs d'un circuit économique monétisé ;
- L'économie parallèle qui s'exerce à la frontière de la légalité, mais rapporte gros ;
- Le secteur financier informel, structuré, très ramifié par des liens infrasociaux ;

- Les tontines et diverses associations d'entraide communautarisées ;
- Les activités prémodernes : produisant à des prix moindres que le secteur moderne.

Le glissement de ces activités vers le secteur formel dépend selon M. PENOUIL, des conditions susceptibles d'inciter des entrepreneurs à moderniser leurs exploitations notamment, la transformation de l'environnement économique et social grâce à l'éclectisme des choix politiques et le leadership des dirigeants, qui favorisent l'adaptation des outils de financement, la qualité de formation pour l'appropriation des mutations technologiques, l'élévation du standard des infrastructures. À la question de savoir s'il faudrait un ajustement culturel[167], Alain HENRY répond que

> *Même si les difficultés des entreprises restent nombreuses, notamment dans l'ordre politique ou économique, il est possible d'améliorer efficacement leur gestion. Il faudrait cependant qu'un effort soit fait pour s'intéresser de plus près aux réalités locales[168] ». Et, conclut-il : « Enfin, concernant les PME qui relèvent encore de la Terra Incognita, il est nécessaire de chercher à mieux connaître les logiques sociales et économiques auxquelles elles obéissent. Le temps de cette réflexion devrait paraître bien léger par rapport aux années de maturation à venir.*

Visiblement, il n'y a pas que la maturation qui prendrait des années ; il y a aussi l'inévitable travail de réparation des erreurs commises et dont les impacts s'avèrent fatalement irréversibles. Dans ces deux cas, l'on devrait opérer un choix de civilisation qui irait au-delà de la simple spéculation sur les modèles productifs. Car, la civilisation est produite par les hommes ! D'où notre tentation d'épouser le projet d'Olivier Passet, de création d'une force de frappe industrielle.

UNE FORCE DE FRAPPE POUR INDUSTRIALISER LE CAMEROUN

Les critères que le Cameroun devrait afficher dans sa tentative de s'élever au pinacle des Nouveaux Pays industriels sont essentiellement au nombre de deux :

---

[167] D. Etounga Manguelle (1991) : « l'Afrique a-t-elle besoin d'un programme d'ajustement culturel ? ». Ed. Nouvelles du Sud, Paris.

[168] Alain Henry : « Les entreprises en Afrique : des progrès méconnus » ; article publié par AFRIQUE 2000 dans son numéro du troisième trimestre 1993.

- Diversifier sa production et ses exportations industrielles et,
- Tripler voire quadrupler son revenu par habitant en vingt ans.

Or, les performances économiques du pays indiquent une faible compétitivité interne et externe des entreprises nationales, une politique commerciale peu agressive et une incapacité structurelle à organiser l'assaut sur des marchés réputés porteurs. Or, la faible compétitivité rime avec une faible productivité de la main-d'œuvre et du capital, donc, faible redistribution du revenu global par tête. Le défi qu'affronte le pays vient ainsi de la faible capacité de ses entreprises à disposer de la force de frappe industrielle. De cette mollesse instrumentale, le gouvernement a toute latitude à proclamer un État d'urgence industrielle et modifier en profondeur la programmation de ses interventions dans la sphère marchande. Les choix stratégiques dans le domaine de l'action industrielle sont assimilables à ceux qu'opèrent les états-majors des armées ; la référence habituelle aux capitaines d'industrie pour désigner les managers compétents qui pilotent des firmes et réussissent dans l'obtention de résultats n'est pas neutre.

Le travail d'état-major s'élabore dans le secret et ne concerne qu'un groupe restreint d'experts futés, audacieux et clairvoyants, qui préparent des frappes susceptibles de générer de profonds impacts. Certains stratèges de l'industrie ont du flair pour sélectionner des cibles porteuses de profit et anticiper la rentabilité de certains créneaux. Ensuite, ils structurent des moyens logistiques, humains et financiers pour investir massivement et qualitativement dans des affaires à haut potentiel de retour. Le choix du moment de frapper les cibles identifiées dépend du calcul du risque. Ces forces de frappe peuvent fondre sur une diversité d'activités dont la profitabilité est jugée très élevée ou, grâce à l'innovation, réhabiliter des branches ou des secteurs en déclin. La force de frappe industrielle dépend ainsi de la qualité des ressources humaines qui prédétermine la précision de l'attaque, l'espérance d'un gain important ainsi que de l'impact des firmes engagées sur l'économie et la société. Il est tout aussi nécessaire de proclamer un état d'urgence industrielle en tant que stratégie de mobilisation générale des intelligences, des forces productives, des savoirs et des savoir-faire, avec un agenda fixe ou flexible.

CHAPITRE XXXIII

LE DESTIN INDUSTRIEL DU CAMEROUN DANS L'ÉCONOMIE GLOBALE

Dans ce monde où l'information circule à des vitesses permettant de partager instantanément par l'image et l'audio les souffrances ou les joies de la quasi-totalité de l'humanité, il existe encore de nombreuses barrières pour briser les chaînes de misère et faire sauter les verrous de la pauvreté qui réduisent des centaines de millions de personnes à des situations abjectes ! L'on accuse la globalisation économique et financière d'en être responsable. Pourtant, d'autres formes de globalisation ont existé, le cas des religions que l'Afrique a embrassées au cours des siècles derniers. À présent, toutes les confessions religieuses sur le continent se trouvent dotées d'un imposant clergé local, d'une autonomie organisationnelle et logistique. La question est donc d'expliquer pourquoi l'Afrique si réceptive des courants religieux ou culturels anciens ou émergents peine à s'inscrire dans la cinétique des échanges industriels ou commerciaux globaux. Ce qui peut l'expliquer est que des changements profonds ne sont pas entrepris dans les politiques industrielles pour apporter une réponse durable à la montée des revendications pour une vie meilleure en tant qu'aspiration légitime des peuples ; l'accumulation des exclus du bénéfice des richesses constitue une menace à la sécurité et au développement. Il est d'ailleurs prouvé que la misère, les frustrations et la marginalisation, quel que soit le coin du monde où elles sévissent, sont un ferment pour l'extrémisme, le radicalisme et les fanatismes qui se traduisent par des violences de toute nature.

Pour faire progresser l'humanité vers plus de solidarité, il faut briser l'affligeant paradoxe qui fait qu'il y ait chômage au nord, abondance d'opportunités, mais sous-emploi au sud ; entre les deux, beaucoup de déclarations rarement concrétisées en raison de la méfiance, des préjugés nourris par un sentiment rarement avoué de défendre la civilisation de laquelle on se réclame. Pourtant, il n'y a pas de honte à suivre les pratiques qui font leurs preuves ailleurs. Adam Smith le disait, « ce n'est pas de la bienveillance du boucher, du marchand de bière ou du boulanger que nous attendons notre dîner, mais du soin qu'ils apportent à leurs intérêts. Nous ne nous adressons pas à leur humanité, mais à leur égoïsme[169] ». Le Cameroun peut construire ses réseaux d'entreprises et leur assigner un destin national, régional ou mondial ; il en a l'intelligence et les moyens. Il suffit de le vouloir et de faire confiance aux détenteurs de projets qui malheureusement sont sevrés de financements appropriés. À cet effet, il se dit que

> *Dans l'économie mondiale, la concurrence est forgée par l'interaction de trois ensembles de facteurs : les innovations technologiques, institutionnelles et organisationnelles ; les réseaux d'entreprises qui émergent et débordent de plus en plus des systèmes commerciaux nationaux, et les pouvoirs de régulation des gouvernements. Ces configurations évoluent et se concrétisent dans l'organisation des chaînes de valeur mondiales »* (Gereffi et Korzeniewicz, 1994 ; Gereffi et Kaplinsky, 2001).

[169] Adam Smith : « Recherche sur la nature et les causes de la richesse de nations », in Rist Gilbert, « Le Développement, Histoire d'une croyance occidentale », Presses de Sciences Po. 1996 ; p.34.

CHAPITRE XXXIV

L'ACCORD DE PARTENARIAT ÉCONOMIQUE : UN BIAIS À LA RÉSILIENCE INDUSTRIELLE

L'Accord de Partenariat économique (APE) entre les pays d'Afrique subsaharienne, des Caraïbes et du Pacifique (ACP) et l'Union européenne (UE), autrement désigné Accord de Cotonou, découle du Traité de Rome du 25 mars 1957 créant la Communauté économique européenne (CEE). L'APE est mis en place dès sa signature le 23 juin 2000, dans une perspective de solidarité de l'Europe des six (Allemagne, Belgique, Espagne, France, Italie, Portugal) avec ses colonies, pays et territoires d'outre-mer. Ce traité aura fait l'objet d'adaptations au cours des négociations menées à Yaoundé de 1963 à 1969, lesquelles ont donné lieu aux conventions portant le nom de la capitale du Cameroun. Celles-ci ont consacré le principe de l'aide de l'UE aux ACP dans le cadre de la coopération économique. Ce principe qui fait de l'UE le donneur et des ACP les récipiendaires, est perçu comme une relation dissymétrique.

Les conventions successives dites de Lomé en 1975, 1979, 1984, 1990 et 1995, introduiront la notion de coopération au développement fondée sur un partenariat équitable. Cette disposition voulant que le partenariat soit équitable, relève du domaine du rêve ; aussi, rien n'est plus vague ni plus imprécis que la notion de développement dans un cadre partenarial. En 2000, l'accord de Cotonou semble corriger cette imprécision en retenant comme objectifs :

- la création d'une zone de libre-échange ACP-UE ;
- la réduction, et à terme l'éradication de la pauvreté ;
- l'approfondissement de l'intégration régionale ;
- l'insertion graduelle des États ACP à l'économie globale.

Les trois piliers d'accomplissement de ces objectifs sont :

- La coopération pour le développement, adossée sur le FED (fonds européen de développement) qui finance les PIN (programmes indicatifs nationaux) et les PIR (programmes indicatifs régionaux) ;

- Un dialogue politique global, équilibré et approfondi, mené de façon régulière entre les deux parties ;
- La coopération économique et commerciale, et d'autres arrangements commerciaux.

En dépit de ce savant habillage, l'APE tire sa réputation du commerce des biens matériels. Il ne prend pas en compte les services alors que l'essentiel de l'activité économique des pays européens se déroule dans ce domaine, et que celle des ACP fait de grands progrès vers la tertiarisation. Les systèmes de production sont également ignorés alors que l'on ne saurait découpler des échanges de biens, des processus de leur production. Pour produire et vendre à l'international, il faut des savoirs, des technologies, des normes, des brevets, des licences, des ressources humaines issues d'un système éducatif compétitif et des infrastructures économiques conséquentes.

Cet accord est donc réducteur par essence, stratégiquement intégré dans la DIT (division internationale du travail) et la spécialisation de chaque partie dans les produits pour lesquels elle dispose d'un avantage comparatif ou même d'un avantage absolu (matières premières brutes pour les ACP, produits industrialisés pour l'UE). Ainsi, la propension à miser sur l'APE pour obtenir des progrès significatifs sur le plan industriel est-elle née de l'inquiétude des ACP lesquels ont tardivement pris la mesure de la qualité archaïque de leur outil de production, du fossé technologique, du différentiel des niveaux de créativité, de productivité, de compétitivité et le déséquilibre dans les échanges. Ce sursaut existentiel serait à l'origine de la première révision de l'APE/ACP-UE à Luxembourg le 25 juin 2005 et d'une seconde à Ouagadougou le 22 juin 2010. Ces actualisations ont pris en compte des questions émergentes de paix et de sécurité, des changements climatiques, de promotion d'un environnement politique stable et de démocratie.

UNE CONCURRENCE CHIMÉRIQUE ENTRE LES DEUX PARTIES

L'article 45 de l'accord de Cotonou fixe le cadre politique de la concurrence. Il stipule que

Les parties conviennent que l'introduction de la concurrence et la mise en œuvre des politiques et règles de concurrence saines et efficaces revêtent une importance capitale pour favoriser et

assurer un climat propice aux investissements, un processus d'industrialisation durable et la transparence de l'accès aux marchés ».

Cette concurrence virtuelle ne deviendrait réelle que si les deux parties avaient des systèmes productifs comparables, ou si leurs marchés respectifs exprimaient les mêmes besoins. Or, les pays ACP exportent essentiellement des produits non transformés sur le marché UE et en importent des produits semi-ouvrés ou finis, des inputs industriels et certains produits agricoles pour pallier leurs déficits de production alimentaire. De même, l'investissement croisé entre ces deux partenaires ne relève que d'une vue de l'esprit. La recommandation d'assurer un climat propice aux investissements réciproques ne s'adresse qu'à une seule partie, les pays ACP ; d'où le caractère déséquilibré de l'accord.

Le paradoxe c'est aussi qu'il soit demandé à des pays qui vivent d'expédients et de la générosité du partenaire, d'investir leurs maigres ressources dans des économies saturées. Bien plus, il est difficile d'expliquer que des pays caractérisés par une incapacité structurelle et même institutionnelle à créer de la valeur au niveau domestique, et une pauvreté financière chronique, s'engagent à l'étranger dans une aventure de création d'entreprises, même en joint-venture, de prise des participations ou d'investissements de portefeuille dans des pays en voie de désindustrialisation, et par conséquent à faibles opportunités d'absorption de capitaux étrangers, qui viendraient étrangement des ACP. Des initiatives industrielles croisées entre les deux parties ne sont donc pas du domaine du possible dans le design économique actuel.

HASARD DE CALENDRIER OU THÉORIE DU COMPLOT ?

Le lendemain des indépendances des États ACP en tant que pays sous-développés (PSD), est marqué par un débat intense sur leur possibilité d'accéder à la maîtrise scientifique et technique pour une production abondante et de bonne qualité devant assurer leur présence sur des marchés contestables. L'appropriation de la technologie accumulée et concentrée dans le Nord, bien qu'étant un processus historique et non une ressource naturelle, devint une fascination et un enjeu de décollage industriel pour le Sud. L'équation de son transfert est désormais un objectif stratégique placé au cœur des politiques des PSD ; elle sera dès lors présente dans de nombreuses rencontres internationales. Pour Jacques Perrin, « la technologie se trouve au centre des rapports de pouvoir de domination[170] ». Il rappelle opportunément qu'en décembre 1961 et à l'initiative de la délégation brésilienne, les Nations Unies adoptent en assemblée générale une résolution pour étudier les effets des brevets sur l'économie des pays sous-développés. Par la suite, il y aura une curieuse coïncidence dans les agendas.

En 1963, à la suite de la première conférence organisée à Genève par l'ONU sur « l'application de la science et de la technologie dans l'intérêt des régions sous-développées », l'Union européenne démarre des concertations à Yaoundé avec les pays ACP pour trouver des voies et moyens de les aider à sortir du sous-développement. Ces conférences vont s'étaler sur six ans, jusqu'en 1969. En 1964, grâce à de fortes pressions de quelques PSD engagés dans des expériences d'industrialisation, deux importants organismes sont créés au sein des Nations Unies : la Conférence des Nations Unies pour le Commerce et le Développement (CNUCED, 1964) et l'Organisation des Nations Unies pour le Développement industriel (ONUDI, 1965). La CNUCED va catalyser le transfert de technologie et aider à structurer le schéma traditionnel du commerce international (Jacques Perrin, 1984). Elle a obtenu de bons résultats grâce à son premier Secrétaire général, l'économiste argentin Raul PREBISH[171].

Aussi, pendant toute la période des concertations ACP-UE, tant au Cameroun qu'au Togo, il y a une effervescence au sein du Groupe des 77 (les Non-alignés) organisé depuis 1955 sous l'impulsion de l'Inde à la conférence afro-asiatique de Bandung. C'est ainsi qu'en 1973, lors d'une assemblée des non-alignés à Alger, le Président Houari BOUMEDIENE alors porte-parole de ce groupe, fit « une déclaration qui deviendra le texte de référence sur lequel les PSD fonderont leur argumentation tout au long des conférences internationales » (Jacques Perrin, 1984). En 1974, il revendique devant la tribune des Nations Unies, l'avènement d'un Nouvel Ordre économique international (NOEI). Lors de la Conférence Nord-Sud de Paris tenue en 1976 et 1977, le NOEI devint un thème mobilisateur et d'unification des PSD face aux pays industrialisés. Des résolutions sont prises pour :

---

170 Perrin, Jacques : *Les Transferts de Technologies,* Editions La Découverte/Maspero. Paris Vème, 1983.
171 Ibid.

- Permettre aux PSD d'accéder de façon plus immédiate aux applications de la recherche et de la technologie ;
- Promouvoir dans les PSD la recherche appliquée dans un contexte plus localisé ;
- Orienter les travaux de recherche du monde développé plus résolument sur les besoins et les préoccupations des PSD, en cherchant à promouvoir leur autodépendance.

À Vienne en 1979, une autre conférence internationale se tint sur le thème « Science et technologie au service du développement ». Par la suite, des États ACP ont créé de nombreux instituts de recherche appliquée dans des secteurs clés, mais la crise économique des années '80 les a emportés dans la foulée des mesures de réduction du train de vie de l'État et de l'efficacité de la dépense. La signature de la dernière convention de Lomé en 1995 va coïncider avec la naissance de l'OMC (Organisation mondiale du Commerce), une organisation au sein de laquelle vont se dérouler les négociations commerciales concernant des accords plurilatéraux et multilatéraux, la régulation des politiques commerciales et des échanges internationaux. Tout cela indique à quel point le cadre global se structurait pour favoriser la réduction de l'écart technologique.

La question est donc de comprendre le pourquoi de la rupture d'un processus aussi promoteur, et le basculement des discussions vers un schéma et des thématiques qui ne portaient plus l'urgence de l'émancipation industrielle du Sud ? D'où l'allusion à un agenda caché ou à un complot ourdi par d'anciennes nations colonisatrices nostalgiques des privilèges menacés et de la perte de contrôle sur les inputs stratégiques pour leurs industries.

Les négociations pour l'Accord de Cotonou se dérouleront parallèlement voire en contradiction au cadre multilatéral de l'OMC auquel les signataires sont parties prenantes ; ce qui est tout à fait paradoxal. C'est pour cela que les cartes du jeu industriel des pays africains vont davantage se brouiller par l'existence d'une autre plateforme de concertation, les sommets entre la France et l'Afrique, vulgairement appelés Françafrique, en raison de l'ambiance autoritariste qui y règne à travers la position suzeraine exercée par la France. L'infantilisation des dizaines de nations colonisées ou non par cette puissance n'échappe à aucun observateur. Des messes auxquelles ces rencontres donnent lieu n'ont fait qu'éloigner ces pays de l'expansion économique espérée.

Cette reproduction subtile de l'ordre ancien serait impossible sans la complicité des dirigeants postcoloniaux des États africains réputés pour la fragilité de leur régime autoritaire, à la recherche d'indispensables soutiens pour légitimer un pouvoir politique privé d'ancrage social. Des rapports de sujétion de type néocolonial sont ainsi recomposés dans le cadre de l'APE dont le rejet systématique par le citoyen n'a d'égal que celui de la colonisation dans sa configuration hégémonique. Dans sa version actuelle, l'APE reste une affaire d'états-majors ministériels, loin des aspirations populaires. L'autre paradoxe de ce type de coopération selon Mehdi ABBAS (2006) se comprend par le fait que nous vivons dans un monde d'égoïstes que « le dilemme du prisonnier » peut aider à expliquer.

LES RAISONS D'UN REVIREMENT DANS LES OBJECTIFS

Le premier Sommet sur l'économie de l'Afrique fut organisé au Nigéria par l'OUA (l'Organisation de l'Unité africaine) en juin 1980. Le plan d'action de Lagos (PAL) qui en résultat, avait révélé les divergences sur la question du transfert de technologie. Certains orateurs dénonçaient le mimétisme abusif visant à tout copier pour s'aligner sur le modèle occidental. Le secrétaire général de l'OUA d'alors (Edem KODJO) demanda aux pays africains d'adopter une attitude critique à l'égard du transfert de technologie. Le PAL adopta une stratégie déclinée en trois priorités hiérarchisées :

1°) la promotion des technologies traditionnelles ;

2°) le développement de nouvelles technologies ;

3°) l'adaptation des technologies importées.

Il y a bientôt quarante ans que l'Afrique a pris ce virage et, non seulement les avancées sur ces trois axes sont à peine visibles, mais l'impact sur le développement industriel est plutôt insignifiant :

- La révolution artisanale ne permet pas de décoller de la proto-industrie pour produire en grandes séries et satisfaire les marchés demandeurs à l'instar de l'AGOA décidé par les États-Unis ;
- La société africaine demeure peu inventive de nouvelles technologies ;

- La tropicalisation des technologies importées n'est pas effective, car elle dépend de plusieurs facteurs non maîtrisés : recherche appliquée, laboratoires, centres d'excellence, licences, normes et qualité, brevets, ressources humaines et financières.

Prenant son appui sur des leviers mous, l'Afrique noire va tenter de s'approprier la stratégie de substitution aux importations des biens de consommation ; mais les résultats seront désespérément faibles. La détérioration des termes de l'échange, les crises économiques qui alternent et les chocs exogènes ont mis à mal l'industrie de ces pays. Pourtant, des pays comme le Brésil et la Corée qui ont refusé de s'insérer dans la DIT, ont méthodiquement diversifié leur économie, se spécialisant à la fois sur les exportations des biens de consommation manufacturiers et en investissant sur des gammes de produits industriels et des biens d'équipement destinés à l'exportation.

QUEL BILAN POUR L'APE ACP-UE ?

Ce que l'on peut observer sans recourir aux statistiques ni aux évaluations sophistiquées est que les objectifs fixés par l'APE sont loin d'être atteints, en particulier pour la CEEAC/CEMAC et les pays membres pris séparément. Ainsi, on peut constater que :

- La zone de libre-échange fonctionne mal en raison des asymétries ;
- La pauvreté n'est ni réduite, ni en voie d'éradication ;
- L'intégration de la sous-région bat de l'aile à cause d'un nombrilisme exagérément frileux et des combats de leadership stériles ;
- L'insertion à l'économie globale demeure une cible lointaine.

Le renforcement des capacités des managers et la mise à niveau d'un écosystème d'entreprises du secteur privé qui a fait l'objet d'une initiative récente auraient pu être déclenchés depuis la signature de l'APE ; tout au moins, les sociétés du portefeuille de l'État devraient servir de matrice d'expérimentation des mécanismes de potentialisation pour augmenter leur productivité et en obtenir des champions nationaux capables de propulser la machine industrielle vers la conquête du marché international.

QUE DEVIENDRA L'APE APRÈS 2020 ?

À l'ère de l'économie cinétique et de la société de l'information, le pronostic sur les mutations industrielles, technologiques, sociales, politiques et même écologiques est difficile à formuler. De nouveaux savoirs naissent et d'autres disparaissent ou se transforment. Face à un avenir désormais volatil, le partenariat liant l'Europe et les ACP doit se réinventer dans une perspective qui valorise toutes les opportunités de coopération abandonnées ou émergentes. La montée en influence économique et politique des BRICS, la coopération Sud-Sud, la coopération triangulaire, les coalitions d'États ayant en partage les nouveaux défis sécuritaires, écologiques, énergétiques, alimentaires ou migratoires vont restructurer les modalités de partenariat. Le positionnement des puissances anciennes ou nouvelles pour le leadership mondial constitue un autre challenge. Les ACP pour ce qu'il en restera après 2020, n'auront certainement plus envie de se présenter au marché mondial avec des matières premières pondéreuses non transformées. Les stratégies industrielles et les innovations dans les technologies et les énergies induiront certainement d'autres formes d'entreprises, de leadership et de management.

CONCLUSION

Les économies des États ACP restent largement dominées par l'hypertrophie du secteur préindustriel, soit dit informel, tant par le volume des activités, la proportion des personnes qu'il emploie que par sa contribution aux échanges et au PIB. L'accord de Cotonou n'a pas été conclu dans une perspective d'industrialiser les ACP. Les tentatives d'y greffer un schéma industriel ont abouti à des échecs ; d'où la nécessité non pas d'une révision, mais l'abandon d'un processus dont les principaux marqueurs auront été l'intimidation, la gesticulation et des stratégies fumigènes. Sur un tout autre plan, l'Europe s'est élargie, passant de six (6) au moment de la signature de cet arrangement, à vingt-sept (27) nations actuellement ; les ACP représentent désormais une disparité de classifications sur l'échelle du développement économique : pays moins avancés, pays à revenu intermédiaire de la tranche supérieure ou inférieure, pays en voie d'émergence, pays émergents, et autres combinaisons de situations intermédiaires qui traduisent de la complexité catégorielle et de nomenclature industrielle.

Cette complexité des positions complique autant la mobilisation politique que le consensus sur les objectifs.

Aussi, la globalisation qualifiée de débridée aux niveaux financier, technologique et des échanges, la numérisation des flux et stocks d'information font que le débat sur des thématiques se nourrisse désormais des intelligences planétaires. Il devient dès lors inefficace de forcer le repli sur des notions de développement périmées ou éculées au sein des regroupements instables, virtuels et menacés d'obsolescence à l'instar des ACP. Pour dire brutalement les choses, l'accord de Cotonou est une expérience de l'histoire du partenariat économique qui vient de faire son temps. Il faut rapidement faire son deuil et passer à autre chose ! Notre monde si ouvert et transparent ne peut plus se contenter d'abris, de dictat, de replis sur des canaux d'échanges protégés ni sur des privilèges réservés. Bien plus, c'est davantage le cadre multilatéral qui devient l'espace propice au règlement des questions anciennes ou nouvelles qui interpellent l'humanité.

Il est par conséquent urgent de penser les choses selon cette perspective-là, d'invoquer le volontarisme politique, de faire recours à toutes les expertises des organisations publiques, privées, de la société civile, des universités, centres de recherche, cabinets-conseils et consultants, ainsi que des partenaires au développement. La mobilisation des ressources humaines internationales, nationales, locales ou de la diaspora est indispensable bien qu'elle reste soumise au bon vouloir des élites politiques gouvernantes et convaincues de maîtriser les forces qui contrôlent le monde et les nations. En réalité, les choses sont plus claires que jamais ; les pays ACP ayant fait preuve d'incapacité à produire pour vendre en Europe, ce sont les Européens qui vont produire sur le sol ACP et exporter vers l'Europe. Ils le font déjà. C'est cela le principal déterminant des futurs échanges. 2020 se conjugue désormais au présent. Les stratèges de l'UE y travaillent depuis longtemps. Vivement que cette fièvre touche le corps des ACP qui dorment en attendant que des propositions leur tombent sur la tête et que les gouvernants entreprennent une nouvelle marche à pas forcés sous la menace d'une contestation citoyenne qui risquera de s'amplifier.

CHAPITRE XXXV

S'APPROPRIER LA NOUVELLE ÉCONOMIE GÉOGRAPHIQUE (NEG)

La géoéconomie connaît un début de théorisation dans les années '90. Elle s'appuie sur l'attractivité d'un territoire dans le cadre de l'analyse industrielle (Baldwin et al. 2003), et tente d'expliquer que « La localisation des activités n'est que partiellement dépendante de la dotation initiale en facteurs ; elle est aussi conditionnée par des effets d'agglomération [172]». Krugman (1991) et les tenants de cette théorie inscrivent la localisation des industries dans l'idée que les choix d'implantation résultent de deux types de forces antagonistes *:*

1. *Les forces d'agglomération qui incitent les entreprises à se concentrer géographiquement pour bénéficier d'économies d'échelle et externes. Parmi celles-ci, l'existence d'une zone à pouvoir d'achat élevé (effet débouché) est un facteur important ;*
2. *Les forces de dispersion, qui favorisent la dissémination des activités, vu les contraintes de disponibilité des ressources naturelles et la fixité de certains facteurs de production[173] ».*

La NEG reconnaît que les dotations factorielles naturelles et le coût de leur mise en œuvre sont une chose ; mais une autre est de développer une attractivité non factorielle, hors coûts, pour rendre un pays entier attractif aux flux des capitaux. Cet afflux peut avoir pour finalité de se concentrer dans des secteurs de choix ou se propager sur l'ensemble du tissu productif. La cohérence du partenariat public-privé dans une perspective de compétitivité globale ou sectorielle de l'économie doit être un objectif à réaliser. De même, la rationalité des investissements en R&D, couplée à l'intelligence stratégique et organisationnelle permettront l'aboutissement de cette autre politique.

---

[172] Krugman, cité par Théophile DZAKA-KIKOUTA (2006), e-mail : dzaka_kikouta@yahoo.fr CREP/INICA et Xavier BITEMO – NDIWULU, e-mail : bitemox@yahoo.fr; VIIe journées scientifiques du réseau analyse économique et développement de l'AUF sur le thème institutions et développement (paris, 6-7 sept. 2006).

[173] Krugman (1991) : « L'impact du rôle économique de l'État sur l'attractivité du territoire des PVD : cas des pays miniers et pétroliers d'Afrique centrale[173] »

LES NOUVELLES FORMES D'INVESTISSEMENT POUR L'ÉMERGENCE

Le transfert de technologie qui a marqué la littérature économique du développement au lendemain des indépendances des pays africains se retrouve désormais au cœur du marché du travail globalisé. L'accent est mis sur la formation, la créativité, l'innovation et la productivité qui s'enrichissent des diversités culturelles et des mécanismes financiers alternatifs. Les **nouvelles formes d'investissement** qui en sont issues ont contribué à l'émergence des NPI (Nouveaux Pays industriels).

Tableau 63 : Proportion d'entreprises industrielles adoptant des techniques innovantes par type d'entreprise au Cameroun

Type d'entreprise	Utilisation résultats des centres de recherche	Recherche & Développement expérimental	Acquisition services de R & D	machines & équipement liés aux innovations techno.	logiciels & techno. externes liées innovations techno.	Introduction dans le marché des innovations techno.	Formation liée directement aux innovations techno.	Autres innovations technologiques
TPE	11	2.6	4	9.9	7.9	3.9	6.6	0.7
PE	7.8	3	1.2	7.9	6.1	1.8	4.2	1.2
ME	20	4.8	2.1	10.6	8.5	1.6	8.5	0.5
GE	18.2	11.1	1.9	13	13	3.7	14.8	1.9
Sous-sect.								
Extraction	33.3	44.4	22.2	33.3	33.3	22.2	33.3	11.1
Industr. aliment.	14.8	2.5	0	4.2	1.8	1.7	5	0.8
Industr. manuf.	10.2	2.9	2	11.8	9.4	2.8	8.2	1.2
eau et gaz	28.6	14.3	9.5	19	14.3	4.7	14.3	0
Construction	15.7	4.2	2.4	8.5	8.5	1.2	5.5	0
Ensemble	**13.8**	**4.3**	**2.3**	**9.8**	**8.0**	**2.5**	**7.3**	**0.89**

Source : INS/RGE 2009

Tableau 64 : Proportion des entreprises industrielles adoptant des techniques innovantes selon le diplôme le plus élevé du promoteur/dirigeant

Diplôme le plus élevé	Utilisation résultats des centres de recherche	Recherche & Développement expérimental	Acquisition services de R & D	machines équipements liés aux innovations technologiques	logiciels techn externes liées inno tech	Introduction dans le marché des innovations technologiques	Formation liée directement aux innovations technologiques	Autres innovations technologiques
Manquant	15	2.5	3.8	7.6	6.3	5.1	8.9	1.3
Sans diplôme	13.8	6.9	3.5	13.8	6.9	3.4	10.3	0
CEP/FSLC	19.2	3.9	0	0	0	0	0	0
BEPC/CAP/ GCEOL	8.5	0	0	6.4	2.1	0	0	0
Probatoire	0	7.1	0	0	7.1	0	0	0
BAC/GCE	5.8	1.4	1.4	5.4	2.7	1.4	1.4	1.4
BTS/DUT/ DEUG/NHD	17	3.9	3.9	13.5	11.5	5.8	7.7	1.9
Licence/Bachelor Degree	19.6	5.4	1.8	17.7	14.3	3.6	5.4	0
Maîtrise/Master 1	17	6.9	3.4	10.2	5.1	1.7	6.8	1.7
DEA/Master +	15	6.4	2.4	12	13.6	1.6	15.2	0.8
Ensemble	**13.8**	**4.3**	**2.3**	**9.8**	**8**	**2.5**	**7.3**	**0.9**

Source : INS/RGE 2009.

La compétition a débordé l'exploitation d'avantages naturels et l'utilisation de facteurs abondants ; elle provient désormais des produits nouveaux issus de l'effort de recherche et d'innovation. Le défi reste et demeure d'optimiser l'appropriation et le rendement des brevets et licences pour mieux produire en volume et en qualité.

CHAPITRE XXXVI

RESTRUCTURATION INDUSTRIELLE ET TRANSFERT DE TECHNOLOGIE

Pour innover ou produire des biens de technologie, il faut structurer la recherche et mobiliser des financements nécessaires à son développement. Daniel Soulié et Dominique Roux (1992) pensent que : « les dépenses de R & D conduisent à l'apparition d'un savoir, qui est un capital pour l'entreprise ». Guillaume Thibault (2008) n'est pas moins précis sur ce sujet puisque selon lui, « à l'heure de la mondialisation, politique industrielle et politique de l'innovation sont indissociables [174]; il propose de : « Refaire de l'industrie, une cause nationale, décloisonner la recherche publique et privée, redéployer les politiques industrielles vers les PME, soutenir les entreprises de manière ciblée, diversifier les sources de financement, favoriser l'ancrage territorial de l'entreprise[175] ».

Au Cameroun une division administrative de la recherche scientifique entraîne l'orphelinat de certains corpus, une faible considération institutionnelle et une allocation de financements en miettes, voire résiduels des projets. C'est ainsi que de nombreux universitaires se sont mêlés ou ont été mêlés de politique politicienne et sont devenus par opportunisme, des idéologues des partis politiques. Désertant le champ de la recherche fondamentale, ils se contentent de restituer dans la sphère du pouvoir temporel, souvent avec éloquence et passion, des théories fanées, élaborées par des maîtres d'une autre époque, pour relever les défis de leur société. Certains ont brigué des postes dans la haute administration sans les troquer avec la toge, mais au prix d'un activisme stérile. Travaillant sous la pression des résultats à court terme et l'exhibitionnisme médiatisé, ces enseignants ne sont plus en capacité de mener de lourds travaux de recherche qui exigent beaucoup de disponibilité et du renoncement. Les moins chanceux sont tout simplement ravalés au niveau opérationnel du fonctionnaire ordinaire, situation qu'ils vivent parfois avec de réelles frustrations.

---

[174] Guillaume Thibault (2008) : *Quelle stratégie industrielle pour la France face à la mondialisation ?* ; Éditions Technip, page 276.

[175] Op. cit.

Sans doute dirait-on : ce n'est pas leur faute ; mais celle du système qui le permet, parce que le train de vie et le confort dont jouissent des gestionnaires de la fortune publique de qualification parfois douteuse n'ont rien à voir avec le traitement clochardisant des universitaires. Tout cela arrive parce que la société camerounaise a déjà établi ses symboles de réussite qui sont basés sur l'avoir et le paraître, non pas sur l'être. La fonction publique est donc devenue un mirage et exerce un irrésistible pouvoir d'attraction sur toutes les catégories de diplômés, qui ne lésinent pas sur les moyens pour y être recrutés ou pour accéder à un poste de nomination.

Si l'Université n'est pas devenue le centre d'excellence à l'américaine, ou de bouillonnement d'idées, l'entreprise non plus n'est pas devenue un lieu d'exaltation de la productivité ni de créativité par technologies interposées. D'ailleurs, comment l'entreprise pourrait-elle devenir compétitive si elle ne finance pas des programmes de recherche sur fonds propres ou en partenariat avec l'État, les collectivités territoriales et les Universités ? Et, comment le faire si l'Université et les centres de recherche sont vidés des détenteurs de la science ? Pourtant Raj Reddy déclarait que « ce qui constitue la richesse d'une nation, c'est le degré de savoir, de connaissances, d'habileté, de capacité à maîtriser les technologies nouvelles de sa population pour de nouveaux emplois, et la maîtrise de son propre destin ; le vrai pouvoir est celui du savoir[176] ». Emmanuel Bondé (ministre camerounais de l'Industrie, des Mines et du Développement technologique) réagissait un jour devant la presse en disant qu'« il n'y a pas de croissance sans industries, et il n'y a pas d'industries sans technologies et enfin, il n'y a pas de technologies sans création[177]».

---

[176] Raj Reddy, de Carnegie Mellon University, Cité par Samuel Pisar, in la *Ressource humaine.*

[177] Emmanuel Bondé, interview à Cameroun Tribune n° 10 333/6 534 du 30 Avril 2013.

CHAPITRE XXXVII

LA GOUVERNANCE NUMÉRIQUE AU SECOURS DE L'INDUSTRIE

Le numérique ou *digital* en anglais, provient de l'électronique grand public dont l'usage se popularise après 2008 avec la mise en marché de l'*iPhone ou smart phone* par la firme américaine Apple. La gouvernance électronique suppose la mise en place d'une logique de gouvernement multipartite des projets de transformation numérique et des grands projets entre institutions publiques, secteur privé et société civile ; c'est donc un "dispositif" qui combine à la fois le politique, les outils techniques, les méthodologies d'animation et les stratégies de communication. C'est aussi un lieu physique auquel les citoyens peuvent accéder pour exprimer leurs attentes ou partager leur satisfaction ou leurs peurs. L'économie numérique est indifféremment désignée par :

- L'économie de l'innovation ;
- L'économie des connaissances ;
- L'économie virtuelle ;
- L'économie symbolique ;
- L'économie immatérielle (weightless economy)
- L'économie cinétique ;
- L'économie en réseau (Net-economy).

L'impact de la numérisation sur les transferts de connaissances justifie l'introduction de la notion d'économie numérique. L'extraordinaire essor de l'offre et de la demande de biens et services liés à l'infrastructure physique représente un important moteur de croissance dans les pays où l'industrie des TIC est implantée[178].

Notablement, le secteur privé joue un rôle clé d'investisseur dans le numérique ; toutefois, la nécessité de répondre à la demande du moment

---

[178] Frasinelli ; P. ; Consultant, NOMISMA, Italie, in b : « Le Commerce électronique pour le développement : cadre général »

en s'appuyant sur des technologies révolutionnaires ne devrait pas détourner des programmes industriels en déclin ou menacés de substitution, dès lors qu'ils présentent encore un potentiel de retour sur le capital. C'est le cas du téléphone fixe qui est encore d'une grande utilité pour les administrations, les entreprises et les ménages. Les facteurs qui influencent le décollage des TIC et l'accès à l'économie numérique peuvent être groupés en quatre catégories[179] :

- Réseau physique : infrastructure, système d'information et de communication ;
- Réseau économique : industrie (marchés et entreprises) ;
- Ressources : informationnelles, humaines et financières ;
- Politique : stratégies globales et sectorielles, cadre légal et réglementaire.

La manière et l'intensité avec laquelle ces facteurs sont combinés contribuent à l'amplification ou à la réduction de la fracture numérique. La priorité est donc de construire de nouvelles infrastructures et d'améliorer les formations de haut niveau pour atteindre la masse critique de compétences pour le développement futur du secteur. Il s'agit d'investir de façon stratégique dans la chaîne de valeur des TIC et d'adapter des incitations à l'industrialisation des contenus dans ce domaine à fort potentiel de création des richesses. Certes, le Cameroun n'a pas encore réuni des capacités à s'engager dans l'industrie très oligopolistique des semi-conducteurs ; mais il peut se positionner dans un modèle industriel de développement des logiciels, d'industrialisation des contenus comme le font nombre de pays émergents ou en voie de le devenir. La spécificité du modèle d'industrialisation de ce secteur se trouve dans :

1. *La génération, le traitement et la transmission de l'information ;*
2. *Les ressources humaines issues de plusieurs domaines de connaissances :*
3. *La créativité à partir des produits et standards, qui génère des idées d'entreprises et oriente d'autres acteurs industriels ;*
4. *L'environnement régional comme base d'un marché pertinent pour produire et commercialiser ses produits et services ;*

---

[179] Fariselli, Patrizia : « Le Commerce électronique pour le développement : cadre général ». Un article paru dans Commerce Électronique et Développement, publié par Études du Centre de Développement de l'OCDE, sous la coordination d'Andrea Goldstein et David O' Connor.

5. *La tendance des entreprises du secteur à s'intégrer verticalement pour bénéficier de la complémentarité des segments et de l'effet de synergies.*

Le commerce électronique apporte du dynamisme au marché entre entreprises et consommateurs (B2C), et au marché interentreprises (B2B). Le premier transfère des biens et services aux consommateurs individuels (modèle de vente au détail), tandis que le second couvre les processus d'approvisionnements logistiques et administratifs entre entreprises (modèle de gros ou chaîne d'approvisionnement). Des applications telles G2C (government-to-citizen), G2B (government-to-business) et G2G (government-to- government) ont des impacts en matière de création de valeur et d'emplois. L'exploitation des solutions du commerce électronique *one- to-many*, et les services liés aux sites de commercialisation et d'information, véritables gisements d'opportunités, sont encore en balbutiement au Cameroun, l'e-business ne parvenant pas encore à décoller pour stimuler le développement commercial en dépit du poids des marchés publics dans le PIB.

Les activités *d'e-gouvernance* visant la modernisation du fonctionnement de l'État n'arrivent pas encore à améliorer la qualité des services de l'administration publique, la démocratisation de sa gestion, la réduction de la corruption par la dématérialisation des procédures, la diminution des délais de traitement des dossiers, la transition vers l'archivage numérisée, l'accroissement du rendement des services aux usagers, l'économie du papier dans le traitement des dossiers et notamment dans la chaîne de préparation du budget de l'État, la facilitation de la coordination et l'évaluation des performances du service public. L'arrimage aux directives communautaires (Afrique Centrale) devrait avoir pour effet de réduire les asymétries et les disparités du cadre juridique et institutionnel dans la sous-région, doter le secteur des télécoms/TIC en capacité de compétitivité nécessaire à l'insertion de l'État dans l'économie-monde.

En tout état de cause, le secteur des télécoms/TIC connaît une lente évolution au Cameroun et les applications qui naissent chaque jour sont insuffisamment mises en valeur. Or, ce secteur est en mesure d'approvisionner les décideurs en données pertinentes pour une bonne gouvernance industrielle ; une industrie désormais tournée vers les produits et services à haut contenu de savoir. Fabrice Hervieu Wané et Bernard Cassen affirment que « les TIC structurent les manières d'apprendre, de penser, de produire, d'échanger, de décider et de se représenter le monde. Les pouvoirs publics devront donc faire de leur appropriation sociale une des bases de l'éducation de l'ensemble de la population[180] ». Ainsi, l'État, les concessionnaires et les opérateurs qui le désirent devraient mutualiser leurs ressources pour une stratégie de rattrapage, laquelle demande un accroissement quantitatif et qualitatif des infrastructures, des réseaux et des compétences humaines. Il s'agit aussi de revisiter la chaîne de valeur industrielle des TIC/Télécoms, pour identifier les opportunités offertes par les segments et les niches, afin d'optimiser leur développement et leur profitabilité.

L'exemple du Nigéria fascine par l'augmentation rapide et massive de ses capacités technologiques et infrastructurelles en fonction d'un marché complexe et ramifié. La stratégie des décideurs nigérians repose sur une concurrence décomplexée, animée par un nombre important d'opérateurs et une galaxie de sous-traitants. Ils tirent cette sagesse de la théorie économique qui enseigne que les prix pratiqués dans un régime de concurrence sont les plus faibles. La baisse des prix allant avec la démocratisation de l'accès aux outils et aux services, les entreprises en compétition misent sur l'effet volume et donc, sur les économies d'échelle ainsi que sur les niches créées par une demande spécifique à certains utilisateurs. Des sources du recensement général des entreprises, effectué en 2009 au Cameroun (INS/RGE 2009) sur 8035 entreprises choisies dans les secteurs primaire, secondaire et tertiaire :

1) 78.3 % des entreprises disposent d'un ordinateur ;
2) 86.0 % d'employés savent utiliser un ordinateur :
3) 48.9 % de ces entreprises sont connectées à l'internet ;
4) 24.1 % des entreprises disposent d'un réseau intranet ; et
5) 33.9 % utilisent internet pour des opérations d'affaires (B2B).

S'agissant des informations recueillies auprès de 922 entreprises industrielles seulement, la tendance est plutôt flatteuse. Pour ces cinq composantes, les taux sont respectivement de : 84 % ; 91 % ; 65 % ; 31 % ; et 53 %. Bien évidemment, ces ratios auraient pu être plus bas s'ils étaient calculés sur la base des 11 685 entreprises industrielles recensées en 2009. L'échantillon de 922 entreprises est donc peu pertinent dès lors qu'il ne prend pas en compte les 9 733 TPE qui ne font recours ni au B2B ni au B2C. Avec un indice d'accès numérique de 0,16 (16 %) en 2010, le Cameroun, classé 147e/ 178 pays, demeure

[180] *Le Monde Diplomatique* (Manière de voir N°41 de septembre-octobre 1998)

un pays numériquement enclavé. L'ambition affichée dans le DSCE est de faire passer cet indicateur à 0.47 à l'horizon 2020 ; un autre pari qui ne sera pas tenu. Ces données montrent à suffisance l'immensité du besoin d'investissements en infrastructures, réseau, équipement, exploitation, formation, industrialisation des contenus, fourniture de services et gestion des externalités. Le secteur des Télécoms/TIC deviendrait ainsi le moteur de la croissance au Cameroun.

Au niveau global, les Nations Unies publient depuis quelques années un classement mondial des pays en termes de développement numérique, basé sur trois facteurs :

1. Les services en ligne ;
2. Le développement de l'infrastructure de télécommunications ; et
3. Le capital en compétences humaines.

Ces trois indicateurs alimentent l'*e-government index* et servent de comparateurs entre États. Au classement de 2012, la République de Corée arrivait en tête avec un indice de 0,928, puis les Pays-Bas (0,925), l'Angleterre (0,8960), le Danemark (0,8889), les États-Unis (0,8687) ; la France arrivant en sixième position avec un indice de 0,8635, et la Suède septième (0,8559). De multiples opportunités existent en création, innovation, segmentation, spécialisation dans la gamme des métiers anciens ou nouveaux en fonction du maillage de l'activité et de la demande dans chaque créneau ; il s'agit donc de faire prendre conscience aux décideurs de la nécessité d'adopter des mesures de transformation pour que le retard qui s'accumule ne rende pas impossible le processus de rattrapage qui coûterait très cher à toutes les parties prenantes. Le Cameroun devrait donc apprendre « de l'Inde, de la Chine, de la Corée du Sud, la diffusion des TIC en matière de réglementation et d'application ciblée » (Benjamin Neumann, 2011).

Tableau 65 : Proportion (%) des entreprises industrielles utilisant des TIC et selon le type d'entreprise

Type d'entreprise	Nombre d'entreprises	Taux d'accès ordinateur	Employés sachant utiliser un ordinateur	Connexion à l'internet	Entreprises disposant d'un réseau intranet	Entreprises utilisant internet pour opérations d'affaires
TPE	293	84 %	89 %	53 %	25 %	46 %
PE	253	75	85	53	15	38
ME	296	89	96	76	38	64
GE	80	100	100	95	78	76
Sous-secteur						
Extraction	16	100	100	78	67	78
Industries alimentaires	177	63	74	36	20	28
industries manufacturières	412	88	93	74	36	60
Électricité, eau et gaz	31	96	100	74	43	70
Construction	286	93	99	70	29	56
Ensemble	**922**	**84**	**91**	**65**	**31**	**53**

Source : INS/RGE 2009

Tableau 66 : Proportion (%) des sous-secteurs d'activité utilisant des TIC

Sous-secteur d'activité	Nombre entreprises	% Accès à l'ordinateur	Employés sachant utiliser un ordinateur	Connexion à l'internet	Entreprises disposant d'un réseau intranet	Entreprises utilisant internet pour opérations d'affaires
Agriculture	47	84.8	85.7	51.5	75.8	42.4
Élevage	8	42.9	57.1	42.9	0.0	28.6
Sylviculture	22	88.2	100.0	76.5	58.8	41.2
Pêche et pisciculture	2	100.0	100.0	100.0	100.0	100.0
Sous-secteur						
Extraction	14	100.0	100.0	77.8	66.7	77.8
Industries alimentaires	191	64.5	76.3	35.8	21.2	29.8
Autres indust manuf.	392	88.8	93.8	72.4	37.1	58.0
Électricité, eau et gaz	48	90.3	96.8	64.5	38.7	54.8
Construction	224	92.0	97.7	69.5	29.3	56.0
Commerce	2 806	65.9	76.9	39.0	18.1	29.9
Transport	286	88.2	90.8	71.9	39.5	51.3
Banque et Assurances	530	94.6	96.7	70.1	47.6	44.8
Autres tertiaires	3 340	81.8	88.7	45.9	19 ?8	28.1
Ensemble	**8 035**	**78.3**	**86.0**	**48.9**	**24.1**	**33.9**

Source : INS/RGE 2009

Un saut technologique encadré par un modèle d'économie et de gouvernance numériques pertinent donnerait plus de perspective et de réussite aux initiatives de nature stratégique, instrumentale ou opérationnelle dans ce secteur en mutation rapide dont les effets et les impacts sur l'activité industrielle et la transformation sociale sont souvent imprévisibles.

CHAPITRE XXXVIII

LA COMMUNICATION ET L'INFORMATION : RIEN NE POURRA SE BÂTIR SANS !

Ce serait une symphonie inachevée que de boucler cette œuvre sans évoquer l'épineux problème de communication et de dissémination des données. La collecte de l'information brute dans les organisations publiques ou privées provoque fréquemment la crispation de ceux qui la détiennent, même si celle-ci est dépouillée de tout caractère stratégique. Elle peut subitement revêtir le caractère secret défense ou secret médical, et son partage soumis à d'hypothétiques autorisations hiérarchiques. Fondamentalement, cette protection sentimentale de l'info ne relève pas toujours de la mauvaise volonté ; il y a aussi de l'incompétence (ce n'est pas une insulte), car de nombreux agents publics, y compris des responsables à un haut niveau, manipulent des données peu pertinentes, incomplètes ou désorganisées et donc, insusceptibles de cession à un analyste externe. Souvent aussi, ce refus peut ouvrir la voie aux transactions qui peuvent aboutir à des gestes de corruption. L'information devient alors une marchandise à vendre… sous la table ! Charles JEPSON cité par Alvin TOFLER, trouve que : «L'information est le catalyseur indispensable du changement à tous les niveaux, et c'est pourquoi son pouvoir est si redoutable[181]». S. Pisar (1983) l'a prophétiquement déclaré : « Il est devenu impossible dans un pays, d'avoir une stratégie industrielle, monétaire, sociale ou éducative sans des projections à long terme qui soient nourries par toutes les informations nécessaires sur les évolutions et les innovations intérieures ou mondiales[182]».

Le présent ouvrage aborde sans nul doute un sujet peu popularisé (la politique industrielle) ; ce qui ne signifie pas qu'il soit destiné aux seuls initiés ou aux experts en décryptage des boîtes noires industrielles. Tant s'en faut ! Il ne prétend pas non plus donner des réponses à toutes les préoccupations en matière d'industrie. Mais il ne serait pas juste de nier l'existence d'obstacles épistémologiques auxquels des lecteurs pourraient se heurter au fil des pages. Certains lecteurs se serviront d'un mot, **d'une**

---

[181] Alvin Tofler (1991), *Les nouveaux pouvoirs (Powerhift) : savoirs, richesse et violence à la veille du XXIe siècle* ; Fayard.
[182] Pisar S. *La Ressource humaine*, op. cit.

idée, d'une comparaison, d'une phrase ou d'un chiffre pour résumer l'ensemble de l'œuvre. D'ailleurs, la tendance à la déformation des idées n'est ni neutre ni une nouveauté. Elle participe d'un désir réducteur de dénigrement ou de manipulation tendancieuse qui peut naître de la difficulté à comprendre, à opposer un projet alternatif ou de l'appartenance à une chapelle dont on défend le catéchisme. Ceci n'est pas non plus un appel à l'exaltation naïve d'une œuvre qui a la prétention de se marginaliser de l'apologie d'une utopie largement répandue.

La parution de cet ouvrage pourrait aussi catalyser le déchaînement des menaces secrétées par des idéologies qui véhiculent des préjugés, fanatismes, fantasmes, complexes de supériorité ou d'infériorité des savoirs, lesquels ont rendu le monde vulnérable aux crises, aux clivages et davantage égoïste et dangereux. Fort heureusement, nombreux et majoritaires sont ceux qui l'aborderont avec une bienveillante curiosité intellectuelle. C'est tant mieux !

Le débat est donc ouvert et, selon Charles Maurras, « rien ne se fait sans critique, sans foi[183] » ; et il précise avec un zeste d'humour qu'« il suffit de rien pour détruire. Il faut des années d'efforts, de labeur, de patience pour créer. Le sale souffle d'un rhéteur suffit à ruiner[184] ». Bien évidemment, l'ouverture à la critique ne signifie pas qu'il faille se répandre en d'interminables et infructueuses polémiques, d'où cet autre avertissement de C. Maurras :

> *L'art de faire traîner la discussion entre ceux qui savent et ceux qui ne savent pas est le plus élémentaire de tous les arts. Nous l'avons pratiqué au collège :- mais ... Alors... Si... Il suffit des trois petits mots dix fois et vingt fois répétés. Sans doute, le savoir est outillé pour dissiper un par un ces doutes de mauvaise foi. Mais ce travail fastidieux représente une énorme perte de temps, sans compter l'ébranlement de la confiance*[185].

L'auteur voulait ainsi œuvrer contre l'engrenage des fatalités dans la production intellectuelle, en titillant des idéologues et hommes de science complexés ou irritables, en rassurant les timides, et en décourageant les rhéteurs.

---

[183] Maurras C. ; Mes Idées Politiques ; pp. 169 ; 175 ; 183.
[183] Idem.
[184] Idem.
[185]. Ibidem.

CONCLUSION GÉNÉRALE

Alors que le débat n'est qu'à ses balbutiements et que l'histoire industrielle camerounaise reste un champ d'investigation entièrement ouvert, est-il possible de tirer une conclusion d'un aussi vaste sujet en un seul ouvrage ? La prétention de départ était de revisiter le cheminement industriel du pays et d'apprécier ses chances d'émergence au regard des politiques, du discours et de l'action. Le sentier de croissance économique que le Cameroun s'est frayé à travers les deux (2) plans quadriennaux, les six (6) plans quinquennaux, le programme d'ajustement structurel et le plan directeur d'industrialisation n'ont pu déclencher le progrès industriel espéré. De même, la Vision 2035 et le DSCE sont loin de constituer une revanche sur l'histoire.

Une revue sommaire des modèles industriels de certains pays aura permis d'éviter toute forme de dogmatisme et d'embrigadement dans des théories qui, malgré leur pertinence, ne donnent pas de solution achevée à toutes les situations ; d'où la tentative d'invoquer une utopie au sens où Victor Hugo l'entend comme *« la vérité de demain »* ou de Lamartine pour qui elles ne représentent *« que des vérités prématurées »*. Bien plus, nous affirmons avec Jean Coussy (2005) que :

> *La littérature sur le développement a été longtemps une suite de procès mutuels sur la responsabilité des échecs. Aujourd'hui, la situation a changé sur deux points.*
> - *Il existe des succès spectaculaires de croissance, notamment en Asie ;*
> - *Les rattrapages réussis ont été obtenus sur les politiques éclectiques (celles empruntant aux doctrines les plus opposées).*
>
> *Il paraît désormais moins utile de poursuivre des polémiques entre théories que d'identifier, dans chaque théorie, la part de vérité, ses lieux et ses époques de pertinence*[186].

---

[186] Jean Coussy in *La Place des pays tard venus au développement*. P. Berthaud et Kebabdjian.

De ce point de vue, chaque courant réaliste, libéral ou marxiste a commis des erreurs. Notre approche éclectique et hétérodoxe aura influencé la neutralité idéologique et doctrinale de ce projet. La référence à de nombreux concepts visait à ouvrir la voie à l'innovation stratégique et à l'optimisation instrumentale qui permettent aux acteurs économiques publics ou privés de jouer pleinement leur partition.

Bien sûr que l'attention du lecteur sera marquée par la variété des séquences et des percussions de cette composition ; mais comment pouvait-on échapper à la tentation d'appuyer sur plusieurs touches du clavier, alors que le concert des politiques industrielles bat son plein ? Cet essai aura sans doute eu la prétention de s'attaquer à une ***religion*** (La Vision 2035 et le DSCE), et à son puissant clergé (les hauts responsables des administrations économiques) qui est prêt à s'élever contre toute profanation de ces textes sacrés. Heureusement que parmi les gardiens du temple, nombreux sont ceux qui ont révisé leur position au regard des faibles performances économiques enregistrées et du dérapage industriel du sentier de croissance tracé. Bien sûr que nous ne nourrissions pas l'illusion d'écrire une vulgate, mais de reconstituer les trajectoires qui ont servi au pilotage à vue de l'industrie camerounaise et de faire un pronostic sur sa résilience.

L'émergence pourrait arriver à l'Horizon 2035 selon la version gouvernementale, ou plus tard ; mais aucune de ces prophéties n'est autoréalisatrice. La période qui précède cette échéance est donc celle des choix difficiles ; « dans les périodes de transition, l'Histoire hésite toujours entre le rebond que permet la cohésion sociale horizontale ou la crise de croissance dont l'issue est imposée par l'ordre vertical[187] ». C'est pour cela que nous avons suggéré, comme Olivier Passet, le recours à une des forces de frappe industrielles, un soutien massif à quelques champions nationaux capables d'impulser de grands programmes et d'affronter la concurrence. Michaëlle Jean, Secrétaire générale de la francophonie préfère parler des *forces de construction massive*[188]. Recourir aux forces de frappes industrielles dans le cadre d'un État d'urgence industriel peut rendre possible l'émergence du Cameroun ; mais à condition de démonter le centralisme

---

[187] Bouchet, Michel-Henry ; GLOBALISAION : Introduction à l'économie du Nouveau Monde ; Paris, 2005.

[188] Michaëlle Jean, discours de collation du Doctorat Honoris Causa à l'Université de Yaoundé I le 15/04/15.

bureaucratique, les incompétences et la corruption, les inerties et les égoïsmes qui minent les institutions et la gouvernance.

Il faut donc déplacer les lignes qui ont réussi à plomber les initiatives même les plus osées, les plus patriotiques, et ajouter à la foi, le travail ; batailler dur ! Très dur ! C'est-à-dire, sans distraction ni nostalgie, ni complexe, car l'émergence ne peut s'accomplir que si des hommes et des femmes de tous les âges, acceptent de se réinventer individuellement et collectivement, en tirant les leçons des tâtonnements, des réussites et des échecs du passé. La marche à pas hésitants en s'appuyant sur des logiques économiques expérimentées dans des contextes et des époques différentes ne pouvait qu'entraîner des ruptures entre sphères industrielle et sociale. Pour ces raisons, des gouvernements successifs se sont mis au rythme d'une administration précocement atteinte des virus de lourdeur et d'insouciance qui ont miné l'efficacité et la créativité. Et, le temps du politique étant réputé court, la bureaucratie a réussi à lui imposer le sien, le temps long. Pour John Maynard Keynes, le peu de réussite des concepteurs des politiques est compréhensible :

> *Un économiste confirmé doit être un tant soit peu mathématicien, historien, homme d'État, philosophe. Il lui faut étudier le présent, à la lumière du passé pour préparer l'avenir. Il doit à la fois se fixer un but et être désintéressé ; il doit être aussi lointain et incorruptible qu'un artiste, mais parfois aussi terre à terre qu'un politicien*[189].

Pas facile donc d'être un économiste accompli, et surtout, un économiste industriel ; mais cette peur de la matière n'a pas empêché Keynes de devenir le théoricien dont les thèses continuent de s'imposer avec une autorité indépassable jusqu'ici dans l'histoire économique.

2035 ou 2050, c'est demain pour certains, ou trop lointain pour d'autres. Mais en attendant, levons-nous et bâtissons ! Et surtout, avec la MÉTHODE, s'il vous plaît ! Le Cameroun a besoin de capitaines, d'énigmes, d'icônes de l'industrie pour sonner le glas d'une époque, celle d'hommes d'affaires flous, corrupteurs et corrompus, accumulateurs boulimiques de fortunes pour se sécuriser et sécuriser leur fratrie, en vendant des prestations surfacturées et de piètres qualités aux

---

[189] . J.M. Keynes, cité par Renato Di Ruzza : ''Histoires, savoirs et pouvoirs en économie politique'' ; Études et documents économiques. Imprimerie SADAG 01200 Bellegarde, septembre 1990.

gestionnaires pillards des biens publics qu'ils sont censés protéger. La quête de performance que nous devrions poursuivre est éloquemment rappelée par Samuel PISAR qui, tirant les leçons de l'histoire, a souhaité que chaque pays ait ses repères et ses symboles. Se servant d'un célèbre échange téléphonique entre deux leaders politiques, il rappelle qu'un jour, le Président américain Richard Nixon téléphona à Mme Golda Meir, le chef du Gouvernement israélien, et lui dit :

> *Madame le Premier Ministre, vous avez une armée remarquable. Chez nous, ça va plutôt mal. Pouvez-vous m'envoyer trois de vos Généraux, disons Moshé Dayan, Ezer Weizman, et Ariel Sharon ? » Réponse de Madame Golda Meir : « Monsieur le Président, je ferai tout pour vous aider. Je vous enverrai mes trois Généraux. Je vous demande en échange, trois des vôtres : General Motors, General Electric, et General Food*[190].

Que cette conversation soit réelle ou imaginée par un esprit fertile, la vérité y est ; le capital cerveau reste la principale richesse des nations. C'est donc sur l'intelligence individuelle, corporatiste et institutionnelle que nous faisons le pari de l'industrialisation du Cameroun. /.

[190] Pisar S. : *La Ressource humaine.*

LEXIQUE

Avantage comparatif ou **relatif** = **compétitivité / spécialisation** (le coût de la production d'un bien **i** rapporté aux coûts de production de tous les biens va être inférieur pour un bien **i** dans un pays par rapport à l'extérieur).

Benchmarking : technique de gestion et de marketing consistant à comparer son entreprise à une ou plusieurs autres qui font référence dans un domaine spécifique.

Business Angel (ou **BA**) : personne physique qui investit une partie de son patrimoine personnel dans une entreprise innovante à potentiel moyen pendant les 3 à 5 premières années de sa vie. Cet investissement financier s'accompagne d'un rôle de conseil auprès du dirigeant. Les BA s'intéressent avant tout aux entreprises à « fort potentiel » qui pourraient se développer rapidement. En revanche, ils ne s'arrêtent pas aux seuls projets basés sur des technologies. Dès que l'entrepreneur apporte un nouveau concept, service ou produit nouveau ou se positionne sur un nouveau marché, il peut faire appel à eux.

Co-branding : lorsqu'entreprises et ONG partageant les mêmes valeurs, décident de dépasser le stade de partenariat pur et simple pour associer leurs « deux marques » afin de se faire connaître ensemble.

Compétitivité : capacité pour une entreprise ou une économie nationale à maintenir ou accroître ses parts sur le marché domestique (compétitivité interne), et sur le marché extérieur (compétitivité externe).

Copinage : entraide intéressée.

Dynamogénique ou Dynamogène : qui accroît l'énergie, qui stimule.

Entropie : mesure degré de désordre d'un système par rapport à son état initial probable. En thermodynamique, mesure la dégradation de l'énergie d'un système.

Épargne budgétaire ou le solde primaire : différence entre les recettes internes et le fonctionnement courant de l'État.

Industrie manufacturière : biens et services destinés aux ménages, biens d'équipement servant à produire d'autres biens, biens intermédiaires retransformés ou incorporés sans d'autres biens plus complexes par d'autres entreprises.

Par extension, cette catégorie est élargie à l'industrie agroalimentaire souvent isolée parce que proche de l'agriculture ; la production énergétique qui exige une forte activité de transformation dans des usines complexes : Les BTP.

Pantouflage : se dit ici des fonctionnaires qui servent pendant un temps dans l'administration puis se font nommer dans un conseil d'administration ou à la tête d'une entreprise à capitaux publics.

Pouvoir de marché : capacité à tarifer au-dessus du coût marginal, à obtenir des marges sur la vente des produits et services.

Site de production : système productif basé sur une politique transversale visant l'origine du produit (made in…), l'attractivité du territoire pour les investisseurs, les coûts de production, la qualification de la main-d'œuvre, la performance de la R&D, le climat entrepreneurial.

Synergie : il y a synergie lorsque les performances de l'ensemble sont supérieures à la somme des performances de chaque élément isolé de l'ensemble.

Termes de l'échange : s'intéressent aux prix des produits importés et exportés. Ils s'expriment par le prix des exportations / prix des importations.

Théories de la croissance : le modèle de Solow (progrès technique exogène) établit le caractère instable de la croissance, Solow décrit comment un accroissement du stock de capital, de la quantité de travail (ou de la population) et le progrès technique interagissent et affectent la production au sein de l'économie. Cette économie tend à long terme vers une situation d'équilibre (rendements décroissants). Le taux d'épargne et le progrès technique étant des données dans le modèle, la croissance économique à long terme dépend de celle de la population. **Solow, Domar.**

Théorie de la régulation de la croissance ; analyse les régimes de croissance. Ceux-ci dépendent d'une part d'un régime d'accumulation, c'est-à-dire de l'ensemble des déterminants de la progression de l'efficacité économique (organisation du travail, degré de concentration des entreprises, type d'innovations, etc.) et, d'autre part, d'un régime de demande (les mécanismes de répartition des gains de productivité entre salaires, profits, prix relatifs). **Aglietta, Boyer, Bénassy, Mistral.**

Théorie des étapes de la croissance : elle dit que toute société passe par cinq phases : tradition, transition, décollage (take off), maturité et consommation intensive. La troisième séquence, le décollage, se produit grâce à une forte augmentation du taux d'investissement, déclenchant une croissance autoentretenue. **Rostow.**

Valeur retenue (retained value) : d'une exploitation minière – comme d'ailleurs de toute opération industrielle- est la somme des flux financiers issus de l'entreprise dont la première circulation s'effectue au sein de l'économie locale. Dit autrement, c'est la somme des paiements de l'entreprise étrangère au pays hôte. Le calcul de la valeur retenue permet une première approche du niveau d'insertion de la mine dans l'économie, en termes de paiements individualisés à l'État, aux groupes ou institutions locales, aux salariés, fournisseurs et actionnaires. Ce terme est emprunté de Mikesell : Foreign Investment in Copper Mining, publié par John Hopkins University Press, Baltimore, 1975.

BIBLIOGRAPHIE

Ansoff I. ; *Stratégie du développement de l'entreprise*, assisté de Edward I. McDonnell ; traduction française de Bernadette Hou, révisée par Marie Waquet, les Éditions Françaises, 1989.

Archier G., Sérieyx H. : *l'Entreprise du 3e Type* ; Édition du Seuil, 1984.

Babikoussana ; Abissama Onana, *Les Débats économiques du Cameroun et d'Afrique* ; préface de Célestin Ndonga ; Prescriptor, Yaoundé, 2004.

Baker R., Illicit Financial Flows from Africa; Hidden Resources for Development; Global Financial Integrity, 2008. Site www.gfig.org.

Bartoli M. : *Diagnostic de l'entreprise ; l'économique à l'épreuve du social.* InterEditions, Paris, 1994.

Berthaud P. ; Kébabdjian G. : *La Question politique en économie internationale.* Collection « Recherches ». Édition La Découverte, Paris, 2006.

Bessis S. : *La Faim dans le monde.* Édition la Découverte, Paris V, 1991.

Bissek P. : *Habitat et démocratisation au Cameroun*, Karthala, 1994.

Bouchet M-H. : *La Globalisation ; introduction à l'économie du nouveau monde*, Pearson Éducation, France, 2005.

Bourcier J-P. : *Les nouveaux gourous ; conseillers, consultants, experts…Ils sont partout* ; Ed. Ramsay, Paris-VI, 1991.

Boyer L. : Equilbey N., *Organisation, théories, application*, nouvelle édition, Éditions d'Organisation, 2003.

Bruchey S. ; *Les Fondations et le dynamisme d'une économie libre* ; ouvrage paru sous le titre : « The Roots of American Economic Growth 1607- 1861 ; publié par Harper & Row, Publishers, New Yok City, N.Y. ; An Essay on Social Constatation. La traduction de George de

Dehn en 1985 est préfacée par Mathieu Onambélé Ekani, Journaliste spécialisé dans les questions économiques africaines.

Carlton D. et Perloff J. ; *Économie industrielle* ; Édition De Boeck 1998.

Cinquième plan quinquennal de développement économique, social et culturel ; République Unie du Cameroun ; ministère de l'Économie et du plan ; Imprimerie nationale de Yaoundé ; juillet 1981.

Cohen E., *Analyse financière*, 3e édition ; Ed. Economica, Paris, 1994.

Coutrot T. ; Husson M. : *Les Destins du tiers monde. Analyse, bilan et perspectives.* Édition Nathan, 1993.

Daigne J-F. : *Management en période de crise. Aspects stratégiques, financiers et sociaux.* Les Éditions d'Organisation Université ; Paris, 1991.

De Bernis G. : *Théories économiques et fonctionnement de l'économie mondiale* ; Presses Universitaires de Grenoble, 1988.

Deuxième plan quinquennal de développement économique et social ; République fédérale du Cameroun ; SOPECAM, juillet 1966.

Di Ruzza R. : *Éléments d'épistémologie pour économistes. La dernière instance et son ombre.* Presses Universitaires de Grenoble, 1988.

Di Ruzza R. : *Histoires, savoirs et pouvoirs en économie politique* ; Études et Documents

Chesnays F. : *La Mondialisation du capital* ; nouvelle édition actualisée ; Paris, Syros, 1997.

D'Iribarne A. ; *la Compétitivité. Défi social, enjeu éducatif.* Presses du CNRS, 1989.

Drullion K. ; « les ONG, nouvelles sentinelles de la réputation d'entreprises ». Master de Mémoire Professionnel ; École des Hautes Études en Sciences de l'Information et de la Communication. Université de Paris IV Sorbonne CELSA, 2005.

Frantz J. ; « Gouvernance et RSE ; Leviers de Croissance pour les ETI » (entreprises de taille intermédiaire). Rapport adopté le 07 octobre 2010 en Assemblée générale de la Cambre de Commerce et d'Industrie de Paris.

Gauthier B. ; « Dynamique du secteur manufacturier africain en période d'ajustement structurel : le cas du Cameroun » ; publication dans la Revue Région et Développement n° 3 ; Montréal, Canada, 1996.

Genthon C., *Croissance et crise de l'industrie informatique mondiale* ; Paris, Syros, 1995.

Gereffi, G.: The Organization of Buyer-Driven Global Commodity Chains: ''How U.S. Retailers Shape Overseas Production Networks'', in Gereffi G. and M. Korzeniewicz (1994).

Gninkam E. et Totale E., Rapport rédigé pour H**ELIO International** sur les Systèmes énergétiques : vulnérabilité-adaptation- résilience (VAR) ; Afrique sub-saharienne : Cameroun, 2009.

Gilder G. : *Richesse & Pauvreté.* Traduit de l'américain par Pierre-Emmanuel Dauzat. Albin Michel, Paris, 1981.

Hugon P., « Après la crise, un nouveau paradigme du développement ? » article publié dans Problèmes économiques. Bimensuel N° 3 011, t du 19 janvier 2011. La Documentation française.

Institut National de la Statistique, Recensement général des Entreprises (RGE 2009) ; Rapport Thématique, novembre 2011. Jeune Afrique Hors-Série n° 32, 2013.

Kaplan R S., Norton D P., « Comment utiliser le tableau de bord prospectif ? » Traduit de l'américain par Eileen Tyack-Lignot ; Éditions d'Organisation, 2001.

Keynes J.M., *Théorie générale de l'emploi, de l'intérêt et de la monnaie.* Traduit de l'anglais par Jean de Largentaye ; Payot, Paris, 1985.

La Documentation française n° 243 oct. Déc. 1989 : « Stratégies industrielles Mondiales » ; Cahiers français réalisés sous la direction de Marguerite Boucher. France, 1990.

Lemoine P. ; Rapport au gouvernement : la nouvelle grammaire du succès. La transformation numérique de l'économie française.

Marion A. : *Le Diagnostic d'entreprise.* Collection Gestion ; Ed. Economica, Paris, 1993.

Stratégie nationale de lutte contre la corruption du Cameroun 2010-2015.

Maurras C. ; *Mes Idées politiques*. Préface de Pierre Gaxotte de l'Académie française. Texte établi par Pierre Chardon ; Éditions Albatros. Mars 1993.

Morvan Y. ; *Fondements de l'économie industrielle*, 2e édition. Ed. Economica, 1991.

Nana-Sinkam S.C. : *Le Cameroun dans la globalisation ; conditions et prémisses pour un développement durable et équitable*. Édition CLE, Yaoundé, 1999.

Organisation de Coopération et de Développement économiques : *Commerce électronique et développement* ; sous la direction d'Andrea Goldstein O'Connor. OCDE, 2002. 3 010 (du 5 janvier 2011), LA DOC FR9SE

Oyono D. : *Colonie ou mandat international. La politique française au Cameroun de 1919 à 1946*. Éditions L'Harmattan, Paris, 1992.

Penda Ekoka C. ; *Cameroun : Vers le 3e Millénaire* ; préface de Joseph Charles Doumba ; édition EDI'ACTION ; Yaoundé, 1997.

Perrin J., *Les Transferts de technologie*, Éditions La Découverte, Paris, 1984. Seconde édition.

Roux D., *Analyse économique et gestion de l'entreprise ; 1. Théories, méthodes et pratiques*

Pettang C. : *Habitat et développement urbain, volume II Éléments d'optimisation de la production d'un habitat décent au Cameroun* ; Presses Universitaires de Yaoundé, 1999.

Pisar S. : *La Ressource humaine*. Éditions Jean-Claude Lattès, 1983.

Porter M. : *Choix stratégique et concurrence. Techniques d'analyse des secteurs et de la concurrence dans l'industrie*. Traduction de Philippe Lavergne ; révision de Georges Sudrie ; Economica, Paris, 1990. ; Nouveau tirage, Dunod, 1987.

Porter M. : *L'Avantage concurrentiel. Comment devancer ses concurrents et maintenir son avance* ; Traduit de l'américain par Philippe Lavergne ; InterEditions, Paris, 1986.

Premier plan quinquennal de développement économique et social ; République du Cameroun ; ministère de l'Économie et du Plan, juillet 1961.

Quatrième plan quinquennal de développement économique, social et culturel ; République Unie du Cameroun ; ministère de l'Économie et du Plan ; juillet 1976.

Ramsey S., *Esquisse de L'économie américaine* ; U.S. Information Agency, 1991.

République du Cameroun : Document de stratégie pour la croissance et l'emploi ; cadres de référence de l'action gouvernementale pour la période 2010-2020 ; août 2009.

Rostow et Ibramovitz : Microsoft ® Encarta® 2009. © 1993-2008 Microsoft Corporation.

Savas E.S. : *Privatisations et partenariats public-privé.* Traduit de l'américain par Michel Le Seac'h ; Nouveaux Horizons, ARS, Paris, 2002.

Sixième plan quinquennal de développement économique, social et culturel ; République du Cameroun ; ministère du Plan et de l'Aménagement du Territoire ; Imprimerie Nationale ; juillet 1986.

Soulié D., Roux D. : *Gestion.* Presses Universitaires de France, 1992.

STRATEGOR : *Politique générale de l'entreprise ; stratégie, structure, décision, identité* ; Groupe HEC, Jouy-en- Josas, 1997.

Tandon Yash : Ending Aid Dependence ; foreword by former President of Tanzania; Fahamus Books. Printed in United Kingdom; South Center Publications; 2008.

Toffler A. : *Les nouveaux pouvoirs. Savoir, richesse, et violence à la veille du XXIe siècle* ; traduit de l'anglais U.S par André Charpentier, avec la collaboration de Denise Meunier, Evelyne Chatelain, Chicheportiche, Eric Diacon ; Fayard, 1991.

Troisième plan quinquennal de développement économique et social ; République du Cameroun ; ministère du Plan et de l'Aménagement du Territoire ; SOPECAM, juillet 1971.

Samuelson A., *Économie internationale contemporaine, aspects réels et monétaires* ; Presses Universitaires de Grenoble, 1991.

Severino J-M ; Jacquet P. ; « L'Aide au développement, une politique publique au cœur du développement durable et de la gouvernance de la mondialisation ». La Revue d'Économie Financière, n° 66, 2002.

Tamokwé Paptié G. B. : *Globalisation et diversification dans l'appareil industriel du Cameroun.* Thèse de Doctorat/Ph.D en Sciences Economiques ; université de Douala, année 2003/2004.

Todorov B., *ISO 9000, une force de management* ; Gaëtan Morin éditeur, 1997.

United Nations Industrial Development Organization (UNIDO): Industrial Performance and Capabilities of Cameroon; analysis of industrial sector.

Valère E. : *Le Chantier de l'avenir. Entretiens avec Samuel Pisar.* Collection les Grands Entretiens, dirigée par Jean-Louis Gouraud. Éditions Favre, 1989.

Wriggins H. /Gunnar A-K, *Le Dialogue Nord-Sud et la réduction des inégalités.* Traduction de Jean Daché ; Economica, Paris, 1980.

Autres travaux et publications de l'auteur

1994 : Exploitation minière en Joint-Venture. Le Cas d'un Minerai de Tatane (le Rutile d'Akonolinga)

2002 : Diagnostic stratégique et financier du CFC (Crédit Foncier du Cameroun)

2004 : Pour une politique industrielle de grande envergure au Cameroun

2000 : Analyse de la dette extérieure du Cameroun (1960-2009)

2008 : l'Architecture de l'aide au développement : de quoi parle-t-on ?

2009 : Bilan des institutions de développement durable en Afrique

2010 : Les Espaces de participation de la société civile dans les dispositifs publics ;

2010 : Bilan des OMD, 10 ans après (5 ans avant l'échéance)

2009 : État des lieux de la mise en œuvre des principes de l'appropriation démocratique et de la responsabilité mutuelle dans le cadre de la Déclaration de Paris et du Plan d'Action d'Accra

2009 : Faut-il changer de paradigme pour rendre l'aide publique au développement plus profitable aux pays bénéficiaires ?

2010 : Stratégie nationale de lutte contre la corruption dans les secteurs de : a) Marchés publics et budget d'investissement public ; b) Finances publiques (douanes, impôts, trésor) ; et c) Décentralisation

2011 : focus sur l'ISR (Investissement Socialement Responsable)

2011 : Évaluation des progrès vers la mise en œuvre de l'alignement, de l'harmonisation et de la coordination de l'aide au développement au Cameroun.

2012 : Analyse des budgets de l'État depuis l'atteinte du point d'achèvement en 2006.

2016 : Évaluation des performances ministérielles et des progrès réalisés dans l'exécution du budget programme et du processus de transfert des ressources et des compétences aux Communes.

2014 : Le rôle des organisations de la société civile dans la gouvernance et l'amélioration de la gestion des finances publiques.

2014 : Cartographie des gisements d'emplois dans le secteur des Télécommunications/TIC.

2015 : Introduction à l'intelligence territoriale.

2018 : Un Guide du Contrôle Citoyen de l'Action publique

2019 : L'Équation de l'Industrialisation du Cameroun dans le cadre des Accords de Partenariat économique (APE) entre le Cameroun et l'Union européenne, et entre le Cameroun et le Royaume-Uni de Grande-Bretagne et d'Irlande du Nord.

TABLE DES MATIÈRES

Structures éditoriales du groupe L'Harmattan

L'Harmattan Italie
Via degli Artisti, 15
10124 Torino
harmattan.italia@gmail.com

L'Harmattan Hongrie
Kossuth l. u. 14-16.
1053 Budapest
harmattan@harmattan.hu

L'Harmattan Sénégal
10 VDN en face Mermoz
BP 45034 Dakar-Fann
senharmattan@gmail.com

L'Harmattan Cameroun
TSINGA/FECAFOOT
BP 11486 Yaoundé
inkoukam@gmail.com

L'Harmattan Burkina Faso
Achille Somé – tengnule@hotmail.fr

L'Harmattan Guinée
Almamya, rue KA 028 OKB Agency
BP 3470 Conakry
harmattanguinee@yahoo.fr

L'Harmattan RDC
185, avenue Nyangwe
Commune de Lingwala – Kinshasa
matangilamusadila@yahoo.fr

L'Harmattan Congo
67, boulevard Denis-Sassou-N'Guesso
BP 2874 Brazzaville
harmattan.congo@yahoo.fr

L'Harmattan Mali
ACI 2000 - Immeuble Mgr Jean Marie Cisse
Bureau 10
BP 145 Bamako-Mali
mali@harmattan.fr

L'Harmattan Togo
Djidjole – Lomé
Maison Amela
face EPP BATOME
ddamela@aol.com

L'Harmattan Côte d'Ivoire
Résidence Karl – Cité des Arts
Abidjan-Cocody
03 BP 1588 Abidjan
espace_harmattan.ci@hotmail.fr

Nos librairies en France

Librairie internationale
16, rue des Écoles
75005 Paris
librairie.internationale@harmattan.fr
01 40 46 79 11
www.librairieharmattan.com

Librairie des savoirs
21, rue des Écoles
75005 Paris
librairie.sh@harmattan.fr
01 46 34 13 71
www.librairieharmattansh.com

Librairie Le Lucernaire
53, rue Notre-Dame-des-Champs
75006 Paris
librairie@lucernaire.fr
01 42 22 67 13

www.ingramcontent.com/pod-product-compliance
Lightning Source LLC
LaVergne TN
LVHW011146061026
849535LV00003B/624
* 9 7 8 2 3 4 3 2 4 0 6 1 9 *